"十四五"职业教育国家规划教材

高等职业教育
市场营销专业
工学结合
系列教材

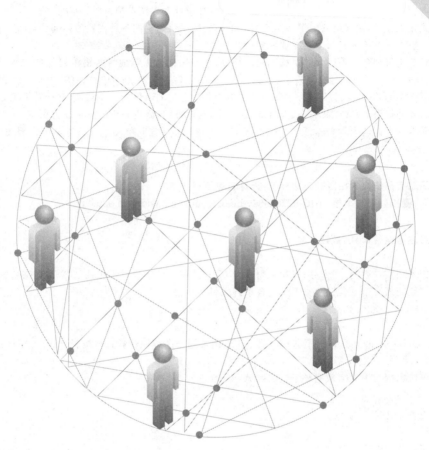

营销策划实训教程

(第二版)

王令芬 张 初 主 编
潘丽云 邵丹萍 金佳丽 副主编

清华大学出版社
北京

内 容 简 介

本书是"十四五"职业教育国家规划教材,专为培养高职市场营销及营销相关专业学生掌握营销策划技能所写。

全书按照营销岗位要求,选取适合工商企业、服务业及各种新业态等领域对营销岗位人才需求的共性知识内容,以职业岗位专业素养与能力培养为导向,设计九大实训项目,以典型任务为引导,通过团队合作方式完成任务,使学生从中学会用营销思维模式解决所面临的各种交换障碍问题,实现每个学生的营销专业能力的纵向提升与个人专业素养成长。

面对营销策划是一项巨大的系统工程之特性,本书先化整为零地将营销策划的各重要组成部分逐一进行分项训练,通过营销共赢理念、市场商机捕捉、顾客行为辨析等项目训练,为整合营销策划项目训练打下坚实的基础,然后依据人才市场对营销专业毕业生的岗位能力要求,将整合营销策划信息传播最基本的4种促销工具(公共关系、人员推销、广告、营业推广)做进一步的分项能力训练,从宽度与深度上提升学生的专业能力与素养,以"基础+宽度+深度"助力学生在人才市场竞争中走得更稳、走得更远、走得更久。

本书封面贴有清华大学出版社防伪标签,无标签者不得销售。
版权所有,侵权必究。举报: 010-62782989, beiqinquan@tup.tsinghua.edu.cn。

图书在版编目(CIP)数据

营销策划实训教程/王令芬,张初主编. —2版. —北京: 清华大学出版社,2020.1(2024.8重印)
高等职业教育市场营销专业工学结合系列教材
ISBN 978-7-302-54382-4

Ⅰ. ①营… Ⅱ. ①王… ②张… Ⅲ. ①营销策划—高等职业教育—教材 Ⅳ. ①F713.50

中国版本图书馆 CIP 数据核字(2019)第 262995 号

责任编辑: 左卫霞
封面设计: 傅瑞学
责任校对: 袁 芳
责任印制: 沈 露

出版发行: 清华大学出版社
网　址: https://www.tup.com.cn, https://www.wqxuetang.com
地　址: 北京清华大学学研大厦A座　　邮　编: 100084
社 总 机: 010-83470000　　邮　购: 010-62786544
投稿与读者服务: 010-62776969, c-service@tup.tsinghua.edu.cn
质量反馈: 010-62772015, zhiliang@tup.tsinghua.edu.cn
课件下载: https://www.tup.com.cn, 010-83470410
印 装 者: 北京同文印刷有限责任公司
经　销: 全国新华书店
开　本: 185mm×260mm　　印 张: 14.5　　字　数: 334千字
版　次: 2014年9月第1版　2019年11月第2版　　印　次: 2024年8月第4次印刷
定　价: 48.00元

产品编号: 086583-01

第二版 前言 Preface

前言　　　　　市场营销的学科特点

> 市场营销是一门建立在经济学、行为学、现代管理理论基础之上的应用科学，是一门真正为客户创造价值的艺术。
>
> ——菲利普·科特勒

在数字经济时代，营销者每天要面对不断变化的市场环境，面对处理各种复杂、有时甚至难以辨别真伪的各类信息的挑战。这种情况下，更要求营销者要用社会主义核心价值观引领实践工作，用"非零和博弈"思维取代"零和博弈"思维，以"诚信""敬业"的专业品格，成就"我为人人，人人为我"的"合作共赢"之营销理念；牢记"小胜靠智，大胜靠德"之至理名言，立德树人，从自身做起，促进社会商业文化环境的高质量发展，用党的二十大精神武装自己的头脑，将二十大精神落实到实处。

本实训教材在遵循科学的原则及规律的基础上，按照人才市场对营销人员的岗位要求，选取适合工商企业、服务业及各种新业态等领域对营销岗位人才需求的共性知识内容，以职业岗位专业素养与能力培养为导向，设计九大实训项目（每个实训项目由2～4个培养专业素养与能力的基本工作任务构成），使学生在工作任务的引导下，学会用营销思维模式解决所面临的各种交换障碍问题。通过模拟实战或实战演练，加强学生对具有创造性魅力的营销管理艺术的感悟。

再版教材较第一版的改进创新上，主要有以下3点。

（1）校企双元开发教材，吸收企业专家深度参与教材编写。参与编写教材的企业专家都是从一线做起，成为行业营销专家的营销专业毕业生，他们更懂符合中国国情的营销方式，更懂学生。他们的加入，既有利于教材及配套资料紧跟产业发展趋势，符合行业用人要求；又有利于教材随信息技术发展和产业升级情况及时动态更新。

（2）以实际工作项目、典型工作任务为载体的具备完整专题训练的模块化单元式教学设计，既可以系统全面地培养具备整合营销策划思维的营销策划人才，也可依据每个实训项目或任务之实训目标进行某个专题实训。对于有些专业理论教学的实践部分，可以有针对性地选取任意1个任务或1个项目使用。比如，项目5的实训内容普适性非常强，可以对接许多需要"培养专业人员人际交往的基本素质——自信心"的专业与课程。

(3)将互联网等信息技术运用到新版教材中,目的是提升教与学的双重效率。教材二维码设计可以让使用者方便地使用音频、视频、公众号、图片链接等配套资源(教学日历、电子教案、课程 PPT、教学示例、专业知识案例、任务成果示例、习题参考答案等)。

根据教学实践反馈,对一些内容进行了修改、补充与完善。具体增加与修改的主要内容如下。

(1)增加了导言,导言是写给即将毕业的营销专业学生的,目的是与学生一起讨论什么样的思维习惯会使自己在未来的工作岗位中走得更长、更远、更好。

(2)针对网络时代林林总总、花样翻新的各种欺骗现象,项目 1 中增加了任务 1.4 网络时代营销反欺骗能力训练,目的是使学生更深一步地认清营销与骗销的本质区别,了解互联网时代营销的特点,增强防骗意识与提升自身防骗能力。

(3)修改、调整了项目 4 中实训任务的顺序。为更有利于学生掌握营销的系统思维,任务 4.1 使用了视频情景电视剧的剧情,增强学生对理论知识的感性认知,用感知的实践促成学生理论知识的提升。

(4)为增强学生参与度,适当加大了每个项目中任务体验比例。

(5)针对网络时代新工具、新特点,增加了相关的网络营销(电子商务)案例。

(6)为教师实训方便,扫描页边的二维码即可获得任务中的所有电子表格。

实训所需表格

值得一提的是,教材为完成任务所设计的团队合作这种组织形式,对提升学生的专业素养与职业能力有着极大的益处。团队合作增强了每个队员完成任务的信心,同时队员们在合作中为完成任务需要尝试相互沟通与合作,促成人尽其才、扬长避短、协同合作、以合作共赢的理念想方设法完成任务之氛围。这使每位成员在完成任务的过程中感受到个人专业能力增长之快乐,唤醒成员对自身专业能力纵向成长的渴望,提升学生自主学习之意愿。这种团队组织形式恰恰体现的就是营销观念(合作共赢)和营销原则(扬长避短),它有效地解决了生源多样化难以统一传授教学的难点,将因材施教、分类教学润物细无声地融入于完成任务的过程中。

本书是编者近 30 年营销专业教学经验与多年企业实践智慧的结晶,由台州职业技术学院王令芬、张初担任主编;杭州职业技术学院潘丽云、台州职业技术学院邵丹萍、金佳丽担任副主编;浙江爱仕达电器股份有限公司直营部总监陈伟、台州城投集团中国·农港城项目营销经理邱志坚参与编写。

本书参阅了国内外很多专家、学者的相关著作和资料,借鉴了许多生活实例,在此向这些作者及资料提供者表示衷心的感谢!深深感谢为本书提供大量实训任务成果的学生们,这是营销理念合作共赢的最有力证明。本书的视频、音频技术支持是台州职业技术学院市场营销教研室的叶礼东老师和营销专业 2018 级学生王怡婷、张泽宇,非常感谢他们的技术帮助,才使得再版教材的新形态改编顺利完成。

本书是编者根据教学和实践经验编写,水平有限,不完善之处必然存在。欢迎同仁及读者朋友们在使用本书的过程中多多提出宝贵意见。

编 者

2022 年 12 月

第一版前言 Preface

> 没有实践应用,学习营销知识只是浪费学习机会。
> ——罗杰·J.贝斯特

营销活动是不能复制的。从事过实际工作的营销者常有这样的体会:在工作中许多问题的解决都需要面对特殊情况找出特殊办法,没有现成的答案,因此许多人发出了"营销无定式"的感叹。同时,营销者们又承认,从多种途径——如通过专业知识系统学习、阅读反思其他企业成功经营案例、与成功的企业界人士交流经验看法等——了解掌握营销的相关理念与技术后,会不知不觉地增强解决具体营销问题的能力。事实上,这种感受恰恰体现了营销策划活动"科学性与艺术性的统一"这一学科特点。

对营销者而言,在知识学习中学会先人所传下来的原则和规律就够了。自然界、人类社会中的许多现象——不论是中国的,还是世界的,有时表现形式不同,但道理都是一致的。比如,不论是在西方营销学中还是在中国的传统思想里都总结出了"物以稀为贵"的道理,只不过在形式上西方人用演绎推理的方式作解释,而中国的先哲们则是用高度"精练"的语言做了最精确的概括与总结。所以,真正的营销者是善于学习、吸收他人的先进知识,同时能因地制宜地创造属于自己的智慧的人;企业营销者的营销活动是在一定的科学理论基础上的艺术再造。

鉴于此,本实训教材编写的目的就是在遵循科学的原则和规律的基础上,通过模拟实战来加强学生对具有创造性魅力的营销管理艺术的感悟。

本书在编写过程中也针对学生学习过程中出现的一些实际问题进行了强调。学生在实际专业学习过程中,常会遇到这样一些令人头痛的问题:单一的理论学习使学生所学知识泛泛而不专精;貌似知识丰富却无解决问题的能力,后知后觉,不能学以致用;说做不统一,理论上讲得头头是道,行为却"离经背道",等等。为此,本书力图通过实训项目设计——任务描述和任务步骤——使职业理念深入学生的大脑,完成职业理念与身心的交融合一;力图通过教师指导下的实践活动,使学生在解决实际问题的过程中将已学过的专业理论转化为应用技术。在此基础上,让学生对精选的"经典营销策划理论"——知识点拨和案例链接——进行专业理论知识的巩固学习,课本上沉寂的文字就会生动鲜活地"唱歌跳舞";让学生模仿任务开展新的实践项目——任务体验,使学生进一步巩固所掌握的营销理念与技术,让营销理念与技术融入于心。

全书从结构上通过项目设计全面、系统地涵盖了营销理论体系的重要部分，同时又不乏针对读者对象特点力争突出高职营销人才、应用型本科人才使用这一目的。全书内容分九个实训项目。以"营销理念的科学运用——经济生活中常见的营销观念问题为背景所设计的系列实训任务，引领学生体会现代营销共赢理念的现实意义与价值"为开篇，培养学生养成"发现市场商机、辨析顾客真实需求"的习惯；通过设计"STP策划能力"实训任务培养学生的企业战略思维意识；通过对"营销组合策略与促销组合技术的实训项目设计"培养学生创造性地运用多种组合要素满足目标顾客需求进而获取企业利润的能力。

从全书的内容上看，实训项目以读者身边经常发生的营销问题为背景进行任务设计，源于生活，又高于生活。说它源于生活，是指任务设计的事件及需要解决的问题就发生在学生的生活中，亲切易接受；高于生活，是指完成任务的过程中，学生需要运用智慧在专业知识的指导下找出更多、更好的解决办法，使得学生的专业能力在实训的过程中有目的性地、循序渐进地提高。

另外，本书中的部分实训项目配有编者教学实践中记录下来的视频，可以免费提供给读者观看。为方便读者使用，链接网址已在书中相应项目处标注。

本书由台州职业技术学院王令芬、吕群智、邵丹萍编写。在写作过程中，得到了浙江丽水职业技术学院的王培才老师及清华大学出版社的大力支持，在此表示衷心的感谢！本书参阅了国内外很多专家、学者的相关著作和资料，在此也向这些作者表示衷心的感谢！同时，也深深感谢在编写过程中为本书提供大量真实一手案例资料的朋友、同事及学生们！

本书是编者根据教学和实践经验编写而成，水平有限，不完善之处必然存在。欢迎同仁及读者朋友们在使用本书的过程中多多提出宝贵意见。您使用后的反馈意见将非常有意义，它将使高校营销、管理专业的学生们能够获得提高学习效率的适用教材。

编　者

2014年6月

目录 Contents

1 导言　写给赢在未来的成功营销人

4 项目1　营销共赢理念运用能力训练

　　任务1.1　顾客导向的营销观念训练 …………………………………………… 4
　　任务1.2　多方共赢的营销理念训练 …………………………………………… 11
　　任务1.3　顾客利益与企业利益并重的营销理念训练 ………………………… 18
　　任务1.4　网络时代营销反欺骗能力训练 ……………………………………… 23

31 项目2　市场商机捕捉能力训练

　　任务2.1　市场调查方案设计训练 ……………………………………………… 31
　　任务2.2　调查问卷设计训练 …………………………………………………… 37
　　任务2.3　市场营销环境认知能力训练 ………………………………………… 42
　　任务2.4　市场商机感悟能力训练 ……………………………………………… 48

55 项目3　顾客购买行为辨析能力训练

　　任务3.1　发现顾客真实需求能力训练 ………………………………………… 55
　　任务3.2　引导顾客需求能力训练 ……………………………………………… 64
　　任务3.3　顾客需求特征描述能力训练 ………………………………………… 70

74 项目4　营销策划能力训练

　　任务4.1　营销策划系统思维习惯的养成 ……………………………………… 74
　　任务4.2　企业竞争战略分析能力训练 ………………………………………… 81
　　任务4.3　目标市场营销策划能力训练 ………………………………………… 91
　　任务4.4　营销组合要素策划能力训练 ………………………………………… 105

119 项目5　人际交往的基本素质训练——自信心培养

　　任务5.1　我有我才华——做自己擅长之事 …………………………………… 120

任务 5.2　水涨船更高——掌控好注意力 ………………………………… 127

任务 5.3　克服消极认知——突破限制性信念 …………………………… 134

项目 6　公共关系活动策划能力训练　138

任务 6.1　也需纸上谈兵——公关策划（书）的基本要求 ……………… 138

任务 6.2　扭转不利局面——组织危机公关策划 ………………………… 142

任务 6.3　形象需要展示——组织日常公关策划 ………………………… 149

项目 7　现代推销能力训练　154

任务 7.1　亲和力建立能力训练 …………………………………………… 154

任务 7.2　销售实战 ………………………………………………………… 158

项目 8　广告活动管理与鉴赏能力训练　177

任务 8.1　广告活动外部管理能力训练 …………………………………… 177

任务 8.2　广告活动策划能力训练 ………………………………………… 184

项目 9　营业推广能力训练　199

任务 9.1　形象化学习——常见营业推广活动记录 ……………………… 199

任务 9.2　思维求创新——特色营业推广活动发现 ……………………… 210

任务 9.3　实践来体验——一次营业推广活动策划 ……………………… 216

参考文献　224

写给赢在未来的成功营销人

许多人认识、学习市场营销是因为想掌握一些策略或技术。但事实上,源于西方的营销理论,在商战中制胜的首要法宝并非简单的策略或技术,而是营销者先进的经营理念及思维方式,即观念先于行动。而"做生意如做人",这句中国千年流传下来的字字玑珠的古语也蕴含着这一真理。东西方文化于此一点上获得了高度统一。

人力资本与人力成本,虽然仅一字之差,但却反映了企业管理层的价值选择,决定了企业的员工是资产还是负债,见图1。

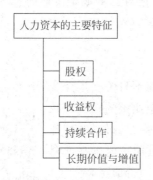

图 1　人力资本与人力成本

某毕业生的职位与薪资调查表

换位思考,站在劳动力供给角度,你愿意让自己成为资本,还是成本呢?这对于即将毕业的大学生来说,是一个非常值得思考的问题。

研究人员追踪调查了一位2001级中职市场营销专业毕业、就职于某民营制造企业的学生18年间职位与薪资变动,详情扫页边二维码某毕业生的职业与薪资调查表。

如果公司不给员工加薪升职,那么公司的竞争对手将会轻而易举地将他挖走。实际上,自2005年起由于该同学在工作中表现出来的营销才能,就早已被行业内的竞争对手企业所关注,并时不时伸出"橄榄枝"。每一次其他企业向该同学伸出"橄榄枝",对于该同学所在的公司来说,都意味着:"老板,您是不是该给这位员工升职加薪了!"

可以看出,决定劳动力是成本还是资本,不只在于企业,更在于供给者本人。因为劳动力价格不是由某个老板决定的,而是由劳动力市场决定的。遵循市场经济规律,员工的专业技术能力决定了他的劳动力价值,即工资水平。

那么什么样的人,企业管理层更愿意把他当成资本呢?通过对企业的人才需求调研,除专业技术外,有些企业把学生的职业品格与素养看得非常重,甚至高于专业技术。比如,责任意识、勤勉踏实、团队合作、敬业守信、耐心坚持、企业认同、感恩回馈等。

下面将大学生常常感到困惑的一些问题,如人际交往、付出与报酬、被骗的责任归属、个人与团队、诚信的价值等,以不同思维方式的比较进行营销专业视角的思考。

1. 如何看待人与己的关系

除了损人利己与舍己为人这两种人与己关系的行为表现外,人与己的关系还可以有利人利己、利人不损己、损人不利己等行为表现。

与企业的哪一种关系对个人的职业发展最有利?把自己看成是企业的资本,与企业共成长,合作共赢,无疑是最佳选择。

2. 如何看待付出与报酬的逻辑

是岗位给多少钱就干多少事,还是尽力把事做好而不只关心是否多给钱?

当一位硕士生在抱怨"我已经工作的本科同学在企业做的实验与我差不多,却拿着比我多三倍的工资",而不想努力把实验做到最好时,他是否意识到,与他付出的劳动相比,导师给予的专业指导是他未来的财富,当他拥有了他人无法相比的专业技能时,他的劳动力价值更高?

扫页边二维码,阅读中国台湾"自动化之父"石滋宜博士职业生涯案例。

石滋宜博士职业生涯案例

3. 如何看待被欺骗

生活中人们常常会由于不小心而上当受骗,互联网时代各种新式骗术更是层出不穷。当人们对骗子深恶痛绝的同时,是否思考过这样一些问题:我为什么会被骗?我有没有不被骗的可能性?人们被骗是否都是骗子的错?即使都是骗子的错,但不好的结果却要由被骗者承担。当我们批评指责他人的错误时,自己到底进步了多少?

有一句谚语:"不是世界欺骗了你,是你把世界看错了。"从个人成长的角度来说,这则谚语的思考逻辑,更让我们受益。

4. 如何看待个人与团队的关系

每个人都希望成功,但我们是社会中的一员,当今的社会很难不依靠团队的力量而取得个人的成功。个人的利益与团队的利益共同提升,这种"水涨船高"式的成功,才会使个人成功有可持续的、取之不竭的动力源。而那种"富了和尚穷了庙"式的靠损害团队成员利益而获得个人利益增加的短视行为,这种"水落石出"式的短期利益既得者会因为失去人心而失去长期发展的动能。

5. 如何看待诚信与敬业

诚信与敬业,是十分宝贵的,符合"物以稀为贵"的法则。

众所周知,银行所出售产品的本质就是"信用",有了信用,储户才会放心地将钱存入银行,做到按协议的存取不食言,是诚信成就了银行业。

"世界上有很多事,本来就用不着有才干的人去做,平常人也能做,只看你是不是肯做,是不是一本正经地去做。能够这样,就是个了不起的人。"这是史上红顶商人胡雪岩的用人经验总结。这与那些短期似乎占尽便宜、蒙避世人眼睛的急功近利、投机取巧、浑水摸鱼、不劳而获等对待工作的态度截然相反。

以上这些问题的选择,决定了你在营销职业生涯上的道路能走多远,能否成为优秀的营销人。

如果你还有困惑,请扫描页边二维码,观看对以上问题的视频解读,也可与授课教师讨论交流,然后写出你对下面一系列问题的回答。

成功营销者的选择

(1) 人与己的关系。

利人利己的事_____;利人不损己的事_____;损人利己的事_____;损人不利己的事_____。

a. 千万别干   b. 尽量少干   c. 能干就干   d. 多多益善

(2) 付出与报酬的关系。

因做事而赚钱 VS 因赚钱而做事   你发自内心真诚的选择是_____。

(3) 被欺骗的感受。

世界欺骗了我 VS 我把世界看错了 你发自内心真诚的选择是_____。

(4) 个人与团队。

水涨船高 VS 水落石出   你发自内心真诚的选择是_____。

(5) 诚信与敬业。

诚信要吃亏 VS 信用最值钱   你发自内心真诚的选择是_____。

如果你不认同本书的观点,那么请不要违心地写上答案,等待自己有了一段时间的人生经历,直到认同的那一天,再写下答案。

项目 1

营销共赢理念运用能力训练

项目 1 说明

项目说明

许多人认识、学习市场营销是因为想掌握一些策略或技术。但事实上,营销在商战中制胜的首要法宝并非简单的策略或技术,而是营销者先进的企业经营理念,即不管是供应商、生产者、中间商,还是消费者,只要大家是合作者,合作的结果就应该是"共赢"。

本项目训练学生在营销策划之前,养成用共赢理念引领行为的习惯。为此,本项目设计了 4 个各自独立又有递进关系的实训任务。

任务 1.1,企业在与消费者的双方交换中,一定要遵循通过满足顾客需求让顾客满意,进而达到企业获利目的的共赢原则。

任务 1.2,当两方交换存在各种障碍难以实现时,通过引入第三方使双方交换的障碍得以化解,实现多方共赢的局面。

任务 1.3,通过对现实中企业与顾客矛盾冲突的认知,训练学生养成判断并选择能够实现共赢理念的顾客进行交换的意识与习惯。

任务 1.4,学生在掌握营销合作共赢理念的基础上,更深一步认清营销与骗销的本质区别,坚定以合作共赢理念出发,诚信经营;使学生了解互联网时代营销特点,增强防骗意识与提升自身防骗能力。

任务中的情景设计全部源于生活中真实的事例,为增强学生的学习兴趣,实训教师也可以根据实训目的选择学生身边发生过的、类似的案例来替换。

任务 1.1 顾客导向的营销观念训练

1.1.1 实训目标

培养学生树立通过满足顾客需求来达到企业获利目的的营销观念,需具备以下观念与知识。
- 树立顾客导向的营销观念以取得企业长期利润。
- 了解顾客满意度与销售收入、市场占有率之间的区别。
- 掌握顾客满意理论并意识到顾客满意对企业未来发展的重要性。
- 明确营销人员与销售人员的差别。

1.1.2 情景设计

☞ **被打碎的葡萄酒**

某教授去北京某著名大型超市购物,在自选商品过程中,不慎失手将一瓶价值298元的葡萄酒掉落在地上摔碎,教授有些不知所措,欲捡起碎落在地的酒瓶……

这时,响声惊动了营业员,营业员向教授这边走来……

实训任务:

(1) 如果你是营业员,你打算怎样做?

(2) 如果你是该超市经理,在监控室通过电视屏看到此事,你将如何做?

1.1.3 任务步骤

1. 组建团队

将学生每4人组成1个团队,团队成员表如表1-1所示。

表1-1 团队成员表

序号	团队名称	队长	队员姓名		联系方式
			角 色	学生姓名	
	×××	×××	顾客		电话:
			营业员		微信:
			超市经理		

2. 教师向团队布置需准备事项

(1) 团队选出队长,为自己的团队命名,并上报教师备案。

(2) 由队长带领队员共同研究情景设计中问题的解决方案。

(3) 编演情景剧准备。团队进行角色分工,3名队员分别扮演顾客、营业员、超市经理,将情景设计中的情景演绎下去,完成情景设计中的实训任务。同时,队长作为解说员在表演结束后解释此解决方案的理由。

(4) 各团队完成小视频创作并于规定时间内发给教师(如果学生不具备制作小视频的条件,就可遵循"3.实训设备及场所准备"内容进行实训),略过"3.实训设备及场所准备"的(1)~(4)步骤,完成(5)后,直接进入"4.现场汇报(5)"。

3. 实训设备及场所准备

(1) 有实训超市的院校可借用实训超市的真实环境。

(2) 如没有真实的超市环境,表演地点可设在教室。道具主要包括货架、酒瓶(仿真)、职务标识、清洁工具、购物篮等物品。

(3) 如果学生所设计的解决方案中还需特殊道具,则由各团队自行解决。

(4) 教师需准备摄像及辅助设备用于表演拍摄,必要时可增加助教 1 名。

(5) 设计并打印任务评价表,如表 1-2 所示。

表 1-2　任务评价表

出场序号:_____　　表演团队:_____　　评分团队(或教师签名):_____

	能力点	等级					权重	得分	总分
		5	4	3	2	1			
方案得分	顾客对解决办法的满意程度						0.3		
	顾客继续光顾本店的可能性						0.3		
	有利于企业利润增长						0.3		
	方案的总体感觉						0.1		
个人得分	姓名及角色	5	4	3	2	1			
	解说								
	顾客						—	—	
	营业员								
	超市经理								

4. 现场汇报

(1) 提前布置实训场景(小视频制作略去此步骤)。

(2) 各团队随机抽取表演顺序号(小视频制作略去此步骤)。

(3) 教师宣布表演开始并由助教开始摄像,每个团队表演的时间应在 5 分钟内(小视频制作略去此步骤)。

(4) 表演结束后安排学生将实训现场打扫整洁后离开(小视频制作略去此步骤)。

(5) 多媒体教室观看。教师将打印好的表格(见表 1-2)或表格电子版发给各团队,注意说明填表要求,然后播放各团队上交的小视频,并为表演团队打分。每个团队应拿表格数为团队总数-1(比如有 8 个团队,每个团队应有 7 张评价表)。任务评价表应在一个团队表演结束、学生打分后由助教即时收回,然后再开始下一队的表演。

5. 考核

(1) 助教整理、统计任务评价表,算出各组得分。

(2) 教师观看表演视频,综合各组的解决办法,做出解决方案的汇总材料,同时对解决问题方案进行点评。此项工作可在下一个实训任务布置前完成。

(3) 教师可在表演现场完成任务评价表,也可以在观看表演视频后完成。

(4) 最后由助教汇总任务评价表,教师评分与学生评分的建议比例为 1∶1。

1.1.4 知识点拨

1. 市场营销观念的内涵

市场营销观念要同时符合以下 3 个导向：以顾客为中心，即购买者导向；要获得利润，即利润导向；要实现整体的销售活动，即系统导向。

（1）购买者导向。生产经营者应具备以购买者为中心的思想，不是愿意生产经营什么就生产经营什么，而应生产经营顾客需求的产品。可用市场调研的方法去确定顾客对产品的需求、他们愿付的价格、何时何地需要以及他们希望得到的产品服务项目。

（2）利润导向。利润导向和购买者导向处于同样重要的地位，不能盈利的公司是无法生存的，而利润导向与购买者导向也并不矛盾，认为获取企业利润和满足消费者需求这两者是不相容的观念已经过时。

（3）系统导向。系统导向要求对营销者的营销规划和活动进行协调。首先，应调节营销活动中各相互作用的部分（即营销组合的各个要素），使其保持步调一致，有效地发挥销售系统中所有要素的整体功能。其次，为使顾客的需求得到极大的满足，还要协调公司内营销部门与其他部门之间的关系。

2. 营销人员与销售人员的区别

销售人员的优点是随和、易与人交往、努力工作，缺点是短期行为多，缺乏整体分析的能力。相对而言，营销人员大多受过良好的教育，能依据资料得出结论，缺点是缺乏销售经验和市场销售直觉，以及不承担风险。营销人员与销售人员的区别如表 1-3 所示。

表 1-3 营销人员与销售人员的区别

营 销 人 员	销 售 人 员
依赖市场研究来确定目标市场并进行市场细分	依赖街头经验以了解不同个性的买主
时间用于计划工作上	时间用于面对面的销售工作上
从长远考虑	从短期考虑
目的在于获得市场占有率并赚取利润	目的在于增加销售

3. 关注顾客满意

顾客满意是企业成功的一个前瞻性指示器，它表示了顾客在未来将对企业如何反应。市场绩效的其他指标，如销售额和市场份额，都是成功的结果性指标。它们显示了企业过去表现得多么好，而不是未来将做得如何。所以企业应跟踪顾客满意这一关键的营销绩效指标，否则企业就放弃了在销售额和利润下降前更正错误的机会。

顾客满意指数（customer satisfaction index，CSI）是一种常见的测量顾客满意程度的方法。这种方法是让顾客使用从非常不满意到非常满意的 6 级评价方式评价对企业的总体满意程度。如下所示，顾客满意的每一级水平都有相应的分值，从最不满意的 0 分到最满意的 100 分。

非常不满意　　比较不满意　　有些不满意　　有些满意　　比较满意　　非常满意
　　(0)　　　　　(20)　　　　(40)　　　　(60)　　　　(80)　　　　(100)

要得到某一顾客样本的总体 CSI，企业只需计算该群顾客的满意评分的平均值即可。值得注意的是，某一次所测得的 CSI 本身不能给企业太多信息。这个数字应与企业前一次测量的总体 CSI、企业的目标值、主要竞争者的总体 CSI 相比较，才具有意义。如某企业测得某次 CSI 的平均分是 72，较企业前一次的 CSI 有所提高，同时企业的主要竞争对手的 CSI 是 62，这才是令企业比较满意的绩效水平。

4. 营销学中与顾客满意有关的常用理论

1）期望值理论

消费者对产品是否满意取决于其购买前对商品的期望（E）与购买后实体感受（P）之间的关系。

$E<P$，则消费者会感觉非常满意；$E=P$，则消费者表现为满意；$E>P$，则消费者表现为不满意。

2）价值分析学说

消费者对所选择的商品的评价是价值。价值（value）是指消费者所得到的商品的功效（function）与其所支出的费用（cost）之比。用公式表示为

$$价值 = 功效 \div 费用 \quad 或 \quad V = F \div C$$

3）顾客让渡价值

顾客让渡价值是指顾客总价值与顾客总成本的差额。顾客总价值是指顾客购买某一产品与服务所期望获得的一组利益，包括产品价值、服务价值、人员价值和形象价值；顾客总成本是指顾客为购买某一产品所耗费的时间成本、精神成本、体力成本和所支付的货币成本等。

4）服务性行业的顾客满意

顾客满意 = 产品质量 + 低廉的价格 + 更多的选择 + 优质的服务 + 愉快的经历

5. 不满意顾客的表现

不满意顾客通常不会向企业投诉，但是他们却会离开企业，将不满告诉其他人。一些有完善记录的研究显示，100 个不满意的顾客当中，只有 4 个人会向企业投诉。在 96 个不投诉的顾客中，91 个人将离开企业。离开的顾客不仅将导致企业市场地位受到侵蚀，而且还使企业吸引新顾客的工作变得更加艰难，因为每一个不满意的顾客将把他的不满意告诉 8~10 个人，如图 1-1 所示。

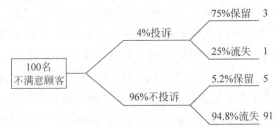

图 1-1　顾客不满意与顾客离开

1.1.5 案例链接

☞ **一位大学教师的某知名网店网购经历**

凌女士的网上购物是从购买图书开始的。因为有些专业图书在书店很难找到,到网上查找、下订单既方便又便宜。她的购书地点集中在某知名网店,并觉得在这里购买的图书都非常满意,因此对网店的信任度越来越高。逐渐地,她所购买的商品范围也在扩大,从最初的图书,扩大到一些价值百元左右的日常生活用品,如台灯、电熨斗、羽毛球拍、体重计、摄像机三脚架等。2009年暑假快结束的时候,她购买了一个急用的移动硬盘。但离校(接收地址是学校)时货还没有到。等到她回到距学校50千米的家中后,想改变收货地址或退货,但已不能进行网上操作了。于是她与客服联系询问,在客服的建议下她重新下了一份加急的订单送到家里;而另一份订单由于无人签收而进行了退货。让凌女士特别满意的是,没多久退货款就自动地返到她个人的账户里。这次退货经验使她感受到了网店替顾客着想的良好服务,更加喜欢在网店购买商品。2020年1月19日,她在网店订购了一台××品牌音响,产品价格1898元。在购买之前,凌女士仔细地参阅购买评论,认定这款产品应该不错。买回来后,使用过程中也确实比较满意。但到了2020年5月中旬,问题出现了……

凌女士去青岛探亲5天回来后,不知何故,音响的CD机无法使用了。她对照说明书找问题,以为是自己所在的浙江正处在梅雨季节,由于空气湿度过大导致机器暂时不能正常运转,于是她等了一些时间。待当地天气晴朗后又试了几次,CD机仍无法正常工作。凌女士这时意识到可能是产品出了什么故障。于是,她根据保修证找到了离自己最近的维修店的电话,电话联系后得到的答复是维修部不保修网上购买的音响。于是凌女士拨通了网店客服电话,向客服说明了情况。由于存储信息偏差与流程问题,中间耽搁了三四天时间,问题并没有马上解决。虽然如此,她在打电话的过程中仍感受到了网店每位客服人员积极解决问题的态度。当凌女士向客服告知离她最近的维修店所在地有300多千米时,网店解决问题的方式让凌女士非常感动:一台全新的音响以加急快递的方式在最短时间内送到了凌女士的手中,凌女士则只需将原机装入包装盒内由快递员顺道取回即可。客户退换货处理记录结果如图1-2所示。

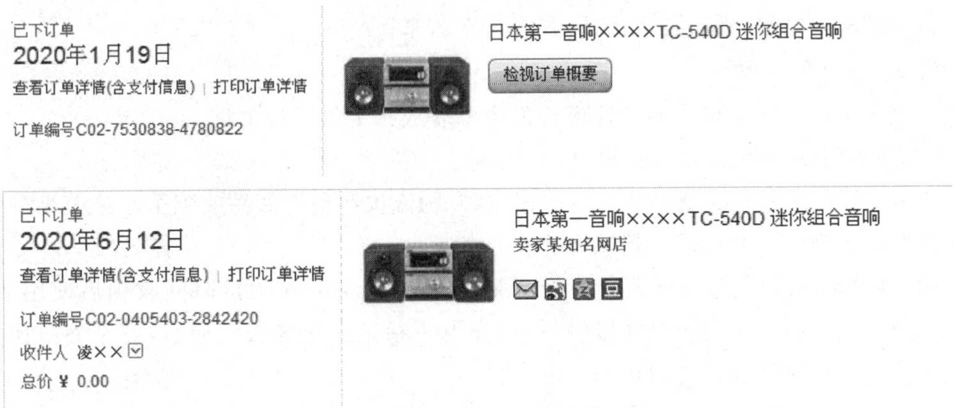

已下订单
2020年1月19日
查看订单详情(含支付信息) | 打印订单详情
订单编号 C02-7530838-4780822

日本第一音响××××TC-540D 迷你组合音响
检视订单概要

已下订单
2020年6月12日
查看订单详情(含支付信息) | 打印订单详情
订单编号 C02-0405403-2842420
收件人 凌××
总价 ¥ 0.00

日本第一音响××××TC-540D 迷你组合音响
卖家某知名网店

图1-2 凌女士某知名网店退换货记录

这次网店的购物体验,让凌女士欣喜地向好朋友们述说着自己的购物经历,朋友们也交口称赞,他们得出了一致的答案:网店的服务是优秀的、网店是值得信任的!

1.1.6 任务体验

体验1　想一想

(1) 某生产保险柜公司的经理问他的秘书:"我们公司的保险柜从二楼扔下去都摔不坏,为什么销路不好呢?"如果你是秘书该如何回答?

(2) 1998年娃哈哈公司成功研发了非常可乐。公司在央视上打广告,其广告语是这样说的:"中国人就要喝自己的可乐!""非常时刻、非常选择!"请从满足顾客需求的角度谈谈你对该广告的看法。

(3) 在一个家庭里,姐妹俩同时去冰箱中拿橘子,发现冰箱中只剩下一个橘子。许多人想了许多自认为公平的分法:将橘子榨汁后平分;谁先拿到谁吃;猜拳赢者吃;掰开后数橘子瓣;分的人后拿;姐姐让妹妹……你能看出这些分法存在的最根本问题吗?

体验2　练一练

请学生们自编一些通过满足顾客需求使企业获得更好效益的案例,案例的取材要求源于生活。

体验3　赛一赛

(1) 根据知识点拨4中的价值分析学说,各组同学用最快速度抢答提高商品价值的路径有哪些,并举例说明。

(2) 快速阅读下面案例中的营销策略,说明使用了"知识点拨4.营销学中与顾客满意有关的常用理论"中的哪个理论?

美国某饭店老板别出心裁,做了一个"本饭店经营最差的食品,由差劲的厨师烹调"的广告。老板在饭店门口亮出一块招牌,招牌上醒目地写着"最糟糕的食品"。许多顾客感到新鲜、好奇,争先光顾这家饭店,都想尝尝"最糟糕的食品"的味道,品尝后发现,其实都是美味的佳肴。结果,饭店美名远扬,顾客纷至沓来。

体验4　考一考

请写出下面活动体现了顾客让渡价值中顾客成本中的哪种类型。

(1) 我的手机可能比别人买得贵。　　　　　　　　　　答案:_____

(2) 小张在网上某商城买了一台冰箱,结果物流快递员把商品放到了小区菜鸟驿站,小张只好找人帮忙一起扛回二楼家中。　　答案:_____

(3) 小赵在某网上商城订购了一最新款 Apple Watch,在约定时间收到后使用非常满意。但充电过程中发现充电线接触不良,充电不稳定。与客服沟通后,商家答应换货,所换新货的到达时间预计是两周内。　　答案:_____

(4) 小李银行贷款200万元,购买了一套90平方米的房子。　答案:_____

任务1.2 多方共赢的营销理念训练

1.2.1 实训目标

一些情况下,如市场竞争激烈、新产品刚刚上市、消费者不甚熟悉或者消费者购买力有限等,企业往往很难实现与潜在顾客的双方交换。这时企业可以寻找到利益相关者,这里称为第三方,让第三方付部分甚至是全部费用,从而实现成本以及产品价格的降低,或者因为加入第三方而使自己的产品与服务增值,从而提高面对客户的议价能力。

本实训的目的就是培养学生这样一种能力:在双方交换难以实现的情况下,想方设法引入第三方的利益相关者,让他们来为本企业的各项支出付部分或全部费用,或者通过引入第三方而使自己的产品与服务增值,从而提高企业面对客户的议价能力,形成三方或三方以上交换的共赢格局。

1.2.2 任务描述

请同学们策划、自创校园报(纸制或电子版),免费赠送学生阅读。报纸赢利点来源于广告代理公司或需要发送商品信息的组织支付的费用。

第三方买单
学生作品示例

(1) 完成任务的时间和地点安排如表1-4所示。

表1-4 完成任务的时间和地点安排

过程	主要工作	所需时间	地点
第一阶段	任务布置与知识讲解	35分钟	投影多媒体教室
第二阶段	学生分组建团队	10分钟	有网络的多媒体教室
第三阶段	任务实施	一周	学生自定
第四阶段	任务汇报	90分钟	投影多媒体教室

(2) 完成任务所需准备的事项。
① 专业覆盖面涉及财务、法律、统计调查、新闻传播等领域的教师或行业专家4名。
② 摄像机及辅助设备用于记录第四阶段 任务汇报过程。
③ 打印所需表格(见表1-5～表1-7),打印份数以小组数为准。
④ 助教1名。

1.2.3 任务步骤

1. 布置任务与讲解知识

教师首先向学生介绍第三方埋单的交换过程和营利模式,可以以计算机报、信用卡等商品为例进行讲解(见 1.2.4 小节)。

接下来,当学生完全理解后,引领学生设计出校园报第三方埋单的交换图。

2. 组建团队

可将任务 1.1 中的 4 人团队两两合并成一个团队,重新推选队长一名,副队长一名。团队名称为原两小队名称的组合。团队建立后进行任务分工,主要涉及团队组织与管理、整体方案策划、市场调研、报纸研发设计和寻找广告代理商(或者愿意出资做广告的企业)等工作。各团队填写团队成员分工表(见表 1-5),并上报指导教师备案。指导教师将表收齐,课下将其装订成册。

表 1-5 团队成员分工表

序号	团队名称	队长	成员分工		联系方式
			分 工	成 员	
		×××	团队组织与管理		E-mail:
			整体方案策划		Tel:
			市场调研		QQ(或微信):
			报纸研发设计		
			寻找广告代理商(或者愿意出资做广告的企业)		备注:
			其他		

3. 明确完成任务的结果形式和时间

1) 结果形式

举行结果汇报会。在结果汇报会现场,由各团队推选 3 名代表依次上台讲述各团队报纸创办的方案策划及实施过程(限定时间为 10 分钟),并与专家互动(10 分钟)。

结果汇报会可视参加实训的学生总数分一到两次举行。根据实训经验,40 人的班级约需 100 分钟。若课程教学时间不允许,教师可通过学生上交的文字材料,选取 1~2 个团队介绍。

同时,学生需上交以下文字材料:①×××(校园报)创办策划书;②市场调查问卷;③校园报样报;④策划书说明 PPT;⑤创办校园报的实际运作过程简介。

2) 时间限制

各团队分头自行完成任务,时限一周。在这一周时间里,学生利用的是学校正常教学情况下的课余时间。一周后,学生在规定的时间内上交文字材料。为加强任务的过程管理,教师本人或助教(如高年级学生,1名)可通过电话或网络等与团队进行沟通,根据沟通情况填写团队任务完成过程反馈表(见表1-6)。针对各团队可能出现的各种个性化问题,指导教师应及时给予指导。

表1-6 团队任务完成过程反馈表

序号	团队名称	各时间段的工作进展			备注
		时 段	具体日期	工作地点	工作情况	
		第一天				
		第二天				
		第三天				
		第四天				
		第五天				
		第六天				
		第七天				

4. 召开项目结果汇报会

可在学生上交文字材料的3天后召开项目结果汇报会。

汇报会可聘请其他4位教师或行业专家(专业涉及财务、法律、统计调查、新闻传播等领域)共同听取各团队的任务设计与完成情况。专家们针对学生出现的各种问题现场评述、指导及答疑。同时,专家现场给各团队评分,评分表为任务汇报考核表,如表1-7所示。

表1-7 任务汇报考核表

被考核团队:＿＿＿＿＿＿＿＿

能 力 点	等 级				权重	定性评价
	5	4	3	2	1		
能够正确运用交换的原则						0.15	
能够发现交换各方的真实需求						0.15	
能够找到企业利润的增长点						0.15	
解决方案条理清晰,逻辑性强						0.15	
专业评价						0.20	
总体印象分						0.20	

评分教师:＿＿＿＿＿＿ 从事专业:＿＿＿＿＿＿

用摄像机记录学生汇报及专家答疑全过程。

5. 考核

团队及成员考核依据两部分:一是小组任务完成过程反馈表所反馈的信息,由任课教师评定;二是项目汇报考核表的评分。两部分比例建议为3∶7。

6. 鼓励团队及成员努力完成任务

给予团队民主考核权利:在完成任务后,各团队评选特级队员1名,一级队员2名,给予一定的物质或精神奖励。物质奖励不宜价值过高,可选择如棒棒糖一支、冰激凌一支或巧克力一块等。

1.2.4 知识点拨

1. 交换的条件

交换是通过提供某种东西作为回报,从对方那里换取自己想要的东西的过程。交换的发生,必须符合以下条件:①至少要有两方;②每一方都有被对方认为有价值的东西;③每一方都能沟通信息和传送货物;④每一方都可以自由接受或拒绝对方的产品;⑤每一方都认为与另一方进行交易是适当的或称心如意的。

2. 市场营销学的交换问题

在现实中,市场营销中的交换经常是间接的、象征性的,而且常有两方以上介入。交换除了指发生在两方之间的一种互利关系这种严格意义上的交换外,还存在着其他形式,如复杂交换。

复杂交换是指发生在至少三方之间的互利关系的系统。在这个系统中,每方至少与一方有直接的交换,从而构成一个内部相互联系的关系网络,如图 1-3 所示。

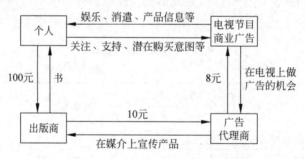

图 1-3 一个复杂环形交换的例证

在图 1-3 中,描述了个人与电视节目之间的交换并表示出它们如何在这个被称作复杂的环形交换中产生联系。在这个交换体系中,个人经历了他自身与电视节目之间无形的直接交换:在这次交换中,他付出了关注、支持(在尼尔森市场调研公司的评定中反映为节目的受欢迎程度)、潜在的购买意图等。同时他也得到了娱乐、消遣、产品信息及其他的无形实体。当然个人也有可能通过一系列直接有形交换而与电视节目发生间接的交换。当个人通过与电视节目产生交换而得知一本书及其广告时,他可能会用 100 元来购买,图书出版商则会从每本书中提出固定比例 10 元付给广告商,后者又会将其中的 8 元付给电视台支付广告费。在这个例子中,一次直接的无形交换成为以后一系列间接有形交换发生的前提。

3. 蛋糕是如何做大的——克服交换障碍的第三方埋单模式

世界经济的一体化格局使越来越多有远见卓识的企业家感受到了组织间合作共赢的

重要性。研究领先组织的营销管理者的思维模式与营销方法不难发现,他们突破了传统的组织合作意识,阐释了一个新的理念,那就是组织间的合作不再是一开始就去分一块已经存在的"蛋糕",而是大家共同做一块可供分割的"大蛋糕"。

下文选取了不同领域的3个不同组织的"共赢"案例进行剖析,说明组织与组织间、组织与顾客间是如何"将蛋糕做大",形成多赢局面的。

首先,解读众所周知的腾讯QQ企业营销模式。

腾讯QQ所开发的网络产品在上市初期并未受到消费者的青睐。企业的管理者做过多种努力,都无法使企业实现通过以货币为媒介的双方交换形式(见图1-4)来达到占领市场的目的。当该企业发现并试用了共赢的商品交换模式(见图1-5)后,腾讯成功了。后来,腾讯公司又不断成功地将此种模式进行移植,创造了家喻户晓的微信、全民K歌等。

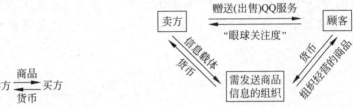

图1-4　以货币为媒介的商品交换示意图　　图1-5　QQ多赢交易模式示意图

当主动交换的一方,即营销者腾讯公司无法通过自己的商品(网络服务)换取货币时,他们收取了顾客的"眼球关注度",这相当于顾客回报给腾讯公司的交换货物。这样,以货币为媒介的商品交换变成了"易货"贸易。在这一交易过程中,顾客获得了他们想获得的使用价值。接下来,腾讯公司就要为它所交换回来的"货物"——"眼球关注度"寻找买主以实现其商品的货币价值。当腾讯公司与需要发布商品信息的组织达成满意的交换时,发布信息的组织也通过有效的信息传播获得了更多的顾客。由此,"三赢"局面形成。

其次,解析银行信用卡的"共赢"模式。

与信用卡这种服务型产品相关的组织涉及发卡机构(如银行)、持卡人和商户(见图1-6)。

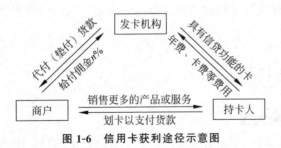

图1-6　信用卡获利途径示意图

在整个交易过程中,交易三方都获得了好处。

(1)信用卡给持卡人带来的好处:①避免了携带货币的不便,使用更加方便、安全;②可以在一定的额度内透支消费;③免息还款有一定的短期循环贷款的作用;④积累个人信用;⑤可能获得意外的收获,如刷卡促销活动。

(2)信用卡给发卡机构银行带来的好处:①吸引更多的储户,同时减少收付工作量;

②更好地满足持卡人需求,提升竞争力;③增加利润来源;④拓宽销售网络(销售地域扩大)。

(3) 信用卡给商户带来的好处:①方便实现销售;②减少工作量;③杜绝假钞,提高安全性;④多了一种提高企业知名度的途径。

最后,看"共赢"理念是如何应用于政府管理行为的。

某地方政府在地方事务中遇到这样一个难题:地方污染问题。政府几次派人与污染企业谈判均无功而返,企业以治理污染将会使企业成本上升导致产品竞争力下降为由而拒绝;政府又不愿采取强制关闭的行政手段,因为怕导致地方政府收入下降。因此谈判陷入僵持阶段。

当双方不再坚持各自的立场(治理还是不治理)而是寻找相互间可用于交换的、满足双方利益的、等价值的产品或服务(政府用正面宣传报道与企业治理污染的花费相交换)时,解决途径找到了。由于考虑第三方社会公众这一角色,使有可能两败俱伤的局面得以化解,如图 1-7 所示。

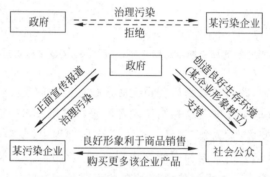

图 1-7 服务型政府的管理创新

以上 3 个案例的共同创新点在于当无法实现普通交换形式的双赢格局时,抛开货币这一等价物,直接寻求与第三方所需要的货物(由交易对方所拥有,可以是有形的,也可以是无形的)的直接交换,即易货,然后再将换回来的货物与第三方进行货币交换。这样,通过组合市场,所有合作成员都获得了各自所需的利益。"蛋糕"做大了,参与的各方组织都"赢"了。

1.2.5 案例链接

☞ 免费饭店赚大钱

如同许多创业者一样,郑州女孩韩月遭遇了自己人生的第一次创业失败,与同学合开的以面食为主的饭店由于资金问题面临停业。接下来的事情怎么做呢?韩月首先想到了给饭店打广告。但经询问同学才发现,广告费掏不起。她开始抱怨媒体的广告费用太高。同学长叹一口气说:"天下没有免费的午餐啊!你的餐厅如果免费,不用打广告也会人潮涌动。"韩月苦笑了一下,突然,一个大胆的想法被同学的这句话启发,餐厅免费,人潮涌动,这不也是一种很好的宣传吗?自己的餐厅如果和广告结合起来,是不是很好的模式呢?

回到饭店,坐了一个下午,一个草案迅速形成。韩月给饭店设置了两扇门,一扇是正常收餐费的门,一扇则是地下消防通道的免费门。正常收餐费与以前到餐馆吃饭没什么两样,吃多少收多少钱。但免费的那扇门里却做了一个弯弯曲曲的通道,两边墙上挂满了广告位。她想:免费吃饭能大幅度提高人气,有人气就能吸引商家来做广告,赚取广告费,同时也能带动收费餐饮的营业收入。

这个想法令她十分兴奋,并迅速投入行动。韩月紧锣密鼓地准备了半个月之后,终于在9月的一天清晨,打出了"本店吃饭免费"的牌子。

她算过一笔账,如果按照免费餐限量提供,一份面的成本是3元左右,每天从她的"九曲广告回廊"里经过的人如果有200个,那么最多每天多出六七百元。而且,她还要求,每个就餐的客人,必须在结账时背诵出3个广告才能免单,这样一来,广告的宣传效应不言而喻。

在此之前,韩月免费拉了很多广告放在自己的广告位上。由于她的餐厅位置还算不错,附近又有几家写字楼,很快,她那里吃饭不要钱的消息就传遍了那几幢写字楼和几个商场。有来这里看新鲜的,有来品尝的,也有冲着不要钱的午餐来的,韩月的饭店一下子火爆起来,一些排队排不上的客人也不想再换地方,干脆就直接花钱用餐。

面对每天上千人次的火爆人流,韩月很高兴。但是此时,却有另外一件事让她揪心。免费已经半个月了,效果要比想象得好,但是临时筹措来的几万元资金也一天天地赔进去,毕竟正常用餐的人还是不多,她渐感捉襟见肘。看来广告不能再免费了。

于是,她又一家家跑去找那些已经免费登过广告的商家。可尽管韩月百般解释,他们就是不打算交费。结果,广告位一块块空出去了,韩月开始着急,几天时间,嘴上就起了大泡。

可没想到,没多久有部分商家开始主动找她付费做广告,每个广告位每月几百到上千元不等。原来,这半个月来的广告收到了效果。一家化妆品代理商说,自从在韩月的餐厅免费做了广告之后,不少女孩子跑过来问他们这款化妆品,甚至有几个对广告词倒背如流。

此后,陆陆续续有更多的商家参与进来。收支平衡之后,有人开始劝韩月扩大广告回廊的规模,但是韩月拒绝了这个建议。原来,这个广告回廊利用了所租店面的安全通道和一部分楼梯空间,按照消防管理部门的要求不能进一步扩大了。

"免费饭店赚大钱"之后续

1.2.6 任务体验

体验1 考一考
试用第三方埋单的模型画出1.2.5小节中免费饭店赚大钱的三方交换关系图。

体验2 想一想
在免费饭店赚大钱案例中:
(1) 如何在不增加广告位的前提下发布更多广告?
(2) 餐馆经营已经初步走上正轨,还有哪些满足顾客需求的做法,尽可能多地替韩月

体验3 练一练

请学生自行收集生活中类似资料制作成第三方埋单案例,并讲给教师和同学听。

任务1.3 顾客利益与企业利益并重的营销理念训练

1.3.1 实训目标

本任务总目标是训练学生灵活运用营销理念解决工作中出现的企业利益与顾客利益间的矛盾,分目标如下。

- ◆ 深入理解交换条件中的"交换双方平等、自愿"这一原则。
- ◆ 引导学生识别真正的顾客,认识到生活中的矛盾并不都是经济法则可以解决的。
- ◆ 学会运用经济手段以外的其他手段保护企业(或员工)利益不遭受侵害。
- ◆ 引申能力培养,情景剧的设计有助于提升学生的逻辑思维及发散思维等能力。

1.3.2 情景设计

☞ **顾客是上帝吗**

情景一

一天下午约4点半,某大饭店走进一位仪表整洁、看上去有些像知识分子、年龄五六十岁的男子。他环顾整个餐厅后,选了一张中间的大桌(可招待10~12位顾客)坐下,并说:"服务员,点菜!"服务员马上应声:"来了!"并拿来菜单,等在旁边。"一个菌菇煲、一碗燕窝、一盘炒西兰花、一瓶××饮料。"服务员问道:"好了?您就一位?"老先生点点头。服务员态度热情地推荐道:"那里靠窗边的4人桌可以看到花园中的景致,特别适合一位顾客用餐,您是否愿意调换到那个位置?"老先生道:"我就喜欢这里。"服务员说:"那好吧……"

以后接连数日,这位老先生一直都在相同的时间来这家饭店用餐,而且每次都是一个人坐在那张大桌的位置。遇到酒店客满的时候,这位老先生仍坚持坐在大桌,而不肯换到适合单人坐的小餐桌。顾客多少,他都置之不理……

如果你是餐厅经理,你怎么看待、处理这件事?

情景二

冬天，一家火锅店生意兴隆，人声鼎沸。6个时尚的年轻人走进饭店，在临街靠窗的位置坐下，并点了一大桌菜。当他们快吃完时，其中一位怒气冲冲地向服务员喊道："服务员，过来！"服务员赶忙跑过来询问有什么事。这群年轻人用筷子夹着一只小虫子说："这是什么？"服务员很吃惊，连忙道歉，并表示这个菜免费。这群年轻人不同意，大声叫道："吃了这东西做的菜，谁知道我们今晚会不会出事？不让你们赔钱就不错了，钱我们不付了。"已闻讯赶到的老板无奈，只得同意，看着他们扬长而去……

可没过两天，这几个年轻人又走进了这家火锅店……

如果你是老板、服务员，你该怎么办？

情景三

媒体曾报道过这样一件事：某家大饭店一服务员意外将所端的菜洒在了一位日本客人的西装上，服务员连忙赔礼道歉，并答应赔偿。但这位日本客人却不依不饶，一定要求服务员下跪赔礼。

如果你是公司的经理，你如何处理顾客的这种要求？你是否会为满足顾客要求而损害员工利益？

1.3.3 任务步骤

1. 实训分组及任务分配

将班级全体学生分成3个团队，填写团队成员表，见表1-8。选出队长，并由队长抽签选择表演剧本。各团队自行组织，讨论情景解决方案。然后，将团队队员分成两部分，推选出擅长表演的学生，自行组织道具，自行排练，准备在规定时间表演；队内不表演的同学负责完成本团队情景解决方案讲解PPT的制作及现场讲解。为增加观赏性，提升学习兴趣，3个团队的情景解决方案不宜相互透露。

同时，教师将表1-8发放给各团队，填写好上交（网络教学中可用电子表格）。

表1-8 团队成员表

序号	团队名称	队长	成员及分工		联系方式
			表演队员	其他队员	
情景（　）		×××	张小三　客人 李小四　服务员 刘小五　经理	林小六　…… 杨小七　…… ……　　……	电话： 微信：

2. 完成任务

各团队接受任务后自行组织人员分工并完成任务要求，需60～70分钟。

3. 现场表演及讲解

各团队按情景顺序号依次上台表演,非表演队员现场讲解情景解决方案,接受其他团队的提问,每个团队大约需要 20 分钟。

4. 总结并评分

教师对每个情景进行总结性分析。然后向每位学生发放两个表(见表 1-9 和表 1-10),学生对各团队表演及方案分别打分。

5. 考核

(1) 参与活动分:填写表 1-9 和表 1-10 并进行统计,得出学生对各团队的评分。

(2) 学习效果分:通过对 1.3.6 小节体验 1 第 2 题的测试得出每位同学的成绩。

(3) 每位同学的得分由学习效果分和参与活动分(即所在团队得分)相加得到,所占比例为各 50%。

6. 实训设备及器材准备

(1) 各组可借用教室里的一切物品,所需其他物品自行解决。如为非网络多媒体教室,各团队还应至少自备笔记本电脑一台。

(2) 教师需准备摄像及辅助设备用于表演拍摄(摄像机/三脚架),必要时可增加助教 1 名。

(3) 根据学生人数打印所需表格(见表 1-9 和表 1-10)。

表 1-9 _____ 团队表演评价表   出场序号:_____

序号	项目	权重	分值					得分
			5	4	3	2	1	
1	情节设计、表达清楚明了	0.2						
2	演员表演自然、大方、流畅	0.2						
3	道具设备准备充分合理	0.2						
4	总体印象	0.4						
	总分							

评分者:_____

表 1-10 解决方案评价表

情景编号:_____ 团队名称:_____ 总分:_____

序号	能力点	等级					权重	总分
		5	4	3	2	1		
1	能够体现交换双方平等、自愿的原则						0.2	
2	能够采用有效的经济手段解决问题						0.3	
3	经济手段以外方法的运用适度合理						0.3	
4	方案设计、表达清楚明了						0.2	

评分者:_____

1.3.4 知识点拨

1. 营销学中的"市场"含义

与经济学中对市场的定义不同,营销学是站在企业的角度来看待市场的,认为市场是对某种产品有欲望并愿意支付货币来进行购买的人或组织。对于市场的定义,有以下两种习惯的表达公式。

市场＝人口＋欲望(购买动机)＋货币(购买力)

市场＝人口＋欲望(购买动机)＋货币(购买力)＋购买权利

营销者认为市场的大小取决于人口、欲望和货币这3个要素。如果一个国家或地区的人口数量庞大,但国民收入很低,居民对旅游兴趣不大,那么对旅游业来说,市场规模就不大;相反某些富裕、发达的小国家,国民收入很高,又对旅游有着浓厚的兴趣,那么那里就是非常好的旅游市场。

两个公式的差别,第二个公式较第一个公式增加了购买权利。实际上买卖双方都应在法律许可的范围内进行交换活动。从这个意义上说,两个公式是没有什么差别的。之所以第二个公式特意强调对消费者加上一个购买权利,主要是在营销时代消费者至上的观念指导下,一些商家与购买者借着这样的旗号,做出了一些不符合社会常理、道德,甚至逾越法律的事情。比如,向未成年儿童销售香烟、枪支、毒品、黄色淫秽物等商品的销售与购买。因此,针对上述存在的消费误区,有些学者认为,应加上购买权利,以提醒买卖双方交换须在一定的约束条件下完成。

2. 消费者的权利和经营者的义务

1) 消费者的权利

根据《中华人民共和国消费者权益保护法》,消费者的权利主要包括以下内容：①安全保障权。消费者在购买、使用商品或接受服务时,享有人身、财产安全不受损害的权利。②知悉真情权。消费者享有知悉其购买、使用的商品或者接受的服务的真实情况的权利。③自主选择权。消费者享有自主选择商品或者服务的权利。④公平交易权。消费者享有公平交易的权利。⑤求偿权。消费者因购买、使用商品或者接受服务受到人身、财产损害的,享有依法获得赔偿的权利。⑥结社权。消费者享有依法成立维护自身合法权益的社会团体的权利。⑦获得知识权。消费者享有获得有关消费和消费者保护方面的知识的权利。⑧人格尊严和民族民俗风俗习惯受尊重权。消费者在购买、使用商品和接受服务时,享有其人格尊严、民族民俗风俗习惯得到尊重的权利。⑨监督批评权。消费者享有对商品和服务以及保护消费者权益工作进行监督的权利。

2) 经营者的义务

依据《中华人民共和国消费者权益保护法》的规定,经营者负有以下义务：①法定的或约定的义务。但双方的约定不得违背法律、法规的规定。②听取意见和接受监督。③保证商品或服务安全的义务。④停止销售存在缺陷的产品及服务并承担相应补救措施费用的义务。⑤经营者向消费者提供真实全面信息的义务。⑥标明其真实名称和标记。⑦出具购货凭证或者服务单据的义务。⑧提供的商品或者服务应当具有的质量、性能、用途和有效期限。⑨不符合质量要求的产品或服务,经营者有履行更换、修理等义务。⑩采用网络、电视、电话、邮购等方式销售商品,消费者享有七日内退货的义务,特别商品或特殊约定除外。⑪使用格式条款的,不得以格式条款做出对消费者不公平、不合理的规定并借以强制交易。⑫不得侵犯消费者的人身自由。⑬采用网络、电视、电话、邮购等方式的经营者,提供证券、保险、银行等金融服务的经营者,应当向消费者提供经营地址、联系方式、商品或者服务的数量和质量、价款或者费用、履行期限和方式、安全注意事项和风险警示、售后服务、民事责任等信息。⑭获取消费者个人信息要合法,严格保密,不得泄露、确保信息安全。

1.3.5 案例链接

☞ **不要虐待我们的员工**

在一架由新加坡飞往中国香港的新加坡航空公司的班机上,一位美国乘客喝多了威士忌,满身酒气且带有醉意。当他起身上厕所的时候刚好撞翻了正在运送饮料的推车,饮料洒了自己和空姐一身。美国客人借酒醉无理取闹,口吐脏话,还对空姐进行人身攻击,提出一些无理的赔偿要求。空姐非常礼貌、诚恳地表示歉意,并愿意帮这位客人快速洗净衣服。但这位美国乘客坚决不同意,大吵大闹,空姐和机长与地面控制中心取得联系后,为保证飞机正常飞行和旅客的安全,建议等飞机降落后再妥善处理这件事情。那位美国乘客于是暂时安静下来……

事后,新加坡航空公司处理非常迅速,但结果出乎大多数人预料,公司除了帮这位美国乘客快速洗净熨烫好衣服之外,并没有要求那位空姐向他道歉。航空公司调查事实真相之后,认定是顾客的错误,写了封信给那位美国乘客:"以后您可以去找别家航空公司,请不要虐待我们的员工。"

☞ **谎称酒店丢钱的房客**

住在上海某台商经营的酒店的两位外国客人,向酒店报失窃。声称他们下午出去不久回来后,发现房间皮夹中的3000元和一个打火机不翼而飞,而且怀疑是酒店人员拿了钥匙去偷的。说完情况后,这两位客人又不断地暗示:最好不要报警,事情宣扬出去对酒店名誉不利,如果酒店方面负责赔偿,他们愿意息事宁人。酒店经理不愿接受以酒店名誉所做的威胁,更知道姑息无理取闹的顾客会伤害内部员工的士气,便坚持一定要报警。

通过警方与酒店安全室的查证,原来是客人带了某酒吧两位小姐回来,其中一位小姐又返回酒店所为。事后据她向警方说明,她们是应邀来饭店的,对方当初答应要给她们报酬,但事后反悔。于是她心有不甘才返回拿了400元,而不是3000元。结案后这两位客人也签字拿回失物,但事情却没有结束……

从这天开始,他们天天在饭店大吃大喝,吃完又拒绝签单,并且表示酒店还欠他们2600元。经理请他们到办公室,表明要他们马上离开的意愿。一开始他们自傲地不肯认错,一再扬言此事会在报刊上披露,严重打击酒店的形象。经理不客气地说:"以两位在酒店的这种行为,我不但不担心报纸刊出,还会将该报纸寄到两位的总公司去,让公司知道他们的员工在中国的恶劣行径。"后来,他们无话可说,搬出了酒店。

1.3.6 任务体验

体验1 考一考

(1) 请根据知识点拨中营销学中的"市场"含义知识,描述大学毕业生的劳动力市场是什么。市场经济条件下,劳动力的价格(工资)是谁决定的?人力资本与人力成本两个概念,哪一个更利于毕业生成就未来?

(2) 请写出1.3.2小节中各情景的最佳解决方案要点,写在情景旁边的空格内。

体验2 练一练

上网收集"面对刁难型顾客"或"面对无理取闹顾客"的资料,写一篇1000字左右的小论文,上交电子稿。

体验3 想一想

一天,一个老太太带着一个轮胎来诺兹特劳姆连锁店退货,她说这只轮胎是在这里买的。其实这家店从来就没有销售过这种轮胎。售货员很有礼貌地向她解释说:"我们店从来就没有销售过这种轮胎,您肯定是搞错了。"老太太坚持说:"不,我肯定是这里买的,只要我不满意就要退货。"最后,销售人员和主管商量后,决定接受"自己的轮胎",并态度相当好地把钱如数退了回去,老太太很满意地离开了。从那以后,老太太就一而再地在这家店买东西,老太太成了诺兹特劳姆连锁店的忠实客户。诺兹特劳姆连锁店的服务宗旨是"客户永远是对的,我们要为客户做一切可能做到的事情"。在这个令人回味的故事中,事件的价值在于当顾客的确是错的时候,诺兹特劳姆连锁店还是用一种新的方式解决了客户的问题。公司内部将这件事认定是老太太错,但是再也没有向老太太提起这件事。

问题:公司认定这件事是老太太的错,但却将不是自己出售的轮胎收回,并按老太太说的价格将钱退给了老太太,算算公司的损失是什么?如果公司不退轮胎,又将会损失什么?

体验4 赛一赛

请每组同学至少收集一个在经济生活中观察或体验到的"刁难型顾客"案例,比如在必胜客实习的学生遇到的"个别顾客逃单""偷拿牙签盒"现象,并拿出对策。

任务1.4 网络时代营销反欺骗能力训练

1.4.1 实训目标

营销不是骗销,营销是通过满足顾客需求获取利润,是建立在交换双方对交换结果满意的基础上的。有一些唯利是图的人,冒营销之名,以损人利己的手段行骗,污损营销之名,给即将毕业的大学生从事营销工作带来了形象上的认知与被认知障碍。

本实训任务是帮助学生在掌握营销合作共赢理念的基础上,更深一步地认清营销与骗销的本质区别,坚定以合作共赢理念出发,诚信经营;同时,帮助学生树立有利于自己长远发展的人生观,培养学生的防骗意识,使学生掌握营销识骗的基本规律,能够独具慧眼,识别出网络时代花样百出的各种骗术与骗局。

1.4.2 任务描述

以团队为单位,每个团队制作一个互联网时代生活中的骗局 PPT,并用专业理论分析,找出防骗的规律或原则。

(1) 完成任务的时间和地点安排如表 1-11 所示。

表 1-11 完成任务的时间和地点安排

过程	主要工作	所需时间	地点
第一阶段	教师引领探寻规律	90~120 分钟	投影多媒体教室
第二阶段	学生运用规律于生活	课后完成	学生自定
第三阶段	学生成果展示	40~60 分钟	投影多媒体教室

(2) 完成任务所需准备的事项。

① 摄像及辅助设备用于团队讲解时拍摄;

② 多媒体网络教室。

1.4.3 任务步骤

1. 在教室听讲知识

引领学生回顾知识点交换发生的 5 个条件(1.2.4 小节),扫描下方二维码观看有关骗局的情景视频,该视频是电视剧《闯关东》剪辑的片段,分三部分:第一部分陷入骗局,第二部分发现被骗,第三部分反败为胜。

第一部分陷入骗局

第二部分发现被骗

第三部分反败为胜

可结合 1.4.4 小节内容,从交换发生的条件视角帮助学生从剧情中总结避免受骗的原则、规律,提升反欺骗的能力。

2. 任务布置

以团队为单位，教师明确完成任务的结果形式和具体时间。

队员得分标准：为避免团队合作过程中的"打酱油"现象，队长视队员在任务中的表现予以不同的权重，每个队员得分是团队得分与权重的乘积。队长由队员民主选举产生，队长拥有不容置疑的队员权重评判权力。当有半数以上队员对队长有意见时，可申请重新选举队长。

举例：某团队得分80，该团队队员8人。则队长赋予所有队员权重总和为8，如A的权重是1.1，B的权重是1.2，C的权重是0.9，D的权重是0.8，E的权重是1.15，F的权重是0.75，G的权重是1.1，H的权重是1，1.1+1.2+0.9+0.8+1.15+0.75+1.1+1=8。那么，各位队员的得分是A队员88分，B队员96分，C队员72分，D队员64分，E队员92分，F队员60分，G队员88分，H队员80分。

3. 学生成果展示

各团队汇报、讲解各自制作的互联网时代生活中的骗局PPT，并用所学的营销专业理论指出防骗的规律或原则。

4. 考核

教师根据专业认知和学生汇报的总体情况给每个团队作品评分，每位同学的分数根据任务布置中队员得分标准得出。

1.4.4 知识点拨

1. 营销与骗销的区别

营销是以满足消费需求为中心的企业与消费者的交换行为。骗销是卖方在交换过程中掺杂难以为消费者辨别的虚假信息，而这些虚假信息往往隐藏在真实的信息中，用真实的信息作掩护，蒙蔽人们的眼睛；同时，这些虚假信息又往往是针对人们的一些不良心理需要来设计，比如贪婪、占便宜、骄傲自大、虚荣炫耀、急功近利、不劳而获等，使买方很难辨别，作出错误的决定而上当。以下3个基本原则，是培养防骗能力的基石。

（1）尽量消除不劳而获、投机取巧、急功近利等不健康思想。

（2）克服贪婪的念头，养成不占他人便宜的习惯，识别对方商品的真正价值，常怀平等价值交换之心理。

（3）加强自身的综合素养，提升自身社会生存及专业技术能力，比骗子拥有更高的"智慧"。

依据交换发生的5个条件逐一谨慎判断，以减少被骗事件的发生，具体内容如下。

（1）明确在交换中，双方的地位是平等的，否则就存在被骗的隐患。

（2）能够判断对方所提供商品的价值。对商品价值判断的准确性越高，被骗的概率就越低。

(3) 能够鉴别对方所传达商品信息的真实性。当信息中有明显有悖于常理的信息时,被骗的概率就增加了。

(4) 在交换过程中,不能丧失自由选择权。

(5) 要选择有售后保障的交易。售后保障程度越高,被骗的概率就越低。

2. 识别微商变传销的 5 个主要特点

扫描页边二维码观看警惕微商变传销节目。微商变传销的 5 个基本特征:①收取入门费或相当于入门费的费用;②产品的价格远高于价值,价格虚高;③不管产品的最终流向,只关心卖,不关心买,即不关心产品对顾客是否有用;④层级式拉人头;⑤销售过程中使用了欺骗手段。学生掌握了这些基本特征,有助于在纷繁复杂的乱象中分辨是非与真假。

警惕微商变传销

3. 人品/能力矩阵图

生活中,人们常常用眉毛胡子一把抓来比喻不加差别地处理事情,面对问题不能准确地对症下药,这往往就偏离了解决问题的正道。比如,相信"人善被人欺,马善被人骑"这句俗语,人生之路往往就会偏离正确方向。从人品、能力两个维度思考,就会一目了然地发现问题,见图 1-8。

图 1-8 人品/能力矩阵图

横坐标代表能力,分为高和低。能力水平高,不代表不犯错,即智者千虑必有一失,但其为智者;同理,能力水平低,不代表没有做对事的时候,即愚者千虑必有一得,但其仍为愚者。能力水平的高低区别,以日常生活中正常稳定状态下的总体表现界定。

纵坐标代表人品,拥有善良等美好的品格谓之好,常怀邪恶等不良的品格谓之坏,将人分为好人与坏人。好人与坏人的划分,也是以人们日常生活中正常稳定状态下的总体表现界定,不包含某种特殊情况下的非正常偶尔之行为,比如一念之差。

营销者在经营活动过程中,要做到与他人合作共赢,不仅要做好人,还须是有能力的人,即要成为有能力的好人。正如蒙牛创始人牛根生,在蒙牛企业文化建设中时刻不忘的一句古语"做事如做人",他常说:"做事如做人,人要做不好,做的事肯定不是人事。"一句朴素的话,道出了做生意的真经:事做好了,"钱追人";事做不好,"人追钱"。

4. 营销发展的基本趋势

互联网的出现,改变了人类的生活方式,促进了社会的权力转移,使水平、包容、社会的力量战胜垂直、独享、个人的力量,从而让客户社区变得越发重要。

如今,有关品牌的闲谈远比精准的广告宣传更为可信。社交圈子接过了外部营销交流和个人喜好的"火炬",成为影响力的主要来源。用户在选择品牌时倾向于听取朋友的经验,好像在建起一座社交圈子筑成的堡垒,免受虚假品牌宣传和一些手段的欺骗。

1) 从独享到包容

技术的发展实现了自动化和微型工业,降低了生产成本,使企业能服务于新兴市场。各行业的破坏性创新为过去被视为"没有市场"的穷人们带来了廉价简便的商品。过去被视为特权的产品服务如今在世界市场随处可见。

反过来也一样行得通,新的产品可以通过反向创新获得发展并首先进入新兴市场,接着再销往世界各地。开发产品时,节约降低成本的理念已成为产品差异化的新源泉。通用电气公司的 Mac400 就是一个众所周知的例子:作为一款使用计算机的可移动心电图机器,它的设计目的是服务于印度的农村人口;而在其他市场时,它的核心卖点就是便携性。

互联网带来的透明性使新兴国家的创业者从发达国家的创业者那里获取经验和灵感,并通过本地化执行打造有区别的克隆产业。

产业之间的城墙正在消解,跨产业或多产业合作方兴未艾,各行各业既可以选择彼此竞争,也可以群策群力。多数情况下,它们都选择了合作。

许多医疗中心正在同旅游机构合作,以达到医疗卫生和度假产业的利润最大化。

在预付移动电话使用度较高的一些新兴市场中,电信部门同金融服务机构展开合作,为服务和商品提供支付渠道。

2) 从垂直到水平

全球化浪潮,使企业的竞争力将不再取决于企业规模、所在国家和历史优势。小型、新兴的本土企业有机会和大型、老牌的国际企业角力。最后,没有企业能绝对压倒对方,相反,如果企业能同用户社区和合作伙伴共同创造价值,同竞争对手协同市场平衡,就能具有更大的竞争力。

(1) 企业到市场的垂直化创新流如今变得更为水平化。在过去,企业相信内部才能产生创新,后来意识到内部创新带来的变化远不足以让它们跟上日新月异的市场。在今天,创新是横向水平的,由市场提供创意,企业将创意商业化。

(2) 竞争的理念也从垂直变为水平,这其中技术是主要因素。市场偏好从高流量的主流品牌向低流量但可以盈利的品牌转移。得益于互联网,小企业和品牌在实际操作时将不再受限于物流的困难。愿望竞争、一般竞争(参考任务 4.2.4 小节)对企业冲击的影响力,较之于产品形式竞争、品牌竞争已越来越强。

(3) 客户信赖度的概念也从垂直变为水平。过去的客户容易受到市场营销活动的影响,也愿意听取专家和内行的意见。但现今,相比于市场问询,大部分客户更愿意相信"F 因素",即朋友、家人、脸书粉丝、推特关注者。很多人在社交媒体上向陌生人求助,并采纳获得的建议,而较少依赖广告宣传和专家意见。这使品牌与客户间的关系也变得更为水平化,客户将货比三家,而品牌应该展示真实的品牌内核和品牌价值,只有这样才能赢得用户的信赖。而用虚幻的特色让自己脱颖而出、通过过分外包装使商品真实价值被虚假放大的商品品牌将行不通。

3) 从个体性到社会性

客户在选购商品时,主要会根据个人喜好和社会从众心理,两种因素的权重因人而异,也因行业和商品类型而异。今天的世界有着很高的连通性,这使社会从众心理的权重逐渐增加。客户越来越重视他人的意见,分享并整合彼此的意见。客户共同描绘了企业和品牌的形象,且这种形象往往与企业和品牌的构想大相径庭。互联互通使用户更愿意听取社会意见,用户彼此交流品牌和企业心得,从营销传播的角度看,用户不再是被动的目标而是传播产品中信息的活跃媒体。

企业过去对营销传播有主导权,能把用户的意见分流处理。而有了社区生产的内容,企业就失去了对话的主导权,限制内容则会削弱可信度。在一个透明的数字化世界中,依靠虚假宣传且产品质量低劣的企业和品牌必将消失。

1.4.5 案例链接

☞ **权威部门曝"双 11"惊人内幕!看完感觉被坑惨了……**

原文详情请扫描页边二维码。

据新华社 2017-11-30 报道,中国消费者协会发布《"双 11"网购商品价格跟踪调查体验报告》,总结了当年"双 11"活动中通过虚假宣传、价格欺诈等误导消费者的经营行为。在 2017 年宣称参加"双 11"促销活动的 539 款非预售商品中,不在 11 月 11 日也能以"双 11"价格或更低价格(不考虑联动活动情况)购买到促销商品的比例达 78.1%,与 2016 年同期相比有所增加。先涨价后降价、虚构"原价"、随意标注价格的情况较为突出。

权威部门曝"双 11"惊人内幕!看完感觉被坑惨了……

归纳起来,主要有以下 5 种现象:①优惠规则复杂,价格不降反升;②文字"钓鱼","定金""订金"对应规则不同;③可高可低的"原价",如涉嫌以"划线价"形式虚构"原价"、预售价格不如"双 11"当天价格优惠、预售价格频繁变动、定金随意变动等;④赠品不能享受售后服务,一般情况下,赠品如果出现质量问题,卖家通常都会以是赠品为由拒绝保修;⑤电商专供商品一般是价格较低而品质稍逊的商品,可以说"一分价钱一分货"。

1.4.6 任务体验

体验 1 考一考

写出 1.4.4 小节中警惕微商变传销节目中总结的微商变传销的 5 个基本特征。

体验 2　练一练

以下商家的行为属于 1.4.5 小节中所描述现象中的哪一种？

（1）贝贝平台某款标称为"美肤宝"品牌化妆品"双 11"前团购价格为 188 元，"双 11"期间团购价格涨至 229 元。_____

（2）当当网平台某款标称为"韩都衣舍"品牌女装在 11 月 7 日之前价格为 152 元，而在 10 日价格上调至 288 元，并于 11 日又降至 136 元。_____

（3）天猫平台某款标称为"恒源祥"品牌针织衫 11 月 10 日、11 月 12 日、11 月 15 日的划线价格均为 508 元，但 11 月 11 日划线价格调整为专柜价 1280 元。_____

_____

（4）以购买大家电送小家电为例，消费者购买冰箱赠送一个电饭煲，冰箱可以享受正常保修、退换货服务，而电饭煲却被明确规定不能享受质量问题 7 天包退、15 天包换、1 年包修的三包法规。_____

（5）同品牌的纸巾，网上买的薄很多；同品牌的羊毛外套，网上买的羊毛含量少很多。

体验 3　想一想

用 1.4.4 小节的知识分析"人善被人欺，马善被人骑"这句俗语错在了哪里？

以团队为单位，每个团队找出一句类似"人善被人欺，马善被人骑"这种看似正确、实则对人生价值观有严重误导的俗语，对其提出合理化的质疑。

体验 4　赛一赛

（1）阅读案例，分析案例中的某先生被骗违背了根本原则中的哪条？没有遵循商品交换发生的 5 个条件中的哪个步骤？用顾客感知价值理论分析某先生此次购买支付了哪些成本？

去年 12 月 12 日，李先生在拼多多网站看到一款手机，"原价 2388 元，活动当天只卖 269 元"，于是没有犹豫就下单了。李先生介绍说，这款手机品牌虽然知名度不高，但是商家承诺假一赔十。另外，手机内存 128G，屏幕超大，从产品介绍看，其他功能也很吸引人。

可是没想到，手机到货没几天，问题频出：操作系统非常卡，经常死机，另外相机功能也经常使用不了，手机功能极不稳定。后悔不迭的李先生随即联系商家要求退货，令李先生想不到的是，对方不接听电话。向拼多多官方投诉后，页面一直显示投诉正在处理中，却没有丝毫进展。

后来，李先生选择向该店家所在地的工商部门投诉。直到今年 1 月，事情终于有了结果，目前向他销售手机的网站已被拼多多官方予以封店处理。李先生说："今年 1 月 18 日，我终于退了手机，上周收到 269 元的退货款。虽然运费还没有退给我，但我已经不打算追究了。"

（2）选择填空：营销的进化。

现代营销之父菲利普·科特勒提出了基于逻辑的营销进化路径，从营销 1.0 到营销 4.0。

营销1.0就是工业化时代以_____(a.产品；b.市场)为中心的营销，解决企业如何实现更好地"交易"的问题，功能诉求、差异化卖点成为帮助企业从产品到利润，实现马克思所言"惊险一跃"的核心。

营销2.0是以_____(a.企业；b.消费者)为导向的营销，不仅仅需要产品有功能差异，更需要企业向消费者诉求情感与形象，因此这个阶段出现了大量以_____(a.质量；b.品牌)为核心的公司。

营销3.0是以_____(a.价值观；b.竞争)驱动的营销，它把消费者从企业"捕捉的猎物"还原成"丰富的人"，是以人为本的营销。

营销4.0是以大数据、社群、价值观营销为基础，企业将营销的中心转移到如何与_____(a.企业；b.消费者)积极互动、尊重消费者作为"主体"的价值观，让消费者洞察与满足这些连接点所代表的需求，帮助客户实现自我价值，就是营销4.0所需要面对和解决的问题，它是以价值观、连接、大数据、社区、新一代分析技术为基础造就的。

(3) 选择填空：数字化营销的四个明显阶段被简化于表1-12中，请从备选答案中选择正确答案填入相应阶段的括号中。

备选答案：a.被发现；b.乐趣；c.实用；d.露脸。

表1-12 数字化营销的四个明显阶段

发展阶段	时间	企业营销重点	目的
第一阶段	20世纪90年代后期的互联网发展初期	建网站	( )
第二阶段	20世纪90年代末互联网普及	搜索优化	( )
第三阶段	21世纪初，4G网络、智能手机普及	社交媒体和移动媒体	( )
第四阶段（预测）	不远的未来，科技的进一步发展	可穿戴技术和增强现实技术	( )

市场商机捕捉能力训练

项目2

项目2说明

商机无处不在,慧眼把握未来,抓住商机才能抢占先机。

这个世界到处都是机会,只是缺少发现机会的眼睛。商机无处不在,但它只属于发现它的伯乐。相信自己,相信机会就在身边,发现商机才是最重要的。如果能从身边做起,做善于发现身边商机的有心人,就能捕捉到商机。

本项目就是训练学生在营销策划之前,通过市场调研、走访企业和实际的观察,实践捕捉市场商机的基本方法;同时在实践中培养学生观察、思考、分析和认识问题的能力。为此,本项目设计了4个各自独立又有相互关系的实训任务。

首先,商机的发现离不开市场调查,而调查有非正式调查和正式调查。正式调查对学生而言需要学习和训练。实施正式调查前有两个重要的工作需要完成,那就是调查方案和调查问卷。任务2.1和任务2.2就是使学生在实践中掌握收集市场信息的手段和方法。

接下来的任务2.3是营销环境认知训练。环境的变化往往会给企业带来机会或威胁,抓住机会与避开威胁都可谓是企业的商机。因此本任务通过实训让学生熟悉影响企业营销的各种环境因素,同时培养学生养成环境分析的习惯和基本能力。

最后,任务2.4是培养学生从自己能够触摸到的生活环境中找寻商机的习惯,即感悟商机的能力。

任务2.1 市场调查方案设计训练

2.1.1 实训目标

任何的市场调查活动都是一项系统工程,为了在调查中统一认识、统一内容、统一方法、统一步骤,圆满完成调查任务,在具体开展调查工作之前,应该根据调查目的、调查对象的性质制订合理的调查方案。
- 体会调查方案的作用。
- 合理设计调查方案的各项具体内容。
- 学会制订相对有效的调查方案。

2.1.2 任务描述

以自己感兴趣的营销问题为调研课题,确定市场调查目标,根据自己确立的调研课题制订一份市场调查方案。如随着手机的普及,出现了手机的清洗、消毒和加香等服务业务,有同学就以关于开设手机消毒、加香店的可行性分析为自己的调查主题,这一主题本身比较具有普遍性而且有一定的实际意义。再例如,可将学校××食堂消费者调查或大学生节能环保意识调查确立为调查主题。教师可依据具体情况确定一些参考调查主题。

2.1.3 任务步骤

1. 分派任务

召集全体同学到教室接受任务。教师通过案例加拿大 Jell-O 的制胜秘密,带领学生回顾相关知识点。参考资料扫描页边二维码。

加拿大 Jell-O 的制胜秘密

2. 任务讲解

(1) 学生上网查找调查方案,学习、讨论。
(2) 每组确定调查主题、调查对象及调查方式等。
(3) 本组研究、确定调查方案主体内容提纲。
(4) 分工,初步编写调查方案。
(5) 调查方案修改、完善、定稿。

3. 组建团队

将学生每 4 人为一组组建团队,也可沿用任务 1.1 的团队组成。

4. 明确完成任务的结果形式和时间

1) 结果形式

举行调查方案论证会,各团队推选 1~2 名代表上台讲述本组调查方案(3 分钟),其他各团队成员都可以对方案提出问题(5 分钟)。

调查方案论证会视参加实训的学生总数分一到两次举行。

同时,各组需上交以下材料:①××调查方案(Word 电子稿和打印稿各一份);②调查方案说明 PPT;③成员参与情况表(见表 2-1)。

表 2-1 成员参与情况表

序号	团队名称	队长	成员参与工作情况			联系方式
			成员	实际参与工作	组长评分	
		×××				E-mail：
						Tel：
						QQ（或微信）：
						备注：

注：以上表格，组长自己的评分可以依据情况自评，也可以不用给自己打分，由指导教师给组长评分，采用5分制。

2）完成项目任务的时间限制

各团队分头自行完成任务，时限3～5天，然后上交文字材料。为保证项目任务的过程管理，教师本人或助教（如高年级学生，1名）可通过现场或网络等与团队进行沟通，根据沟通情况填写团队任务完成过程反馈表（见表2-2）。针对各团队可能出现的各种个性化问题，指导教师应及时给予指导。

表 2-2 团队任务完成过程反馈表

序号	团队名称	各时间段的工作进展				备注
		时 段	具体日期	工作地点	工作情况	
1		第一天				
		第二天				
		第三天				
		第四天				
		第五天				

5. 召开调查方案论证会

可在学生提交上述材料的两天后召开调查方案论证会。

论证会需聘请其他3位教师或行业专家（专业覆盖面涉及统计调查、营销、新闻传播等领域）共同听取各团队的项目任务设计与完成情况汇报。教师及专家针对学生出现的各种问题现场评述、指导或答疑。论证会现场，专家使用调查方案考核表（见表2-3）给各团队评分。

表 2-3 调查方案考核表

被考核团队：_____

考核重点	等级					权重	定性评价
	5	4	3	2	1		
调查方案中体现了调查目的和要求						0.2	
选题合理						0.2	
调查方案的可操作性强						0.2	
调查方案的科学性和完整性						0.1	
总体排版合理、格式、段落等清楚						0.1	
方案论证中的陈述和回答						0.2	

评分教师：_____　　从事专业：_____

6. 考核

团队及成员考核依据3部分：一是团队任务完成过程反馈表所反馈的信息；二是实际参与的工作和组长的评分；三是调查方案考核表所给的评分。以上比例建议为2∶2∶6。

2.1.4 知识点拨

1. 市场调查方案的作用

一是用来提供给雇主即调查委托方审议、检查之用，以作为双方的执行协议；二是用来作为市场调查实施、执行的纲领和依据。

2. 调查方案的格式

针对不同的调查项目，调查方案的格式也有所不同。一般情况下，其格式应包括：前言、调查的目的和意义、调查的内容和具体项目、调查对象、调查方法、调查工作的时间和进度安排、经费预算、调查结果的表达形式等。

3. 调查方法

1) 二手资料调查法

二手资料调查法也称文案调查法，又称资料查阅寻找法、间接调查法、资料分析法或室内研究法。它是利用企业内部和外部现有的各种信息、情报，对调查内容进行分析研究的一种调查方法。文案调查要求更多的专业知识、实践经验和技巧。这是项艰辛的工作，要求有耐性、创造性和持久性。

与实地调查相比，文案调查有以下几个特点：①文案调查是收集已经加工过的文案，而不是对原始资料的收集。②文案调查以收集文献性信息为主，它具体表现为收集各种文献资料。在我国，目前仍以收集印刷型文献资料为主。当代印刷型文献资料又有许多新的特点，如数量急剧增加，分布十分广泛，内容重复交叉，质量良莠不齐等。③文案调查所收集的资料包括动态和静态两个方面。文案调查尤其偏重于从动态角度收集各种反映调查对象变化的历史与现实资料。

2) 小组访谈法

小组访谈法也称焦点小组访谈法，近年来在市场调研中变得日益重要。它可以通过选定较小的样本对象进行深度的、非正规性的访谈，以进一步弄清问题，发掘内涵，为随后的正规调查做好准备。它是定性研究方法的一种，目前国内常用的定性研究方法还包括深度访谈法、投影(射)法、案例研究法等。在实践中，无论运用哪种方法都要尽量将定性分析与定量分析结合起来，以便得出尽可能客观的结论。

3) 实地调查的3种方法

(1) 访问法。访问法又称询问调查法，就是调查人员采用访谈询问的方式向被调查者了解市场情况的一种方法，它是市场调查中最常用的、最基本的调查方法。通常可以分面谈法、电话法、邮寄法、留置法和日记法5种。各种访问法优缺点的比较见表2-4。

表2-4 5种访问法优缺点的比较

项　　目	面谈法	电话法	邮寄法	留置法	日记法
调查范围	较窄	较窄	广	较广	较广
调查对象	可控可选	可控可选	一般	可控可选	可控可选
影响回答的因素	能了解、控制和判断	无法了解、控制和判断	难了解、控制和判断	能了解、控制和判断	能了解、控制和判断
回收率	高	较高	较低	较高	较高
回答速度	可快可慢	最快	慢	较慢	慢
回答质量	较高	高	较低	较高	较高
平均费用	最高	低	较低	一般	一般

（2）实验法。实验法是指市场调研者有目的、有意识地改变一个或几个影响因素，来观察市场现象在这些因素影响下的变动情况，以认识市场现象的本质特征和发展规律的一种调查方法。实验调查既是一种实践过程，又是一种认识过程，是将实践与认识相统一的调查研究过程。企业在经营活动中经常运用这种方法，如通过开展一些小规模的包装实验、价格实验、广告实验、新产品销售实验等，来测验这些措施在市场上的反映，以实现对市场总体的推断。

（3）观察法。观察法是指调查者凭借自己的眼睛或摄像、录音器材，在调查现场进行实地考察，记录正在发生的市场行为或状况，以获取各种原始资料的一种非介入的调查方法。这种方法的主要特点是，调查者同被调查者不发生直接接触，而是由调查者从侧面直接地或间接地借助仪器把被调查者的活动按实际情况记录下来，避免让被调查者感觉正在被调查，从而提高调查结果的真实性和可靠性，使取得的资料更加切近实际。在现代市场调查中，观察法常用于消费者购买行为的调查以及对商品的花色、品种、规格、质量、技术服务等方面的调查。

观察法的优点是可以实地记录市场现象的发生，能够获得直接、具体的生动材料，对市场现象的实际过程和当时的环境气氛都可以了解到，这是其他方法不能比拟的。观察法不要求被调查者具有配合调查的语言表达能力或文字表达能力，因此适用性也比较强。观察法还有资料可靠性高、简便易行、灵活性强等优点。

观察法的缺点是只能观察到人的外部行为，不能说明其内在动机，观察活动受时间和空间的限制，被观察者有时难免受到一定程度的干扰而不完全处于自然状态等。

4）网络调查法

网络调查法是指通过网络手段针对特定营销环境进行的简单调查设计、收集资料和初步分析的一种调查方法。网络调查法作为新兴的调查方法之一，有其自身的特点，主要表现在：①及时性和共享性。网络是开放的，任何网民都可以随时随地进行投票，由于统计软件能随时出结果，因而网民还可以随时查看调查结果。②便利性和费用低。网络调查能节省大量的人力、物力和财力，因此具有便利性和费用低的特点。③可靠性和客观性。网上的被调查者是在完全自愿的原则下参与调查的，因此填写的信息更可靠，调查结果更客观。④无时空、地域限制。网络调查可以在24小时全天候展开，调查人员也不必亲自去到某个地方调查。⑤交互性和充分性。网络最大的好处在于交互性,在网上调查时,被调查对象可以及时就问卷相关问题提出自己的看法和建议,以减少因问卷设计不合理而导致的调查结论偏差。⑥可检验性和可控制性。利用互联网进行网络调查收集信息,可以有效地对采集信息的质量进行检验和控制。

2.1.5 案例链接

(1) 在早期,美国某公司的一位员工到日本出差,得知日本市场上买不到番茄酱后,就想到了一个赚钱的好主意,立即将美国一个全球知名品牌的番茄酱打入日本,展开销售。但这一举动当时却以失败告终。该公司员工恐怕任何迟疑都会使竞争对手领先,面对容量大且富裕的日本市场,希望能抢占先机。可为什么结果却失败了呢? 只要进行一次初步或简单的市场调查就会明白番茄酱滞销的原因:当时在日本,黄豆酱是最受欢迎的调味品,很多人都还不习惯番茄酱的味道。

(2) 20世纪90年代中期,可口可乐请专业调查公司对中国的即饮茶产品进行市场调查,当时中国市场上还没有任何茶饮料。调查结果显示,超过90%的受调查者表示,只习惯于喝开水冲泡的热茶,坚决不喝PET装的茶饮料,就因为这份调查,可口可乐决定不生产茶饮料。然而没多久,旭日升冰茶迅速发展起来,统一、康师傅也不断壮大,可口可乐错失了一次发展良机。

可见,不合理的调查没法给企业提供正确决策的依据。可口可乐在问消费者一个压根儿没见过的东西的好恶,传统的中国人自然选择了拒绝。而后来的几家抓住了"传统+健康+流行"的趋势,推出了一种比可乐更健康、比果汁更雅致的茶饮料,获得了市场成功。

2.1.6 任务体验

体验1 想一想

浙江某市的一个制鞋厂生产一种海蓝色的坡跟布鞋,在当地很受欢迎。鞋厂根据目前的市场反应给外地的一个老客户发货5000双,这一客户是外省某城市的一个鞋帽批发商,根据以前的经验,这个数量不算多。时隔不久,那个老客户来电说这款鞋子几乎没人买,要求退货。厂家很快派人到这一老客户的城市,经初步了解,生产地和这一城市的消费观念不同,海蓝色在这一城市被认为是很老土的颜色,鞋上市后几乎无人问津。

问题:制鞋厂决定给老客户办理退货,并委托A调查公司对这一城市的鞋类消费市场进行调查,假如你是调查公司的人员,你将如何确定调查目标? 调查的大致内容有哪些?

体验2 练一练

在校园附近开一家打字复印店,请完成初步调查方案的设计。

体验3 赛一赛

阅读资料后,为瑞幸咖啡设计调查方案。

瑞幸咖啡

任务2.2　调查问卷设计训练

2.2.1　实训目标

调查问卷是收集市场信息、进行数据分析处理的基本思路和重要载体，具体目标分解如下。

- 明确调查问卷在调查中的作用。
- 识记问卷的类型和基本结构。
- 学会调查问卷的设计和编排。
- 能综合评估和制作问卷。

2.2.2　任务描述

根据任务2.1中选定的调研课题，制订一份完整的市场调查问卷，原选题觉得不合适的也可以更改选题。建议找一家合作企业或者围绕某一个实际企业的产品来设计调查问卷。

2.2.3　任务步骤

1. 分派任务

召集全体同学到教室接受任务。

2. 任务讲解

（1）以团队为单位确定选题，确定后上报指导教师，经同意后可开展下一步工作。
（2）团队成员一起讨论问卷的主要问题。
（3）问卷问题的删选和排序。
（4）问题答案设计。
（5）问卷的试答修改。
（6）问卷互评修改。
（7）团队问卷定稿。

3. 组建团队

团队组建同任务2.1，这样操作起来更为方便、熟悉，如需变动需告知指导教师。

4. 明确完成任务的结果形式和时间

1) 结果形式

各组同学需上交以下材料：定稿的问卷打印稿2份或3份。

2) 完成项目任务的时间限制

各团队分头自行完成任务，时限3～5天，然后上交文字材料。为保证项目任务的过程管理，教师本人或助教（如高年级学生，1名）可通过现场或网络等对团队进行指导，根据沟通情况填写团队任务完成过程反馈表（同表2-2）。针对各团队可能出现的各种个性化问题，指导教师应及时给予指导。另外，成员参与情况表同表2-1。

5. 考核：开展调查问卷设计比赛

全部小组参加调查问卷设计比赛，通过各组提交的问卷进行小组互评和教师评分，建议有2～3个评委教师，最后评出约1/3比例的优秀问卷。在评价过程中，要对各组问卷提出修改意见，并登记在评分表上，具体见表2-5。

表2-5 问卷评分表（每份问卷附表一张）

问卷编号：_____

	问 卷 项 目	标 准 分 数	得 分
	格式规范合理	20	
问卷内容	内容全面性	10	
	体现目的性	10	
	编码、排序合理性	15	
	问题题型合理性	15	
	问卷可接受性	10	
	调查数据处理方便性	10	
	问卷连贯性	10	
	合 计	100	

该问卷存在的问题和修改意见：_____

_____

各组问卷可采用匿名编号，学生问卷的互评可由每组选出两名代表参加，分别对其他小组的问卷仔细学习讨论后，合理评分。教师评价可聘请2～3位教师或行业专家分别对各团队的问卷进行评分。

小组考核依据两部分：一是各组互评得分以及所反馈的信息；二是教师的评分以及所反馈的信息，以上比例建议为4∶6。最后评出约1/3比例的优秀问卷，给予该小组一定的奖励；较差、问题较多的不合理问卷，建议重新修改。

2.2.4 知识点拨

1. 什么是问卷

问卷是指调查者事先根据调查目的和要求所设计的,由一系列问题、说明及备选答案组成的调查项目表格,又称调查表。问卷调查是调查者依据心理学原理,将精心设计的各种问题全部以询问的形式在问卷中列出来,许多问题还给出了多种可能的答案,提供给被调查者进行选择。这种方式有助于被调查者能够及时、准确地获取调查内容,领会调查意图,从而提高调查的系统性和准确性。

2. 调查问卷的类型

(1) 自填式问卷和代填式问卷。自填式问卷是指由调查者发给(或邮寄给)被调查者,由被调查者自己填写的问卷。这种问卷适合于面谈调查、邮寄调查、网络调查及媒体发放的问卷调查时使用。代填式问卷是由调查者按照事先设计好的问卷或问卷提纲向被调查者提问,然后根据被调查者的问答代为填写的问卷。这种问卷适用于面谈调查、座谈会调查和电话调查时使用。一般而言,代填式问卷要求简便,最好采用两项选择题型进行设计;而自填式问卷由于可以借助于视觉功能,在问题的设计上相对可以更加详尽全面些。

(2) 结构式问卷和开放式问卷。结构式问卷也称封闭式问卷,是问卷设计者按常规结构设计问题,并列出一系列可能的答案,一般以结构严谨、分类全面的选择题型为主。这种问卷适合于规模较大的调查。开放式问卷又称无结构式问卷,是问卷设计者只设计了询问的问题,不设置固定的答案,由被调查者自行构思、自由发挥,从而按自己意愿答出问题,类型一般就是常见的问答题。

(3) 传统问卷和网络问卷。传统问卷是指目前采用一些传统方式进行的调查中仍在大量使用的纸质问卷,如面谈式问卷、邮寄式问卷和报刊式问卷等。网络问卷是在互联网上制作,并通过互联网进行调查的问卷,一般都是无纸化问卷。此种问卷不受时间、空间限制,便于获得大量信息,特别是对于一些敏感性问题,相对而言更容易获得满意的答案。

3. 问卷的基本结构

问卷的基本结构一般包括问卷说明、调查内容、编码和结束语 4 个部分。其中调查内容是问卷的核心部分,是每一份问卷都必不可少的内容,其他部分则根据设计者需要可以有所取舍。

(1) 问卷说明。问卷说明是调查者向被调查者写的简短提示,主要说明调查的目的、意义、选择方法以及填答说明等。具体来说,需要有一个尊敬的称呼,说明填写者的受益情况,主办单位和感谢语,同时,如果问卷中有涉及个人资料,还要有隐私保护说明。只有尊重受调查人群,才有可能调动他们配合的积极性。问卷说明一般放在问卷的开始。

(2) 调查内容。调查内容主要包括各类问题、问题的回答方式及指导语。这是调查问卷的主体,也是问卷设计的主要内容。调查内容可以是涉及民众的意见、观念、习惯、行为和态度的任何问题：可以是抽象的观念，例如人们的理想、信念、价值观和人生观等；也可以是具体的习惯或行为，例如人们接触媒介的习惯，对商品品牌的喜好，购物的习惯和行为等。但是应该避免被调查人难以回答，或者是需要长久回忆而容易导致模糊不清的问题。具体来说，调查内容需要包括受调查人的分群、消费需求（主要有产品、价格、促销）和竞争对手的情况（对手优劣势和诉求策略）。

(3) 编码。编码一般应用于大规模的问卷调查。因为在这类调查中，调查资料的统计汇总工作十分繁重，如借助于编码技术和计算机，则可大大简化这一工作。编码是将调查问卷中的调查项目以及备选答案给予统一设计的代码。编码既可以在问卷设计的同时就设计好，也可以等调查工作完成以后再进行。前者称为预编码，后者称为后编码。在实际调查中，常采用预编码。

(4) 结束语。结束语一般放在问卷的最后，用来对被调查者的合作表示简单的感谢，也可征询一下被调查者对问卷设计和问卷调查本身的看法和感受。

4. 问卷设计的过程

问卷设计由一系列相关工作过程构成。为使问卷具有科学性和可行性，需要按照一定的程序进行，一般包括以下步骤。

(1) 确定所需信息。调查者必须在问卷设计之前就确定所有为达到研究目的和验证研究假设所需要的信息，并决定所有用于分析这些信息的方法，比如频率分布、统计检验等，并按这些分析方法所要求的形式收集资料，把握信息。

(2) 确定问卷的类型。制约问卷选择的因素很多，而且市场调查的目的不同，调查的项目就会不同，主导制约因素也不一样。在确定问卷类型时，必须先综合考虑调研费用、时效性要求、被调查对象、调查内容 4 项制约因素。

(3) 确定问题的内容与类型。确定问题的内容，应与被调查对象联系起来。分析被调查者群体，有时比盲目分析问题的内容效果要好。问题的类型归结起来分为自由问答题、两项选择题、多项选择题和排序题 4 种，其中后 3 类均可以称为封闭式问题。

(4) 确定问题的措辞。问题的陈述应尽量简洁，避免提带有双重或多重含义的问题。问卷设计应尽量避免尖锐性问题，因为这类问题极易使调查者的情绪大幅波动，不仅会影响调查的顺利进行，严重的还会大大影响调查结果的真实性。从被调查者填写问卷的心理变化分析来看，被调查者刚开始填写问卷应该是以好奇和仔细为主，随着填写时间的延长，好奇心逐步减弱，而逐渐滋生出烦躁的心情，所以为了保持问卷填写的高质量，问卷的内容除应简单明了外，还应适当增加趣味性。

(5) 确定问题的顺序。问卷中的问题应遵循一定的排列次序，问题的排列次序会影响被调查者的兴趣、情绪，进而影响其合作的积极性。一份好的问卷应对问题的排列做出精心的设计。

(6) 问卷的测试。问卷的初稿设计工作完毕之后，不要急于投入使用，特别是对于一些大规模的问卷调查，最好的办法是先组织问卷的测试，如果发现问题，再及时修改。测试通常选择 20～100 人，样本数不宜太多，也不要太少。如果第一次测试后有很大的改动，可以考虑是否有必要组织第二次测试。

(7) 问卷的评价。问卷的评价实际上是对问卷的设计质量进行一次总体性评估。对问卷进行评价的方法很多,包括专家评价、上级评价、被调查者评价和自我评价。

2.2.5 案例链接

☞ **肯德基飞进北京城**

下面是一位接受过肯德基访问调查的受访者写下的手记。

1986年暑假,我们一行3人在北京城逛街。这天,骄阳似火,几乎快将整个京城烤焦。在北海公园的林荫下,我们准备休息片刻。不一会儿,一位衣着典雅、容貌文静、清秀的女孩微笑着朝我们走来:"今天好热,女士们想喝点什么?""谢谢。"我们几个人同时回话。那位女孩紧接着说:"我是北京商学院的学生,暑假里被美国肯德基炸鸡公司聘为临时职员。公司为了征求中国顾客对肯德基炸鸡的意见,在北海公园设置了免费品尝点,还准备了一些免费饮料。各位能否帮助我的工作,谢谢。"女孩指着公园东南边的小餐厅。

我们随着这位女孩走进了餐厅。餐厅内,大理石地面,奶白色的墙纸,粉红色的窗帘,两边墙上各有一排方形的古铜色鸿运扇,正面墙上挂着巨大的迎客松图,20多张大圆桌上铺着洁白的桌布,宽大明亮的窗户外是翠绿婆娑的修竹,这儿的一切使人感到仿佛身处春天。

一位衣冠楚楚的男士彬彬有礼地请我们就座,并在每个人面前摆放好以塑料袋盛装的白毛巾,随之送上苏打饼干和白开水,片刻又送上油亮嫩黄的鸡块。

稍作品尝后,一位女士开始发问:"您觉得这鸡块做得老了,还是嫩了?""鸡块外表是否酥软?""鸡块水分是多了,还是少了?""胡椒味是重了,还是轻了?""是否应加点辣椒?""味精用量如何?""还应加点什么作料?""鸡块大小是否合适?""这鸡块卖5元是贵还是便宜?"其项目十分详细。"那么,您对餐厅设计有什么建议呢?"她边说边拿出一大本彩色画册,显示了各种风格、色调和座位布置的店堂设计。她一边翻着画册,一边比画着这个餐厅的设计,问我们一些诸如:墙壁、窗户的色调和图案,座椅靠背的高低,座次排列的疏密,室内光线的明暗等问题。

为了使气氛更轻松愉快,她随便地聊起北京的天气和名胜古迹,而后,谈话很自然地又引入她的调查:"您认为快餐店设在北京哪儿最好?""像您这样经济状况的人每周可能光顾几次?""您是否愿意携带家人一起来?"最后,她询问了我们的地址、职业、收入、婚姻和家庭状况等。

整个询问过程不到20分钟。那位女士几乎收集到了我们能够给予的全部信息。临行前,引我们入座的那位男士又给每人送上一袋热腾腾的炸鸡,纸袋上"肯德基 KFC. Co."的字样分外醒目。"带给您的家人品尝,谢谢您的帮助。"他轻声说道。

1987年,我们听说美国肯德基炸鸡公司在北京前门开业,他们靠着鲜嫩香酥的炸鸡、一尘不染的餐具、淳朴雅洁的美国乡村风格的店容,加上悦耳动听的钢琴曲,赢得了客人的称赞。

事实证明,重视市场调研是企业成功制定营销策略的前提,古语云:"能预知三日者,便富可敌国。"在当今世界更是如此,只要你能够预言几分钟后的事情你就可以赚大钱了,这无非是说明获取信息的重要性。肯德基30多年前就如此重视市场调研,并且调查工作做得周密、细致,这对于很多企业来说,应该从中受到启发。

2.2.6 任务体验

体验1 考一考

读案例肯德基飞进北京城(见2.2.5小节),回答下列问题。

(1) 此案例中,肯德基公司运用了哪些市场调查方法?效果如何?

(2) 对该公司成本巨大的市场调研,你认为是否值得?说明理由。

体验2 想一想

在调查中,下列情况可能发生哪些误差。关于误差构成的知识,可扫描页边二维码学习。

总体误差构成

(1) 访问人们在过去一年里使用了多少支牙膏。

(2) 小王是个非常挑剔的人,从来不说任何事物或人很好,虽然他内心对麦当劳的服务感到非常满意,但他还是只打了4分(一般化)。

(3) 使用电话号码簿作为城市居民对于环境保护调研的抽样框。

(4) 告诉访问员,当被访者有不明白之处时,他们可以列举任何一个特殊的例子加以引导。

体验3 练一练

扫描页边二维码,请为提供的问卷找出语句、用词、逻辑方面存在的显而易见的错误,并纠错,调查目的及内容的适合性等方面暂不作要求。

问卷

任务2.3 市场营销环境认知能力训练

2.3.1 实训目标

企业作为社会的经济细胞,它的生存和发展离不开企业的内、外部环境。通过本项目实训,学生能够:

◆ 具备企业环境分析的基本思路。

◆ 掌握企业营销环境的主要内容。

◆ 通过对企业环境的分析,辨别环境变化带给企业的机会和威胁。

2.3.2 任务描述

在本项目实训中,指导教师提供当地知名的企业名单给学生,每组学生选定各自感兴趣的企业,学生也可以自己确定自己感兴趣的企业。然后通过网络了解企业概况,再实地走访企业,熟悉企业的相关产品,深入企业调查、访谈,最后用 SWOT 方法分析该企业目前所处的营销环境,并对企业未来的发展做一些探讨。

2.3.3 任务步骤

1. 召集学生

召集全体学生到教室接受任务。

2. 任务讲解

(1) 教师根据事先的调查,展示部分企业的录像和照片资料,简单介绍这些企业的相关信息,让学生对这些企业有一个初步了解(可选择当地的饮料、啤酒、家电、牛奶、手工艺品等相对知名度较高的企业)。

(2) 各小组讨论后选定本组要进行环境分析的企业,不同小组也可选定同一家企业,但同一企业最好限定被选小组不超过 2~3 组,选定企业后上报教师备案。如有多组选定企业相同,可作适当协调。

(3) 先收集选定企业的二手资料,对该企业进行全面了解、熟悉。

(4) 队长带队到选定的企业参观,掌握该企业更多的信息。

(5) 小组成员一起讨论分析,形成企业环境分析报告初稿。

(6) 修改完善企业环境分析报告,并制作汇报的 PPT。

3. 组建团队

分组建议沿用以前的小组,这样操作起来更为方便、熟悉,也可以重新分组。

4. 明确完成任务的结果形式和时间

1) 结果形式

举行企业环境分析汇报会,各团队推选 1~2 名代表上台讲述本组企业环境分析(5 分钟),其他各组学生都可以对环境分析报告提出问题(2~4 分钟)。

企业环境分析汇报会视参加实训的学生总数可分一到两次举行。

同时,各组需上交以下材料:①××企业环境分析(打印稿和 Word 电子稿各一份);②××企业环境分析 PPT;③成员参与情况表(同表 2-1)。

2) 时间

各团队分头自行完成任务,时限 3~5 天,然后上交文字材料。为保证项目任务的过程管理,教师本人或助教(如高年级学生,1 名)可通过现场或网络等与团队进行沟通,根据沟通情况填写团队任务完成过程反馈表(同表 2-2)。针对各团队可能出现的各种个性化问题,指导教师应及时给予指导。

5. 召开企业环境分析汇报会

可在学生提交上述材料的两天后召开企业环境分析汇报会。

汇报会需聘请其他3位教师或行业专家(专业覆盖面涉及企业管理、营销管理等领域)共同听取各团队的项目任务设计与完成情况汇报。教师及专家针对学生出现的各种问题现场评述、指导或答疑。汇报会现场,专家给各团队评分,评分表见表2-6。

表2-6 企业环境分析汇报考核表

被考核团队：_____

考核重点	等级					权重	定性评价
	5	4	3	2	1		
环境分析报告紧密结合企业实际						0.2	
报告的逻辑合理、清晰						0.2	
企业的机会、威胁和对策分析到位						0.2	
环境分析有独到的见解						0.2	
汇报中的陈述和回答						0.2	

评分教师：_____　　从事专业：_____

6. 考核

团队及成员考核依据两部分：一是小组任务完成过程反馈表所反馈的信息；二是环境分析汇报后各教师和专家的评分。团队成绩由教师评分而来,总分可考虑将以上两部分结合,以上比例建议为2∶8。

2.3.4 知识点拨

1. 什么是市场营销环境

市场营销环境泛指一切影响和制约企业市场营销决策与实施的内部条件和外部环境,包括微观市场营销环境和宏观市场营销环境两部分。

微观市场营销环境是指与企业紧密相连、具有直接影响企业营销能力和效率的各种力量和因素,主要包括企业自身、供应商、营销中介、消费者、竞争者及社会公众。由于这些环境因素对企业的营销活动有直接的影响,所以又称直接营销环境。

宏观市场营销环境是指企业无法直接控制的因素,是通过影响微观环境来影响企业营销能力和效率的一系列巨大的社会力量,包括人口、经济、政治法律、科学技术、社会文化及自然生态等因素。由于这些环境因素对企业的营销活动有间接的影响,所以又称间接营销环境。微观市场营销环境和宏观市场营销环境之间不是并列关系,而是主从关系。微观市场营销环境受制于宏观市场营销环境,微观市场营销环境中的所有因素均受到宏观市场营销环境中的各种力量和因素的影响。

2. SWOT方法简介

SWOT是一种分析方法,用来确定企业本身的竞争优势(strength)、竞争劣势(weakness)、外部环境带给企业的机会(opportunity)或威胁(threat),以便更好地将公司的战略与公司内部资源、外部环境有机结合。营销策划中,SWOT分析是一种常见的环境分析方法。

1) 优势

优势(S)是指一个企业超越其竞争对手的能力,或者指公司所特有的能提高公司竞争力的东西。以下几方面的内容构成了一个企业的竞争优势。

(1) 技术技能优势:独特的生产技术,低成本生产方法,领先的革新能力,雄厚的技术实力,完善的质量控制体系,丰富的营销经验,上乘的客户服务,卓越的大规模采购技能。

(2) 有形资产优势:先进的生产流水线,现代化车间和设备,拥有丰富的自然资源存储,吸引人的不动产地点,充足的资金,完备的资料信息。

(3) 无形资产优势:优秀的品牌形象,良好的商业信用,积极进取的公司文化。

(4) 人力资源优势:关键领域拥有专长的职员,积极上进的职员,较强的组织学习能力,丰富的经验。

(5) 组织体系优势:高质量的控制体系,完善的信息管理系统,忠诚的客户群,强大的融资能力。

(6) 竞争能力优势:产品开发周期短,强大的经销商网络,与供应商良好的伙伴关系,对市场环境变化的灵敏反应,市场份额的领导地位。

2) 劣势

劣势(W)是指某种公司缺少或做得不好的东西,或指某种会使公司处于劣势的条件。可能导致内部劣势的因素如下。

(1) 缺乏具有竞争力的技能技术。

(2) 缺乏具有竞争力的有形资产、无形资产、人力资源、组织资产。

(3) 关键领域里的竞争能力正在丧失。

3) 机会

机会(O)是指未满足的需求。它是影响公司战略的重大因素。公司管理者应当确认每一个机会,评价每一个机会的成长和利润前景,选取那些可与公司财务和组织资源相匹配、可使公司获得竞争优势的、潜力最大的最佳机会。潜在的发展机会如下。

(1) 客户群的扩大趋势或产品细分市场。

(2) 技能技术向新产品、新业务转移,为更大客户群服务。

(3) 前向或后向整合。

(4) 市场进入壁垒降低。

(5) 获得购并竞争对手的能力。

(6) 市场需求增长强劲,可快速扩张。

(7) 出现向其他地理区域扩张、扩大市场份额的机会。

4) 威胁

威胁(T)是指公司的外部环境中,那些总是对公司的盈利能力和市场地位构成威胁的因素。公司的外部威胁如下。

(1) 出现将进入市场的强大的、新的竞争对手。

(2) 替代品抢占公司销售额。

(3) 主要产品市场增长率下降。
(4) 汇率和外贸政策的不利变动。
(5) 人口特征、社会消费方式的不利变动。
(6) 客户或供应商的谈判能力提高。
(7) 市场需求减少。
(8) 容易受到经济萧条和业务周期的冲击。

由于企业的整体性和竞争优势来源的广泛性,在做优劣势分析时,必须从整个价值链的每个环节,将企业与竞争对手做详细的对比。如产品是否新颖,制造工艺是否复杂,销售渠道是否畅通,价格是否具有竞争性等。

如果一个企业在某一方面或几个方面的优势正是该行业企业应具备的关键成功因素,那么,该企业的综合竞争优势也许就强一些。需要指出的是,衡量一个企业及其产品是否具有竞争优势,要站在现有潜在用户的角度上,而不是站在企业的角度上。

2.3.5 案例链接

☞ **听话的狗**

一条狗叫了整整一夜,因为怕有小偷,他的主人一夜都没睡好。早上起来,主人把狗打了一顿。第二晚,主人大睡其觉,小偷却真的来了,那条狗怕影响主人睡觉又要挨打,一声也不敢叫,结果它又挨了主人一顿打。这条听话的狗是笨狗,看不到环境的变化。同样的道理应用到营销领域,则是营销需要人的创造性,不能用过去的营销方法解决现在的问题。

☞ **雀巢公司在北京市场的 SWOT 分析**

1) 优势(S)

(1) 市场:雀巢咖啡的品牌形象深入人心,企业本土化经营良好,有良好的企业形象,广告攻势强。

(2) 技术:企业整体技术较之国内企业具有明显优势。

(3) 产品:核心产品的独特配方,有创新及研发能力。

(4) 资金:较之国内企业资金实力强。

(5) 经营策略:企业坚持本土化经营,较其他跨国公司进入中国市场早。

(6) 职工:职工素质相对较高。

2) 劣势(W)

(1) 管理:跨国公司组织庞大,管理易混乱。

(2) 产品:瓶装水、冰激凌等产品在北京消费者中认同感不及国内等品牌,较之卡夫等企业产品范围狭窄。

(3) 技术:卡夫、可口可乐等跨国公司较之雀巢有自己独特的生产技术。

(4) 市场:饮品、瓶装水、冰激凌等产品市场占有率偏低。

3) 机会(O)

(1) 经济:北京市场增长速度快,人均收入水平逐步提高。

(2) 社会：进入北京市场壁垒降低。
(3) 公众：品牌影响力较高，较之可口可乐等企业消费群体较广。
4) 威胁(T)
(1) 竞争者：企业产品范围较窄，对应替代品上升；食品市场竞争激烈，面对国内、外企双面竞争。
(2) 公众：消费者对健康意识的提高，企业负面新闻对企业的打击，使市场需求量减少。

2.3.6 任务体验

体验1 考一考

1) 市场调查的重要性

某食品企业以生产绿色食品见长，特别是其生产的藕粉，味道鲜美，颇受消费者喜爱。国内销路打开以后，该企业开始扩展海外市场。经过洽谈，与日本一连锁超市达成协议，在其店内出售该企业生产的藕粉。为了在外观上吸引消费者，企业特地设计了一款精美的印有荷花的包装，意在突出产品特性。当商品摆上货架后，消费者却避之不及，很好的产品根本无人问津。后来经过询问才知道，荷花在日本文化中是"大凶"的象征，这才恍然大悟，忙换包装，重新摆上货架。

问题：

(1) 对企业市场环境的调查研究主要包括哪几个方面？

(2) 案例中企业主要忽视了哪方面，错误是什么？

2) 米沙小玩具熊的滞销

1977年，洛杉矶的斯坦福·布卢姆以25万美元买下西半球公司一项专利，生产一种名叫米沙的小玩具熊，作为1980年莫斯科奥运会的吉祥物。此后的两年里，布卢姆先生和他的伊美治体育用品公司致力于米沙的推销工作，并把米沙商标的使用权出让给58家公司。成千上万的米沙被制造出来，分销到全国的玩具商店和百货商店，十几家杂志上出现了这种带4种色彩的小熊形象。开始，米沙的销路良好，布卢姆预计这项业务的营业收入可达5000万元到1亿美元。不料在奥运会开幕前，由于苏联拒绝从阿富汗撤军，美国宣布不参加在莫斯科举行的奥运会。骤然间，米沙变成了人们深恶痛绝的象征，布卢姆的盈利计划成了泡影。

问题：

(1) 分析米沙小玩具熊所面对的宏观市场营销环境。

(2) 如何改变米沙小玩具熊销售的被动局面？

体验2 想一想

高校代理服务有限公司是上海某高校学生针对大学生快递接收过程中遇到的各种问题，如快递员打电话时学生由于上课等原因不方便领取、电话接通率低、长时间的等待、二次递送等所开创的公司。在营销策划过程中，他们分析了以下一些影响企业经营的内外部因素。

A. 先进的业内唯一的业务模式　　　　a. 优势　　b. 劣势　　c. 机会　　d. 威胁
B. 第三方代理,面临货物风险　　　　　a. 优势　　b. 劣势　　c. 机会　　d. 威胁
C. 网购比例的稳步提高　　　　　　　a. 优势　　b. 劣势　　c. 机会　　d. 威胁
D. 投资少,收益高,风险小　　　　　　a. 优势　　b. 劣势　　c. 机会　　d. 威胁
E. 高校学生,熟悉拓展高校市场的模式　a. 优势　　b. 劣势　　c. 机会　　d. 威胁
F. 行业比例低,进入门槛低　　　　　　a. 优势　　b. 劣势　　c. 机会　　d. 威胁
G. 模式向其他地区推广　　　　　　　a. 优势　　b. 劣势　　c. 机会　　d. 威胁
H. 大学生创业经验不足　　　　　　　a. 优势　　b. 劣势　　c. 机会　　d. 威胁
I. 缺乏启动资金　　　　　　　　　　a. 优势　　b. 劣势　　c. 机会　　d. 威胁
J. 快递公司的增加　　　　　　　　　a. 优势　　b. 劣势　　c. 机会　　d. 威胁
K. 留学人数的增加　　　　　　　　　a. 优势　　b. 劣势　　c. 机会　　d. 威胁
L. 缺乏物流行业背景　　　　　　　　a. 优势　　b. 劣势　　c. 机会　　d. 威胁

请将上述影响企业经营的内外部因素进行优势(S)和劣势(W)、机会(O)和威胁(T)归类。

体验3　练一练

你的一位老朋友制作皮质手袋和皮包,卖给熟人和朋友,他计划在你所在的大学园区开一家小店,但又担心没有足够多的顾客来维持生意。学习市场营销的你告诉他哪些信息,可能对他有帮助。

任务2.4　市场商机感悟能力训练

2.4.1　实训目标

让学生从身边一点一滴的小事做起,逐渐培养自己发现市场机会的能力。
- 使学生逐渐养成观察并发现顾客未满足的需要的习惯。
- 使学生逐渐养成分析并有效利用自己所能掌控的各种资源的习惯。
- 加强学生随时随地从生活中积累自身人脉关系资源的意识。
- 使学生具备分辨市场机会能否转化为企业机会的能力。

2.4.2　情景设计

小李是高职营销策划专业大二的学生,她非常喜欢自己的专业。平时在课堂上,每学到新的营销策略,她都会有一种实践的冲动。于是,她下课后常常到学校周边的市场上转转,看看是否可以发现一些商机,以给自己的专业知识以"用武之地"。当用专业的视角审视周边的环境时,她发现"商机"还真不少……

小李与学校周边的溜冰场进行洽谈,为溜冰场进行广告策划并撰写广告文案,取得了非常好的效果。溜冰场老板非常高兴,付给她1500元的报酬。周边经营的一些商家知道后,也主动找上门来请她进行广告宣传,报酬从300~1500元不等……原本只想实践一下自己专业知识的小李,没想到自己的专业知识竟然如此有"价值"。

一次她和同学们听老师讲了这样一件事:一个非常想到老师家做客的男同学,当真的有机会到老师家时,却站在门口不敢入内,原因是这位男同学到了老师家门口要脱鞋时突然意识到自己的脚太臭……于是,小李与几个同学一起寻找治脚臭的药,请学校小店的阿姨合作经销。她则与几个同学通过宣传"脚臭"可能引起的"尴尬"刺激男同学们的购买欲望。这一次,她们的知识又转化成了价值。

在课外兼职工作中,她注意观察工作单位的用人要求,成立了××校大学生兼职联络办公室,为供(提供劳动力的大学生)需(用人单位)双方牵线搭桥,形成了小范围的人才交易市场。

此外,她发现一位老师从一位家里养蜂的学生那里买蜂蜜和蜂王浆,她意识到"纯天然、无污染"的绿色食品在城市居民生活消费中将会有巨大的商机。于是,借助班级里大多数同学来自农村(易于寻找货源、成本低)这一优势,她决定在网上销售"绿色"农产品。为避免顾客怀疑绿色产品的真实性,她没有直接在淘宝上建网店,而是利用自己与好朋友早已建立的、较为庞大的QQ群,在群内销售:人们希望购买绿色食品,但却无法事先判断商品的真伪,借助于QQ群内自己早先与熟人建立起的信任引发试购买,再借助"满意的顾客是企业最好的广告"达到循序渐进地增加销售的目的。

实训任务:请你也像小李一样从大学生活中发现属于你的"商机",一周后上交所发现的"商机"的书面作业。书面作业中要写明理由及实施设想。

完成任务的时间和地点安排如表2-7所示。

表2-7 完成任务的时间和地点安排

过 程	主 要 工 作	所 需 时 间	地 点
第一阶段	任务布置	45分钟	多媒体教室
第二阶段	每位学生分头完成任务	1周	自由安排
第三阶段	商机汇报	5~8分钟/学生	多媒体教室
第四阶段	记录整理	课下自行完成	自由安排

2.4.3 任务步骤

1. 任务布置

此工作分两部分进行。

(1) 召集学生到教室,先进行任务开始前的意念"热身"——让学生感悟用心去观察的境界。

具体可以扫描页边二维码发现(彩图),让学生从图中找出自己能够

发现(彩图)

看到的所有人。这一工作的寓意在于营销者要能够"看"到别人看不到的,尤其是要"目中有人"。

（2）教师为学生提供发现商机的示范,扫描页边二维码,观看 How pig parts make the world turn 视频,引导学生觉查身边可能存在的各种商机。

（3）向学生进行任务描述,解答学生可能存在的疑问后,由学生根据任务要求分头开始工作。教师可根据学生的实际情况决定是否有必要给学生提供商机发现书面材料的样本。

How pig parts make the world turn

2. 过程监督

由于 1 周跨度较长,加强过程监管非常必要。监管有两种方法供参考:一是电话询问,这需要教师事前有该班级学生的电话通信录;二是确定过程中的某一具体时间,如第三天下午××时集中到××地点由学生向老师汇报进展情况。

3. 商机汇报

每位学生上讲台汇报自己的"商机"发现情况,并将书面作业上交教师。其余学生认真听取台上同学的汇报,认真做笔记记录以备资料整理时用。

4. 汇总评价

下课后每位学生将所听到的其他同学发现的"商机"汇总,并逐一作出自己的评价,两天后上交书面作业。

5. 考核

根据学生两次书面作业情况给予评分。此外,对于不仅完成书面作业且进行尝试性经营行为的学生给予附加分的鼓励,具体分值由教师根据实际情况给定。

2.4.4 知识点拨

1. 商机发掘的能力培养

营销人员商机发掘的能力可从以下 3 个方面进行培养。

（1）培养自身的机会意识。时时、处处、事事考虑是否有商机,观察环境中是否潜藏着发展的机会。

（2）培养自己发现商机的"慧眼",即注意学习、掌握发现商机的方法和技巧。

（3）培养自身创造性思维的习惯。企业营销活动直接面对变化着的市场环境,因此在特定时空环境下的营销工作也不可能机械地模仿他人成功的策略或具体方法,因为每一个成功商业模式的创建、完善都是独一无二的,谁也不能再次创造同样的历史、社会和文化背景。营销人员只能运用符合市场规律的原则,创造出属于自己的策略和方法。

2. 市场商机发现的途径

市场机会是指在特定市场环境条件下,市场上存在或新出现的尚未充分满足或完全没有得到满足的消费需求。市场机会是客观存在的,关键是企业经营者是否善于寻找和发现。发现机会是利用机会的前提。

寻找市场机会的方法和途径多种多样,常用的方法如下。

1）最大范围地收集意见和建议

各种人员都可能提出新观点。企业内部各个部门是一大来源,但更为广泛的来源在企业外部,如中间商、专业咨询机构、教学和科研机构、政府部门,特别是广大消费者,他们的意见直接反映市场需求的变化倾向。因此,企业必须注意和各方保持密切的联系,经常倾听他们的意见,并对这些意见进行归纳和分析,以期发现新的市场机会。在这方面经常采取的调查方法有询问调查法、德尔菲法、召开座谈会、课题招标（承包）法、头脑风暴法等。

2）采用产品/市场发展分析矩阵来发现和识别市场机会

产品/市场发展分析矩阵除了用于企业战略计划中发展战略的研究之外,也常被用来作为寻找和识别市场机会的主要工具。如果将产品分为现有产品和新产品,市场分为现有市场和新市场,那么就形成了如图2-1所示的一个有4个象限的矩阵,企业可以从这4个象限的满足程度上来寻找和发现市场机会。

	现有产品	新产品
现有市场	市场渗透Ⅰ	产品开发Ⅲ
新市场	市场开发Ⅱ	多角化经营Ⅳ

图2-1 产品/市场发展分析矩阵

3）聘用专业人员进行市场机会分析

企业常常聘用专职或兼职的专业人员进行市场机会分析。例如,美国的吉列公司（一家专营剃刀和化妆品的著名公司）就聘用专业人员专门研究妇女地位的变化在今后几十年内会给家庭带来什么影响。给他们的任务就是提出各种问题,企业从他们提出的问题中寻找和发现市场机会。

4）建立完善的市场信息系统和进行经常性的市场研究

从上面所说的各种寻找和发现市场机会的途径和方法可以看到,如果企业没有一个完善的市场信息系统和进行经常性的市场研究,而只靠主观臆断或偶然性的分析预测,要想发现市场机会并把它转变成为成功的企业市场营销,几乎是不可能的。

完善的市场信息系统为市场机会分析提供大量的数据资料,分析人员利用这些数据资料,运用适当的方法就能从中寻找和发现各种市场机会。而经常性的市场研究,又是市场信息系统中信息资料得以补充的主要手段。所以,完善的市场信息系统和经常性的市场研究工作是企业寻找和识别市场机会的基础与关键,企业必须高度重视。

3. 市场机会转化为"企业机会"的条件

未满足的需求就是市场机会。而市场机会对企业来说并不一定意味着成功,市场机会不等于"企业机会",营销者要善于对所发现的各种市场机会加以分析、评价,确认有哪些机会可能成为企业有利可图的"企业机会"。营销者要考虑：①市场机会是否与企业的任务和发展目标相一致;②企业是否具备利用这种市场机会、经营这项事业的条件;③企业在利用这种机会、经营这项事业上是否比其潜在竞争者有最佳的优势,是否能享有最大的"差别利益"。比如,假设生产经营电动汽车至少需要以下4个条件:①有生产经营电动汽车的技术;②生产经营电动汽车所必需的原材料(如金属、橡胶、塑料、玻璃等)的供应有保障;③有经营电动汽车的存储、展销的强大能力;④在购买者中有信誉。A公司是一家在汽车生产方面有悠久历史的公司,在这4个方面都具备优势;而B公司是一家在电器生产方面有悠久历史的公司,因此只具备①和②两个条件;C公司是一家大型商业机构,它只在④销售渠道方面有优势。通过这种分析可以看出,A公司在生产经营电动汽车上享有最大的"差别利益",因而生产经营电动汽车这种有吸引力的市场机会能成为A公司的"企业机会"。

总之,企业营销者评价市场机会时,一定要考虑这些机会与本企业的任务、目标、资源条件等是否相一致,要选择那些比其潜在的竞争者有最大优势、享有最大"差别利益"的市场机会作为本企业的"企业机会"。

2.4.5 案例链接

☞ 1元钱的交换价值

他破产了,所有的东西都被拍卖得一干二净。现在他的口袋里的1元钱和1张回家的车票是他所有的资产。

从深圳开出的143次列车开始检票了,他百感交集。"再见了! 深圳。"一句告别的话还没有说出口他就已泪流满面。

"我不能这样走!"在跨进车门的那一瞬,他退了回来,火车开走了,他留在月台上,悄悄撕碎了那张车票。

深圳火车站是这样的繁忙,他的耳朵甚至可以同时听到七八种不同的方言。他在口袋里握着那1元硬币,走进一家商店,花5毛钱买了1支儿童彩笔,花4毛钱买了4只"红塔山"的包装盒。

在火车站的出口,他举起1张牌子,上面写着"出租接站牌(1元)"几个字……当晚他吃了1碗加州牛肉面,口袋里还剩下18元钱。5个月后,他的"接站牌"由4个包装盒发展为40只用锰钢做成的可调式"迎宾牌",火车站附近有了他的1间房子,他也有了1个帮手。

3月的深圳,春光明媚,此时各地的草莓蜂拥而至。5元/斤的草莓,第1天卖不掉,第2天只能卖2.5元/斤,第3天就没人要了。此时他来到近郊一个农场,用出租"迎宾牌"挣来的1万元购买了3万只花盆。第2年春天,当别人把摘下的草莓运进城里的时候,他的栽着草莓的花盆也进了城。不到半个月,3万盆草莓被销售一空。深圳人第1次吃上了真正新鲜的草莓,他也第1次领略到了1万元变成30万元的滋味。

即吃即摘,这种花盆式草莓使他又拥有了自己的公司。他的事业开始复苏,他有了一种重新找回自己的感觉。

1995年,深圳海关拍卖一批无主货物,有1万双全是左脚的耐克皮鞋无人竞标,他作为唯一的竞标人,以极低的拍卖价买下了这批货。1996年在蛇口海关已存放了1年的无主货物,1万双全是右脚的耐克皮鞋急着处理。他得知消息,以残次旧货的价格将这批货拉出了海关。这次无关税贸易使他作为商业奇才跃上了香港《商业周刊》的封面。

现在,他作为欧美13家服饰公司的亚洲总代理,正在力主把深圳的一条街变成步行街,因为这条街上有他的12个店铺。

1元钱可以打造出1条街来,可是很多人认为1元钱只能买1瓶水。也许正是这种认识上的差别,使世界上产生了富翁和乞丐。

☞ **1先令苹果被销售3次以上**

在柏林一个贫困受灾地区,年幼的Billy花1先令买了好几箱木板箱装的苹果,然后在一个星期六的下午,他把苹果卖给了成百上千聚集在一起观看本地足球队比赛的当地人。如果能把所有的苹果都卖了,这将给Billy的1先令成本带来相当大的收益。但是他的企业家才能并没有让他停留在这一步。卖完苹果后,他把木制苹果箱搬到足球场,以每箱1便士的价格把它们卖给后面的人,以便他们可以站在箱子上更好地观看比赛。最后,当比赛结束时,Billy把这些木箱收集起来后拆开,当作木柴以捆为单位再次销售。

2.4.6 任务体验

体验1 想一想

(1) 当今社会人口发展变化的一个非常值得关注的趋势就是老龄化,人们普遍认为"老人产业"是21世纪最有前途的产业之一。请运用营销学中构成市场的定义(市场=人口+欲望+购买力),从人口总量、欲望和购买力3个方面发现老年人市场可能存在的商机。

(2) 犹太民族的富人阶层喜欢给他们的孩子讲一个"死老鼠"的故事。

一个家庭优越的犹太少年闲来无事,在街道寻找商机,他在一个胡同里看见一只死老鼠,这时他想起刚才看见的一个药店广告:收购死老鼠做药引。于是他拿着死老鼠去换了3分钱。

少年又上路了,这时他看见一个卖花的花匠坐在长椅上休息,由于天气太热,花匠看起来似乎有些中暑,于是少年用自己赚的3分钱给花匠买了瓶水,花匠很开心,他早就渴得连叫卖声都喊不出来了。他十分感谢少年,拿了几朵鲜花送给他。

收到鲜花后,少年拾取了别人看过的报纸和几条麻绳,用这两样工具做了个漂亮的花束,他找到一对看起来富贵的情侣,把花束推销给他们。为了获取女朋友开心,男人果断地买下了高价的鲜花,这样少年赚到了60分钱。

这时,天空突然乌云密布,狂风大作,街道上到处都是被风吹断的树枝,少年灵机一动,用口袋里的60分钱买了一大袋糖果,并租用了一辆手推车。他用糖果吸引孩子们,让孩子们帮他捡地上的树枝,一会儿手推车上就装满了树枝,他把树枝卖给酒店,酒店用树枝做柴火,接连好几趟,少年居然赚了3个银币!

就这样,少年空手仅用了半天就赚取了别人一个礼拜才能赚到的钱。

实际上,这只是少年计划的开始,他决定用这3个银币在人群往来的路边摆个茶水摊,这样不仅可以赚一笔茶水钱,还可以获取很多信息,为投资做决策。

很难想象少年从一只死老鼠一步步走向人生巅峰,这就是思维的强大作用,探索财富的经历让他明白一个道理:人不可固守思维,要突破传统思维才能找到新的出路。

这个故事带给我们哪些思维方面的启示呢?

体验 2 练一练

学生可 4～5 人自由组合成团队,到市场上去观察,了解顾客、自己、家人或朋友在日常生活中感到困难、不方便或希望解决的问题,每个团队发掘 5 个以上。针对以上发现的问题,试想出可能的解决方案,从中发现新的商机。

顾客购买行为辨析能力训练

项目 3

项目3说明

项目说明

企业营销活动的中心是满足顾客的需求。确定顾客的真实需求是营销策划的关键要素,营销的任务是调动企业可控制的所有要素来满足顾客的需求,从而获取利润。

有些时候,营销者通过直接询问顾客就能够确定顾客的需求。但有些时候,顾客自己都不知道自己的真正需求,所以也就无法清楚、准确地表达。这就要求营销者善于发现隐藏在表面现象后的顾客的真实需求。除了迎合顾客清楚的现实需求以外,营销的更高境界是引导顾客需求,以发展出创造顾客价值的整合营销能力,在价值创造上寻求新的突破,实现企业良好的发展轨迹。

本实训项目就是依据"迎合、引导"顾客需求这一次序,设计了3个循序渐进的实训任务:任务3.1主要训练学生善于发现顾客的真实需求的能力;任务3.2主要训练学生具备引导顾客需求并将潜在需求转化成现实需求的能力;任务3.3主要训练学生具备在营销策划活动中全面、系统、准确地描述策划所需掌握的消费者或产业用户的购买行为特征等信息。

任务3.1 发现顾客真实需求能力训练

3.1.1 实训目标

发现顾客需求要求学生具备良好的观察力和高超的思辨能力,具体分解如下。
- 培养学生站在顾客角度换位思考的习惯。
- 培养学生养成透过现象看本质的习惯。

3.1.2 任务描述

精选与实训目标有关的案例(可参考 3.1.5 小节中的案例),教师讲解或学生自行阅读后对案例加以点评。在对案例有了深刻理解的基础上,布置实训任务,学生通过调查获得关于顾客购买需求与其购买的商品方面的资料(详见实训步骤)。最后,由教师引导学生运用所学过的专业知识发现顾客的真实需求。

(1) 完成任务的时间和地点安排如表 3-1 所示。

表 3-1 完成任务的时间和地点安排

过　程	主要工作	所需时间	地　点
第一阶段	分组与案例课堂讨论	90 分钟	多媒体教室
第二阶段	实训任务操作	1~2 天	各组自行安排
第三阶段	课堂集中	45 分钟	多媒体教室
第四阶段	各组代表谈购后感受	45 分钟	

(2) 完成任务所需准备的事项。

① 打印表 3-2,所需份数=班级人数×2。

② 打印表 3-3、表 3-4、表 3-6,所需份数=班级人数。

③ 打印表 3-5,所需份数=团队数。

3.1.3 任务步骤

1. 组建团队

将学生每 4 人为一组组建团队。可沿用任务 1.1 的团队组成,如需重建可填表 1-1 重新上报指导教师备案。

2. 教师布置任务

教师剖析讲解案例速溶咖啡上市(详见 3.1.5 小节);学生阅读相关材料,分组讨论后发表各组意见;教师总结顾客真实需求的知识点;教师布置实训任务。

3. 实训任务

(1) 每位学生从自己熟悉的亲戚朋友中任选两位已购买汽车的个人或家庭,询问他们购买汽车的情况,完成汽车购买者调查表(见表 3-2)。

(2) 以小组为单位,分析汽车购买者调查表中购买的原因及购买的品牌型号之间的相符合性。学生凭直觉进行判断,将符合性不强的调查表分出来(确定不了的即为符合性不强),并将此类调查表命名为无法确切表明自己真实需求的购买者。

表 3-2　汽车购买者调查表

被调查者姓名：_____　职业：_____　调查者：_____

内　　容	回　答　情　况
购买的品牌型号	
购买的原因	
曾考虑过哪些品牌型号	
购买的时间	
购买的地点	
购买的价格及优惠情况	
购买的主要决策人是谁	
付款方式	
购买后对车的评价	

4. 课堂集中

（1）教师与学生共同研究无法确切表明自己真实需求的购买者的真实需求，对真实购买动机进行假设，说明能够证明假设成立的理由，并填写表 3-3。

表 3-3　购买真实动机的假设

序号	品牌型号	表面购买原因	真实购买原因假设	假设成立的理由
1				
2				
3				
⋮				

（2）指导各组学生做出汽车购买者购买心理与需求类型的描述，并填写表 3-4。

表 3-4　顾客需要与购买心理描述

序号	需 求 描 述	需求层次类别	购买心理类型
例	解决上下班不方便的问题	生存需要	求实心理
1			
2			
⋮			

5. 考核

考核由小组评定和教师评定两部分构成，权重为 3∶7。小组评定，即对成员参与实训的态度与行为表现给予评价，见表 3-5；教师评定是对学生实训全过程的评价，见表 3-6。

注意事项：需求层次类别指按马斯洛的需要层次理论所属的类别，如以交友为目的的购买是社会需要；购买心理类型主要指从众心理、求信心理、求名心理、好奇心理、逆反心理、求实心理、求异心理、求美心理、求廉心理、攀比心理等类型。

表 3-5　成员参与情况表

序号	团队名称	队长	成员参与工作情况			联系方式
			成　员	实际参与工作	民主评分	
	F-ONE	丁一	丁一			E-mail： Tel： QQ（或微信）：
			王小二			
			张小三			
			李小四			
			赵小五			

注：以上表格，采用5分制。

表 3-6　任务完成情况考核表

学生姓名：_____　　　所属团队：_____

能　力　点	等　级					权重	得分	总分
	5	4	3	2	1			
积极参与案例讨论，主动发言						0.2		
按时完成调查任务并上交调查表						0.2		
调查表填写完整、真实						0.3		
善于总结、发现问题						0.3		

3.1.4　知识点拨

1. 八大需求的类型

（1）负需求：消费者对某个产品感到厌恶，甚至出钱回避它。

营销的任务是分析市场为什么不喜欢这种产品，以及是否可以通过产品重新设计、降低价格和更积极的营销方案来改变市场的信念和态度。

（2）无需求：消费者可能对产品毫无兴趣或者不了解。

营销的任务是设法把产品的好处和人的自然需要及兴趣联系起来。

（3）潜在需求：消费者可能对某物有一种强烈的渴求，而现成的产品或服务却又无法满足这一需求。

营销的任务是衡量潜在市场的范围，开发有效的产品和服务来满足这些需求。

（4）下降需求：消费者逐渐减少购买产品或停止购买。

营销的任务是通过创造性的再营销来扭转需求下降的趋势。营销者必须分析需求衰退的原因，决定能否开辟新的目标市场，改变产品特色，或者采用更有效的沟通手段来重新刺激需求。

（5）不规则需求：消费者的购买每个季度、每月、每周、每天甚至每小时都在变化。

营销的任务是通过灵活定价、推销和其他刺激手段来改变需求的时间模式。

（6）充分需求：在市场上，消费者恰如其分地购买市场上的所有产品。

营销的任务是在面临消费者偏好发生变化和竞争激烈时，努力维持现有的需求水平。

公司必须保证产品质量,不断地衡量消费者的满意程度,以确保公司的工作效率。

(7) 过度需求:消费者想要购买产品的数量超过了市场上所能提供的数量。

营销的任务是设法暂时地或永久地降低需求水平,如提高价格、减少推销活动或服务。

(8) 不健康需求:产品能吸引消费者但会对社会产生不良后果。

营销的任务是劝说喜欢这些产品的消费者放弃这种爱好,采用的手段有传递其危害的信息,大幅度提价,以及减少供应等。

2. 消费者购买心理类型

卡片1

从众心理:

对一些事物原本不了解、不相信,但众口一词地全都那么说,也就信以为真了。

卡片2

求信心理:

一种产品如获得权威机关、权威人士,或人们经过长期使用证明其质量良好,就可以在消费者中产生信赖的心理,这就是求信心理。

卡片3

求名心理:

消费者总希望买到优质名牌产品。对名牌商品有崇拜心理,也会为此产生某些错觉,即情人眼里出西施。

卡片4

好奇心理:

好奇心理往往与逆反心理相联系,是人们在观察事物、思考问题中普遍存在的一种心理现象。与常规事物或一般规律相违背的事情,人们往往非探个究竟不可。

卡片5

逆反心理:

泛指消费者用反向的态度和行为来对外界的消费刺激做出反应的现象。

卡片6

求实心理:

以注重商品的质量为主要特征。具有这种心理的消费者购买商品时,特别追求商品的质量、实用性、经久耐用,而不大追求商品的外观与样式。

卡片 7

求异心理：
这是指购买者纯粹是为了满足对新奇事物的追求。具有这种心理的消费者喜欢标新立异，以显示自己的与众不同。

卡片 8

求美心理：
这是指以追求商品的欣赏价值为目的的购买心理。其核心是讲究装饰和打扮，而不是为了取得商品的使用价值，重视商品的美感。

卡片 9

求廉心理：
这是以追求廉价商品为主要特征的购买心理。这类消费者不仅要物美，而且更注重价廉，即将低价格放在首位，购买商品以便宜为主。

3.1.5 案例链接

☞ **速溶咖啡上市**

速溶咖啡是 20 世纪 40 年代进入市场的。它物美价廉，配料又无须特别技术，而且特别节省时间，很适合现代人的生活节奏。然而，当厂商在广告中大力宣传该产品的上述特点时，并没有受到消费者的青睐，相反受到冷落。于是，厂商请来了消费心理学家，让他们找出问题的症结何在，以确定消费者拒绝这种省时、省事产品的原因。

心理学家首先调查了人们对雀巢公司较早的一种速溶咖啡——内斯（Neseafe）速溶咖啡的态度，使用传统的问卷调查方法对一个有代表性的消费群体（样本）进行了调查。这些接受调查的人首先被问及是否饮用速溶咖啡，有人回答"是"，也有人回答"否"。然后，再问及那些回答"否"的人，他们对这种产品有何看法，大部分人都回答说，他们不喜欢这种咖啡的味道。令人不解的是，回答"否"的人并没有喝过速溶咖啡，怎么会形成"味道不好"的印象呢？于是又请这些人实际品尝速溶咖啡与新鲜咖啡，结果大部分人却又说不出它们在味道上的真正差别。因此，心理学家深信：不喜欢这种咖啡的真正原因并不是它们的味道不好！他们进而怀疑在消费者不喜欢速溶咖啡的背后有一些更为深层的原因。因此，又进行了另一个心理学的深入研究。

心理学家梅森·海尔（Mason Haire）改用了一种称为角色扮演法的投射技术，不再直接去问人们对这种咖啡的看法，而是编了两张购物清单。然后请两组妇女（调查对象）分别看这两张购物清单并请她们描述写这两张购物清单的"主妇"有什么样的特点。这两张清单上的内容几乎完全相同，只有一个条目不一样，那就是购物清单 A 上包含了速溶咖啡，购物清单 B 上则包含了新鲜咖啡（见表 3-7）。

表 3-7 两张购物清单

购物清单 A	购物清单 B
1 听朗福德发酵粉	1 听朗福德发酵粉
2 片沃德面包	2 片沃德面包
1 捆胡萝卜	1 捆胡萝卜
1 磅内斯速溶咖啡	1 磅麦氏新鲜咖啡
1.5 磅汉堡	1.5 磅汉堡
2 听狄尔桃	2 听狄尔桃
5 磅土豆	5 磅土豆

当两张购物清单分别被两组妇女看过以后,即请她们简要描述按此清单购物的家庭主妇的形象。结果,看了购物清单 A 的那组妇女,有 48% 的人称该购物者为懒惰的、生活没有计划的女人,很少人(4%)把该购物者说成俭朴的女人,显然大部分人认为该购物者是一个挥霍浪费的女人,还有 16% 的人说她不是一位好主妇。在另一组看了购物清单 B 的妇女中,很少人把该购物者说成是懒惰的、生活没有计划的女人,更没有人指责她为不好的主妇,具体情况见表 3-8。

表 3-8 购物者形象描述

购物者形象评价	购物清单 A (含速溶咖啡)	购物清单 B (含新鲜咖啡)
懒惰	48%	4%
不会计划家庭购物,不会进行时间安排	48%	12%
俭朴	4%	16%
不是好主妇	16%	0%

从所得的这个结果中,显示出两组妇女所描述的想象中两个购物主妇的形象是完全不同的。它揭示出当时接受调查的妇女们内心存在着一种心理偏见,即作为家庭主妇应当以承担家务为己任,否则,就是一个懒惰的、挥霍浪费、不会持家的主妇。而速溶咖啡突出的方便、快捷的特点,恰与这一偏见相冲突。在这个心理偏见之下,速溶咖啡成了主妇们消极体验的产品,失去了积极的心理价值。换言之,省时、省事的宣传在消费者(家庭主妇)心目中产生了一个不愉快的印象。这个实验揭示了主妇们冷落速溶咖啡的深层动机:因为购买此种咖啡的主妇会被认为是喜欢凑合的、懒惰的、生活没有计划的女人。所以速溶咖啡广告中宣传的易煮、有效、省时的特点就完全偏离了消费者的心理需求。

实验之后,广告主改变了广告主题,在宣传上不再突出速溶咖啡不用煮,不用洗煮具等省时、省事的特点,转而强调速溶咖啡具有美味、芳香,以咖啡的色泽、质地来吸引消费者。避开家庭主妇们偏见的锋芒,消极印象被克服,速溶咖啡的销路从此就被打开了。

3.1.6 任务体验

体验1　考一考

请根据消费者的各种行为表现,说出对应的购买心理类型。

(1) 网上首次购买新产品,人们选择品牌的主要参考因素就是看评价,根据好评、差评等确定是否选择某个品牌,这属于购买中的(　　)心理。

(2) 有些企业在进行产品宣传时,常使用"产品销售第一""市场占有率第一"等说辞来吸引消费者,这是利用了消费者购买的(　　)心理。

(3) 企业强调所销售产品的质量、实用性与使用寿命长等特点,让消费者感知商品的性价比高,这是利用了消费者购买的(　　)心理。

(4) 某低价品牌汽车的销售员在推销产品时,顾客指出了该品牌产品功能上与其他品牌的差距,销售人员回复说:"正是因为有这些不影响汽车基本功能使用的不足,我们的汽车才这么便宜啊!"销售人员利用了消费者购买的(　　)心理。

(5) 一些企业利用明星宣传销售,用明星效应提升品牌的知名度与档次,这是利用了消费者购买的(　　)心理;

(6) "禁止抽各种香烟,连555牌也不例外",这则英国555香烟广告利用的是消费者购买的(　　)心理。

(7) "饥饿销售法"利用的是消费者购买的(　　)心理。

(8) 强调产品的独一无二,或打出"限量"的销售策略,这是利用了消费者购买的(　　)心理。

(9) 包装又被称为"沉默的销售员",顾客往往因为包装精致而产生商品的性能也好的意识而增加对商品的选择机会,这是利用了消费者购买的(　　)心理。

(10) 以色列航空公司的广告,标题为"从12月23日起,大西洋将缩小20%",这则广告会引发消费者的(　　)心理。

体验2　想一想

1) 吉利试车

这是发生在吉利汽车公司创建早期的真实案例。吉利公司首辆汽车下线试车时,由董事长的司机担任试车手。几次试车下来,他总能提出许多不满意的地方。研发设计人员几经修改,总是不尽如人意。这使研发陷入僵局,汽车的商业化过程被迫延迟。正当焦虑中的董事长一筹莫展之际,一个念头闯进了他的脑海:"是不是试车手的问题?自己的司机一直以来开的是奔驰……"于是,他换了思路,马上叫人找了一位开拖拉机的司机来试车,出人意料的是,开拖拉机的司机连连称赞:"很好……不错……"

问题:同样一辆车,董事长的司机与开拖拉机的司机试车后对车的评价截然相反,为什么?它带给企业营销哪些启示?

2) 大奔落水

这是一位保险公司业务员讲到的一个真实的故事。

某企业老板兴高采烈地在他刚领到驾照的第三天就买回了一辆价值130万元的奔驰

车。那天下午,他心情有些激动,决定自己驾车。他的奔驰车停在工厂大门内。他的工厂建在公路旁边,大门与一条江只隔着一条两车道的马路。他兴奋地坐入驾驶座,启动后轻踩油门,"怎么回事?发动机怎么没有声音?"他以为车子还没启动(实际上车子已经启动),于是他用力一踩油门……车子穿过马路直接开进了江里。

事后,这位老板回忆说,大概是由于在驾驶学校的时候一直开的是普通车。那时一踩油门发动机都会"轰"的一声响,自己就知道车已经启动了。慢慢地,自己判断车子是否启动就是靠听发动机的响声了。这辆新买的奔驰车静音效果太好,所以他轻踩油门车子启动时,由于没有听到响声误以为车子没启动。再加上奔驰车的加速性能非常好,再用力一踩油门,速度太快了,慌乱之下就这样了……

问题:奔驰汽车的超静音设计是必要的吗?奔驰汽车消费者的购买目的是什么?本案例中这位老板购买的真实动机是什么?

3)拔火罐的

有一个大学者,不仅知识渊博,而且还弹得一手好琴。一天,他得了一场大病,痊愈后,医生劝他搬到一个空气清新、气候温暖的地方生活。他和妻子接受了医生的建议,决定到一个偏僻的山区小镇上去生活。

那里大多是没有文化的山民。落脚后,就有人来问:"你是干什么的呀?""拔火罐的。"学者答。

客人走后,妻子不解地问他:"我真是搞不懂,以你这样的学问,竟然说自己是个拔火罐的,这能给你带来什么好处呢?"

学者说:"你不是不知道,这个小镇上的山民,大多文化不高,不知道知识的价值,我要是说我是个学者,不仅不会得到他们的尊重,还会招来他们的排斥。而作为一个拔火罐的人,对他们来说非常重要!我敢打赌,我将受到他们非常尊重的礼遇。"

学者话音刚落,就见刚才那个山民又来了,身后跟着拜访他的一群山民。

问题:这个案例对企业营销有何启示?

4)真假万宝路

美国杂志《福布斯》专栏作家布洛克1987年与助手们调查了1546个万宝路爱好者。许多被调查者明白无误地说,他们喜欢这个牌子是因为它的味道好、烟味浓烈,使他们感到身心非常愉快。

布洛克又做了一个实验,他向每个自称热爱万宝路味道品质的万宝路瘾君子以半价提供万宝路香烟,这些香烟虽然外表看不出牌号,但厂方可以证明这些香烟就是没有打上万宝路品牌的香烟。但试抽后,结果只有21%的人愿意购买。

问题:请解释上面调查与实验结果出现的矛盾。

体验3 练一练

每位同学以自己家里最近购买的耐用消费品为例,从"唤起需要—收集资料—比较评估—决定购买—购后感受"全过程记录这次购买行为。

体验4 赛一赛

一个阳光明媚的夏日,桑德拉驾驶着刚买的汽车,欣赏着心旷神怡的风景,呼吸着从海岸吹来的微风。两天前,桑德拉从汽车推销员罗恩那里买到这辆新车。那天,罗恩带着一脸灿烂的微笑,站在汽车展厅门口迎接桑德拉的到来,并非常有礼貌地与她握手。在谈妥了以旧换新的购车合同后,一位等待左右的服务员马上从桑德拉手里拿过旧车钥匙,打开这辆行驶里程已经很长的旧车后,开着它拐了一个弯,就不见了。

罗恩准备好了所有的售车文件,并把这些文件按顺序放在一起,等待桑德拉签名。当桑德拉与罗恩坐在一起签署汽车买卖合同、制定购车贷款事宜、处理其他相关文件的过程中,罗恩为她准备了一杯刚煮好的咖啡,并和她轻松地聊天,不时让她发出会心的微笑。不一会儿,她的崭新的凌志车就整装待发了,这辆新车停在展厅的边缘,启动钥匙已经打开,还能听到低沉的发动机旋转的声音。这是她的新旅伴,它将在将来的人生旅途中陪伴她。

桑德拉打开新车门,坐进驾驶员位置,满意地闻了闻车内新皮革的味道,把它从停车场开了出来,然后,就汇入了下午的车流。和其他新车主一样,她信手打开收音机,按了一下自动节目设置键,从收音机里传来她最喜欢的歌曲时,她的感觉好极了。她一边开着车向自己的家奔驰,一边跟着收音机的旋律哼唱着。当她听到插播的广告节目时,马上调到喜欢的另一个节目频道:啊,这是她喜欢的古典音乐电台,主持人在介绍完曲目后,一阵悠扬的音乐传来,她的心马上陶醉了。

突然,桑德拉感觉到:太神奇了,听到的怎么都是自己喜欢的节目呢?她试着按了下一个节目设置键,下一个节目也是她喜爱收听的新闻。她又试了第四个节目设置键,这是她丈夫最爱的体育频道。这辆新凌志的收音机真是太让人不可思议了,难道这种收音机设备的科技含量非常高,以至于能读懂开车人的喜好吗……

抢答加分:请各团队仔细思考案例所描述的细节后,说出对桑德拉新车收音机节目频道现状的合理解释。

任务3.2 引导顾客需求能力训练

3.2.1 实训目标

引导顾客需求要求学生灵活运用所学的消费者心理学方面的知识,同时掌握一些引导顾客需求的具体方法。

- 灵活运用顾客需要层次、顾客购买心理、顾客购买行为等理论知识。
- 归纳引导需求的一些方法。

3.2.2 情景设计

☞ **医院线上儿童健康管理服务业务**

某地级市三甲医院拟利用互联网技术,开展线上儿童健康管理服务业务。图3-1是业务宣传单,通过扫描宣传单上的二维码,会得到服务内容、购买价格、购买方式等信息。这些内容可扫描页边二维码获得。

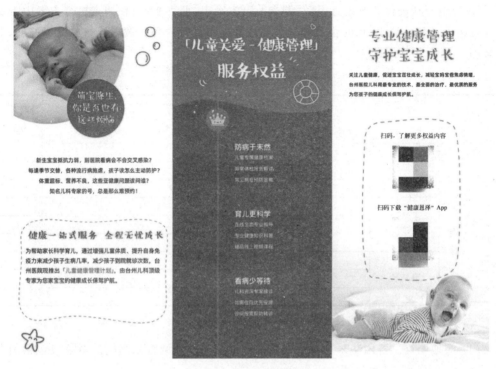

图 3-1　业务宣传单

实训任务:请同学们一起来帮医院开拓互联网医疗服务市场,解决有关消费者方面的 9 个问题。

(1) 有哪些人可能购买儿童健康管理项目?
(2) 人们购买儿童健康管理项目的用途是什么?
(3) 首次购买儿童健康管理项目的人是从哪里获得的服务信息?
(4) 非首次购买,曾购买了哪些品牌的同类项目?
(5) 人们对儿童健康管理项目有哪些其他要求?
(6) 人们购买儿童健康管理项目时最关心什么?
(7) 人们购买儿童健康管理项目时会担心什么?
(8) 这个价位的购买者通常有哪些人?有哪些特征?
(9) 人们购买儿童健康管理项目有哪些习惯?

儿童健康管理服务项目

3.2.3　任务步骤

(1) 召集学生到教室,组建团队。可沿用任务 3.1 的团队组成。
(2) 阅读讨论 3.2.5 小节中的案例,由教师专题讲解引导顾客需求的方法。可参阅 3.2.4 小节中的内容或由教师自行收集资料。

(3) 布置情景设计所要求学生完成的任务。

① 各组同学共同完成情景设计中问题的初步答案,暂时交由教师保管。

② 各组分别进行调查设计,填写调查执行方案表,见表 3-9。在调查执行方案中需要描述全组人员如何分工,何时由谁在何地完成什么工作等内容。调查执行方案写好后,上交教师。

表 3-9 调查执行方案表

团队名称	各时间段的工作进展					联系方式
	时 段	具体时间	工作地点	执行人	具体任务	
F-ONE	第一天					
	第二天					
	第三天					

注:本表可根据需要自行调整,教师可根据此表进行过程监督。

(4) 实地调查。各团队采用直接观察法和询问法开展调查。询问的对象应包括消费者、营业员、经销商,并写出调查报告。

(5) 在教室集中,各团队选出代表讲述每组调查的经历及调查结果。

(6) 各组相互交流后,再分头研究引导顾客需求的方法,每个组员写出自己的书面材料。

(7) 考核。涉及 3 个部分:一是对调查过程的监督记录;二是各组上交的文字材料;三是每位同学上交的书面作业引导顾客需求的方法。这 3 部分的评分比例,由教师视教学目的及学生的具体情况自行确定。

3.2.4 知识点拨

1. 需要、欲望和需求之间的关系

需要是指人的缺乏状态。事实上,人在同一时刻可能有多种需要,但有些强烈,有些不强烈,而强烈的需要最先解决。当人寻找某种物品解决这种需要时,对这种物品急切想得到的感受就是欲望,所以欲望一定是针对某一具体产品或服务的。常识告诉我们,不是人们的每一个欲望都能获得满足,在经济社会中,人们满足欲望的工具是货币,即通过使用货币购买相应的指向物来满足欲望。所以,将欲望与货币相结合称为需求,即"欲望+货币=需求"。

有些情况下，营销者可以通过影响消费者的生存环境等外部因素来影响消费者的需要强度，即将消费者未发觉的或压抑着的需要通过营销策略调动起来，在特定的时空环境下使其变得强烈，进而达到引导消费者的需求的目的。如本项目3.2.5小节中所涉及的案例都是如此。

2. 引导顾客需求的方法集锦

营销的本质是满足用户的需求，发现顾客自己觉察到的需求并加以满足是低层次的营销；高层次的营销则是帮助顾客发现自己并未觉察到的需求，即引导需求并加以满足。只有引导客户需求，才能发展出创造顾客价值的整合营销能力，在价值创造上寻求新的突破，实现企业良好的发展轨迹。实际上，无论是试图百分百满足客户需求的"迎合"还是"引导"，都是为了达到最终满足用户需求的目的，区别在于"迎合"是改变产品（供给），而"引导"是改变消费者（需求）。

通过对营销实践活动的研究，发现以下几种引导顾客需求的办法。

（1）一定要明确购买决策者并不一定是使用者。比如许多钢琴的使用者是孩子，但孩子往往不是购买的决策者。3.2.5小节中的B正是巧妙地利用了这一点。

（2）培育使用习惯，将由于缺乏欲望或货币投向等原因所导致的潜在需求转化为现实需求。培育使用习惯，试用的办法较为常用。如当你发现冬季在理发店洗头是如此舒适、方便时，你就极有可能从你的收入中划出一定的比例来支付此项服务了。再比如，某复印机公司可能先将复印机给某个颇具实力、信用良好的小公司试用，待一段时间后该公司觉得有一台复印机是如此方便有效率（如果这时没有复印机他们已经觉得不太习惯了），他们就可能购买复印机而不是再拿到打印店去复印了。

（3）烘托环境使消费者默认需求的存在。如果你去做一个实地调查，就会发现许多人是不喜欢吃月饼的，但在中秋节前后，月饼确实是在"大行其道"。在营销活动中，如果你能够利用文化的、自然地理的或科技的因素等来烘托出一种需求存在的必然（源于消费者需求的从众心理），并使之成为一种为大众所接受的习惯，就是引导顾客需求。如生吃龙虾、三文鱼加芥末等。

（4）倡导良好生活习惯或生活质量，引导时尚生活，从而引导顾客需求。一则广告"今天你洗头了吗？"的不断播放，使许多现代人都认为"头发是应该一天一洗的"，而事实上这之前的年代，正常的情况是一个星期甚至更长时间才洗一次头的。"小姐你有头皮屑吗？那可不得了，男士可不喜欢有头皮屑的女孩。"这种宣传做多了，原本也不太把头皮屑当一回事的少男少女们开始重视这个问题了。

（5）利用相关群体概念中的"群体领袖"效应来引导顾客需求。营销史上一个著名的案例就是著名国际影星费雯丽·鲍曼在主演一部返璞归真题材的电影时，不施脂粉。由此引起影迷们的效仿，使美国化妆品界当年的销售锐减。

（6）突破思维惯性，改变产品的用途属性，引导顾客需求，创造新的市场空间。案例链接中的卖梳和尚1000把梳子中的C即为此，将消费品转化为产业用品，经加工后再进入消费者领域。无独有偶，一度成为美国第六大轮胎公司的×××，突破了一般轮胎制造商的常规思维：卖给产业用户汽车制造商，而是将拥有汽车的客户使用汽车必然更换轮胎这一群体消费者作为目标客户群，有效地避开了实力强大的竞争对手，获取了可观利益。实际上，这种方法在生活中就有许多启迪：用透明胶布完成涂改液的功能；用洁白牙膏来洗涤有茶垢、菜渍等泛黄搪瓷杯碗甚至金银首饰等。

此外，营销者可以通过沟通了解顾客的生活情况，运用发散思维来了解并满足顾客的多种需求。

3.2.5　案例链接

☞ 卖给和尚 1000 把梳子

有一家效益相当好的大公司，决定进一步扩大经营规模，高薪聘请营销人员，广告一打出来，报名者云集。

面对众多应聘者，公司招聘负责人说："相马不如赛马。为了能选拔出高素质的营销人员，我们出一道实践性的试题：就是想办法把梳子尽量多地卖给和尚。"

绝大多数应聘者感到困惑不解，甚至愤怒：出家人剃度为僧，要梳子有什么用处？岂不是神经错乱，拿人开涮？没过一会儿，应聘者纷纷拂袖而去，几乎散尽，最后只剩下 A、B、C 3 个应聘者。

负责人对他们 3 个人交代："以 10 日为限，届时请各位将销售成果报给我。"

10 日期到。负责人问 A："卖出去多少？"答："1 把。""怎么卖的？"

A 讲述了历尽辛苦，以及受到众和尚的责骂和追打的委屈，好在下山途中遇到 1 个小和尚一边晒太阳，一边使劲挠着又脏又厚的头皮。A 灵机一动，赶忙递上了梳子，小和尚用后满心欢喜，于是买下 1 把。

负责人又问 B："卖出去多少？"答："10 把。""怎么卖的？"

B 说他去了一座名山古寺，由于山高风大，进香者的头发都被吹乱了。B 找到了寺院的住持说："蓬头垢面是对佛的不敬，应在每座庙的香案上放把梳子，供善男信女梳理鬓发。"住持采纳了 B 的建议，那座山共有 10 座庙，于是买了 10 把梳子。

负责人又问 C："卖出去多少？"答："1000 把。"负责人惊问："怎么卖的？"

C 说他到了一个久负盛名香火极为旺盛的深山宝刹，朝圣者如云，施主络绎不绝。C 对住持说："凡来进香朝拜者，多有一颗虔诚之心，宝刹应有所回赠，以做纪念，保佑其平安吉祥，鼓励其多做善事。我有一批梳子，您的书法超群，可先刻上'积善梳'3 个字，然后便可成为赠品。"住持大喜，立即买下 1000 把梳子，并请 C 小住几天，共同出席了首次赠送"积善梳"的仪式。得到"积善梳"的施主与香客，很是高兴，一传十，十传百，朝圣者更多，香火也更旺了。这还不算完，好戏还在后头。住持希望 C 再多卖一些不同档次的梳子，以便于分层次赠给各种类型的施主与香客。

就这样，C 在看来没有梳子市场的地方开创出了很有潜力的市场。

发现案例成功关键点，探寻有价值的规律，请扫描页边音频二维码。

案例点评：
卖梳子给和尚

☞ **踢垃圾桶**

一个退休老人在学校附近买下一栋简朴的住宅,打算安养余年。最初一段时间很安静,过后有3个年轻人开始在附近踢垃圾桶闹着玩。这个老人受不了他们发出的噪声,出去跟他们谈判:"你们几个年轻人玩得真开心。"他说,"我喜欢看你们玩得这样高兴,我年轻的时候也常常做这样的事情,能不能帮我一个忙?如果你们每天过来踢垃圾桶,我给你们每人一块钱。"这3个年轻人很高兴,他们使劲地踢所有的垃圾桶。有一天,这个老人带着愁容找他们:"通货膨胀减少了我的收入。"他说,"从现在起,我只能给你们每人五毛钱了。"这虽然使几个制造噪声的人不太开心,但还是接受了老人的钱,每天下午继续踢垃圾桶。

1周后,老人再找他们:"瞧!"他说,"我最近没有收到养老金支票,所以每天只能给你们两角五分。行吗?""只有区区两角五分钱?"一个年轻人大叫,"你以为我们会为了区区两角五分钱浪费我们的时间在这里踢垃圾桶?不行,我们不干了!"从此以后,这个老人过着安静愉快的日子。

外行看热闹、内行看门道。案例分析参考请扫描页边音频二维码。

案例点评:
踢垃圾桶

☞ **"打草惊蛇"试销**

安静的小狗是一种松软猪皮便鞋的牌子,由美国沃尔弗林公司生产。当安静的小狗问世时,该公司为了了解消费者的心理,采取了一种独特的试销方法:先把100双鞋无偿送给100位顾客试穿8周。8周后,公司派人登门通知顾客收回鞋子,若想留下,每双付5美元。

其实,公司老板并非真想收回鞋子,而是想知道5美元1双的猪皮便鞋是否有人愿意购买。结果,绝大多数试穿者把鞋留下了。

得到这个消息,沃尔弗林公司便大张旗鼓地开始生产、推销。结果,以每双7.5美元的价格,销售了几万双安静的小狗。

可见,一个企业生产某种产品,是在可行性调查的基础上进行试产的;而这种新产品投放市场,仍要继续调查研究。一般来说,新产品投放市场要有一个试销的过程,只有根据试销情况的好坏,才能决定能否成批生产。"试销"就是"打草惊蛇"之计的一种运用。

案例分析参考请扫描页边音频二维码。

案例点评:
"打草惊蛇"试销

3.2.6 任务体验

体验1 想一想

一对颇有名望的外商夫妇,在我国某商店选购首饰时,对一只标价8万元的翡翠戒指很感兴趣,却因价格昂贵而犹豫不决。假如你是售货员,你将如何说服其购买?

体验2 练一练

如何将结婚钻戒卖给钻石王老五?

任务 3.3 顾客需求特征描述能力训练

3.3.1 实训目标

能够在营销策划中全面、系统地描述消费者/产业用户的购买行为特征。
- 灵活运用顾客需要层次、顾客购买心理、顾客购买行为等理论知识。
- 归纳引导需求的一些方法。

3.3.2 任务描述

有位李女士(体重150千克)经常会遇到购买服装不合适的烦恼。她通过市场调查了解到本地区与她相似的女士还有许多,她们在服装购买过程中也常遇到一些不快。于是该女士开了一家专门以肥胖者为对象的女装店。开业之初只有5万元资本,一年后,年营业额已超过了100万元。她成功的原因在于巧妙地维护了肥胖女士的自尊心。

请试着描述肥胖女士的购买行为特征。

3.3.3 任务步骤

(1) 阅读营销策划书中的消费者行为描述部分。教师可自行选择自己熟悉的经典营销策划书,将其中的有关消费者描述的部分内容介绍给学生。也可以参考3.3.4小节和3.3.5小节的内容。

(2) 指导学生使用网络自行收集资料,对肥胖女士购买服装时的消费特征进行描述,并上交书面材料。教师巡视答疑。

完成任务的地点在计算机教室,在教室学生能够上网收集资料,时间90分钟。

(3) 考核:以上交的书面作业为本次任务的成绩。

3.3.4 知识点拨

1. 形成消费者市场需要的因素

形成消费者市场需要的因素如图 3-2 所示。

2. 形成产业市场需要的因素

形成产业市场需要的因素如图 3-3 所示。

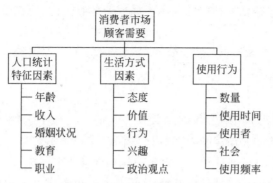

图 3-2　形成消费者市场需要的因素

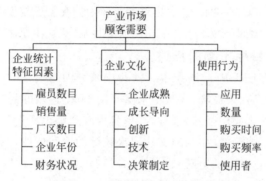

图 3-3　形成产业市场需要的因素

3. 广告活动策划中对消费者特征描述的通用模板

以下的模板是被其他企业验证成功的范本，可加以借鉴或参考。

营销策划书中涉及消费者特征描述的内容包括以下 3 个方面。

1）人口统计上的轮廓

职业、婚姻状况、户主、种族、教育、年龄、家庭收入、家庭共同生活子女、社会阶层、地点类型、地理区域、其他地理上的或市场分析上的因素、高开发区或低开发区、县的大小等。

2）心理描绘图的轮廓

可获得任何价值观与生活形态系统的资料吗？从其他生活形态资料库能取得任何心理描绘图的资讯吗？以前初步的调查研究中有任何用户的资料吗？等等。

3）分析目前顾客的行为

对消费的资讯，如社会上的各种影响、在何处使用、如何使用、使用频次、平均使用数量等。

对有关产品的态度，如品质、价格、包装、型号、品牌声誉等。

消费者对目前广告或推广活动知晓的百分比为多少？本产品为消费者解决什么问题？消费者知道这些利益吗？目前的顾客忠实度如何？发生品牌转移了吗？如果发生了，是在本品牌中还是在其他品牌中？谁是本品牌的最佳潜在顾客？他们住在什么地方？能够影响他们吗？

简言之,就是要包括你所认定的与本产品或劳务有关的、现在顾客及潜在顾客的全部有关资讯。

3.3.5 案例链接

☞ **Bossy 公司的消费者市场描述**

Bossy 公司生产加工奶品,包括奶粉及罐装炼乳和脱水奶品。在20世纪80年代的美国,Bossy 公司的营销管理者对其消费者市场描述如下。

整个美国家庭,约有12.5%使用奶粉,主要买家是单身或二人的家庭,这些人不常用牛奶,视奶粉为最便利的方式,喝和烘烤会用牛奶。炼乳及脱水罐头牛奶,美国有3.8%的家庭购买,主要用户为35~45岁高收入、家中没有小孩的妇女。罐装牛奶主要在南方使用,不像大多数奶品能在广大地理区域配销。公司的研究显示,罐装牛奶主要用于烹饪。

☞ **特奥饮品对目标市场的描述**

特奥饮品的目标市场以中青年为主。这些中青年月收入800~1000元(1993年水平)以上,经常出入大酒店、大商场,多数在未婚年龄层,受过较好的文化教育,文化品位较高,追求社会时尚,个性化倾向强烈,被称为"单身贵族""都市新贵",有享乐主义倾向。另外还有一些具有相当高的经济收入,但文化层次较低的消费群体,他们主要把高消费作为经济地位的体现,属文化时尚的追随者。

☞ **三精制药儿童钙市场的消费者研究**

经过调查,三精制药得知:

(1) 大多数消费者认为补钙产品都是保健品。
(2) 消费者普遍知道补钙对儿童尤为重要,但不知道如何选择。
(3) 家庭用药及保健品的主要消费者和购买者是24~45岁的妇女。
(4) 药店店员和消费者认为缺少真正适合儿童的补钙产品。
(5) 大多数消费者认为孩子不愿吃补钙产品的原因主要是口感问题。
(6) 70%的药店店员认为他们可以影响购买者的选择。
(7) 消费者能说出一些补钙产品的名字,但不能描述其特点。

另外,市场调查结果表明:消费者普遍认为葡萄糖酸钙口服液口感好,儿童可以接受,81.5%的消费者认为该产品定价尚可接受。

☞ **雅之味的消费者研究**

五粮液集团雅之味天然植物水在营销策划案中对消费者特点的描述如下。

消费者状况:消费者已形成购买饮用水的习惯,经常购买者占48.89%,偶尔购买者占48.15%,只有2.96%的人从来不购买。

消费行为特征:重品牌,重口感,对矿泉水、纯净水、天然植物水概念模糊,但已有一部分消费者认识到,长期饮用纯净水无益,开始留意选择优质天然植物水了。

☞ **某保健品的消费者特征描述**

(1) 购买保健品的主要原因:①增强身体机能,促进身体健康,延缓衰老;②送礼。
(2) 主要消费者的状况:27~35岁和55岁以上的女性为主要消费者群,都有固定的经济收入,文化层次较高。

(3) 购买状况:使用口服液类的营养保健品较多,其次为冲剂类营养品,看重实效与品牌效应;同时,有一半左右消费者用完即买,其他为感觉需要时再买或亲友赠送。

(4) 购买地点与方式:①商场、百货专柜;②因朋友推荐去购买(包括品牌、地点);③向推销员购买。

(5) 产品特性的探讨:①实效;②有效成分多,量足;③使用方便;④价格合理;⑤包装精致;⑥其他。

(6) 保健品资讯来源:由表3-10可知,消费者对商品资讯的信赖度,以朋友口传及保健组织、专家介绍的较高。最值得注意的是,电视广告的接触率为42.4%。但其信赖度却只有6.6%,所以保健营养品不太适宜做电视广告。

表 3-10　消费者的保健品资讯来源及信任情况

资讯来源	比例/%	信任资讯/%	不信任资讯/%
电视广告	42.4	6.6	5.6
口碑	39.9	26.8	2.4
保健组织及专家	32.4	22.8	3.3
杂志内广告	25.2	1.8	0.6
店内商品说明书	20.6	6.2	0.8
直邮	12.1	1.5	6.0
车站、车厢广告	11.5	0.8	2.4
报纸广告	10.8	1.9	1.9
朋友介绍	7.5	3.7	3.9
专卖店宣传引导	6.4	2.3	4.5
其他	3.9	2.3	0.8

3.3.6　任务体验

体验 1　想一想

杭州狗不理包子店是天津狗不理集团在杭州开设的分店,地处商业黄金地段。正宗的狗不理以其鲜明的特色(薄皮、水馅、滋味鲜美、咬一口汁水横流)而享誉神州。但正当南方大酒店创下日销包子万余只的纪录时,杭州的狗不理包子店却将楼下1/3的营业面积租让给服装企业,店门前是"门可罗雀"。

问题:请分析影响狗不理包子杭州店销售的消费者心理方面的原因。

体验 2　练一练

(1) 假定某手机制造企业选择的目标客户群为一线城市大中学生,请你为企业描述这一目标市场的消费者特征。

(2) 假设你是某饮料公司的销售人员,你的产品想打进学校附近的一家超市,请走访这家超市,了解该超市从获悉某种饮料的产品信息,一直到采购该产品的整个决策过程,尝试画出这个过程;了解该超市拥有采购决策权的人员以及影响采购决策的人员,描述他们各自的角色和参与情况;访谈主要决策者,了解影响饮料采购的主要因素有哪些,并请完整地描述上述信息。

项目 4　营销策划能力训练

项目 4 说明

　　本实训项目的设计考虑到学生初就业岗位的实际特点,将公司高层战略规划内容省略,而将营销策划能力的重点放在目标市场和营销组合两个方面。

　　任务 4.1 是让学生养成在营销活动中所必需的系统思考习惯。使学生牢记营销策划是组织为达成目标,有效整合自身可以控制的要素,创造性地适应外部不可控制因素的活动过程。训练的重点在于目标市场确定以及与目标市场相适应的营销组合策略确定。此任务培养学生掌握 3 方面的整合协调能力:一是策划方案与外部环境相适应;二是营销组合策略与目标市场策略相协调;三是营销组合要素间要相互协调。

　　任务 4.2 是关于企业竞争战略的项目训练。营销策划活动中,营销者对竞争对手的准确判断往往是制定企业其他战略与战术的关键。因此,此项任务重点培养学生有主动分析竞争对手的自觉意识,提升学生识别竞争对手并运用竞争战略应对市场竞争的能力。

　　任务 4.3 是关于企业如何通过市场细分选定目标市场,并进行市场定位的项目训练。它是在对前期所掌握信息分析的基础上进行的方向性的战略决策过程。因此,此项任务重点是培养学生的目标市场策划能力。

　　任务 4.4 是对满足目标市场需求所必需的产品、价格、分销渠道和促销等营销组合中的各个要素所进行的分项策划能力训练。目的是满足学生岗位工作中时常遇到的、只需进行营销组合某个要素策划的实际情况,为整体营销策划打下坚实的基础。

　　注意:项目 4 重点是培养学生专业知识应用能力,所以适当增加了任务体验的比例,并通过设定相关的情景问题,让学生尝试运用相应的策略去解决。

任务 4.1　营销策划系统思维习惯的养成

4.1.1　实训目标

　　本任务重点培养学生在营销活动中所必需的系统思考习惯,具备与目标市场策略相适应的营销组合策划能力。具体包括以下 4 个方面。
- 营销策划方案与外部环境相适应的能力。
- 整体营销组合与目标市场策略相适应的能力。
- 营销组合各个要素之间相互协调的能力。
- 系统思维习惯之养成。

4.1.2 任务描述

首先，剖析一个相对完整的营销策划活动，让学生熟悉企业营销策划活动的过程；其次，按照营销策划书的格式，在教师的引导下，将该营销策划活动还原，每位同学撰写一份规范格式的简易营销策划书，即将策划过程（planning）转化成策划书（plan），各团队推优汇报。

页边二维码提供了一个较完整的、体现营销策划系统思维的《大染坊》视频片段。任课教师也可以将该视频替换为企业的真实情景案例。

大染坊

(1) 完成任务的时间和地点安排如表 4-1 所示。

表 4-1 完成任务的时间和地点安排

过程	主要工作	所需时间/分钟	地点
第一阶段	学习营销策划程序	60~90	投影多媒体教室
第二阶段	撰写营销策划书	30~60	教室或学生自定
第三阶段	团队营销策划方案汇报	60~90	投影多媒体教室

(2) 完成任务所需准备的事项。
① 摄像及辅助设备用于报告答辩拍摄。
② 多媒体网络教室。

4.1.3 任务步骤

(1) 策划前的知识准备。布置学生课前观看《大染坊》视频片断或由教师带领学生一同观看，然后由情景问题引领学生对营销策划的企业目标、外部环境因素、企业内部资源状况、内部资源有效整合适应外部环境因素等进行分析，使学生置身于情景当中，体会策划的系统思考过程，同时唤醒学生对所学《营销原理》基础知识的记忆。

(2) 学生在教师的帮助下熟悉 4.1.4 小节中的市场营销策划过程、营销策划书基本格式，重点梳理营销策划的逻辑问题。

(3) 以《大染坊》视频片断的情节为素材，按基本格式倒推式地撰写营销策划书，并于规定时间内上交给各团队队长。

(4) 策划方案汇报及完善。每个团队推选出 1~2 份策划书，各团队依次汇报，同学提问与教师点评后，每位同学在学习他人优点的基础上重新修改自己的策划书，并上交。

(5) 考核。教师对学生修改后的策划书评分。

4.1.4 知识点拨

1. 市场营销策划过程

市场营销策划过程如图 4-1 所示。

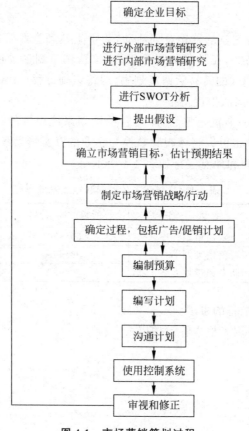

图 4-1 市场营销策划过程

2. 营销策划书所包含的基本要素

营销策划活动最终将以营销策划书(marketing plan)的书面形式表现出来。营销策划书根据策划活动的内容可有多种呈现形式,并包含多种类型的市场信息。一份行之有效的营销策划书至少应包括以下信息。

1) 概要和目录

营销策划书的开卷,应该是高层管理者的主要目标介绍和管理建议,然后在目录中列出营销策划的其他内容、有关建议及其支持依据细节。

2) 形势分析

本部分给出有关销售、成本、市场、竞争和各自宏观环境因素的背景资料。如何界定细分市场？市场有多大？增长有多快？存在哪些相关趋势？面向市场提供的产品与服务是什么？公司将面临的主要问题是什么？公司可以利用所有这些信息进行 SWOT 分析（优势、劣势、机会与威胁）。

3）营销战略

这部分工作主要是由产品经理完成。产品经理制定公司使命、营销与财务目标以及产品要满足哪些目标群体的什么需求，还要确定产品线的竞争定位，以便在经营计划中明确计划目标。

4）财务预测

财务预测主要包括销售预测、费用预测和盈亏平衡分析。在收入方面，财务预测每个月、每种产品的销售量；在费用方面，财务预测营销费用水平，进行适当的分解；盈亏平衡分析应该指出每月平均销售量为多少时才能抵消相应的固定成本和平均每个单位的变化成本。

5）实施控制

这是计划的最后一部分，概述了监督控制和实施计划的调整。通常，需要按月或季来制定相应的目标或预算，然后管理人员就可评价每一阶段的结果并采取必需的矫正行动。同时，公司也有必要制定一系列的内部指标和外部指标，以便对进展情况进行评价并给出可能的改进措施。有些组织还会制订权变计划，以应对特定环境因素突发事件。

营销策划书的基本内容及细节说明，请扫描页边二维码阅读。

营销策划书的基本内容及细节说明

4.1.5 案例链接

☞ **益生堂三蛇胆上市营销策划**

1994 年，可算是保健品行业的"灾年"。这一年，"中华鳖精大战""燕窝大战""蜂王浆大战"此起彼伏，全国有 3000 多个保健品生产厂家，从头到脚，从体外到体内，保健品"包治百病，无所不能"。中央电视台的名牌栏目《焦点访谈》，曝光了江苏某鳖精生产商，整个厂只在水缸中发现一只鳖的"神话"，接着消协、技术监督局先后曝光了假燕窝、假蜂王浆、假鱼翅等，形成了全国上下声讨保健品的局势。个别保健品的信任危机迅速波及整个行业，消费者一谈起保健品就直摇头，只有几个名牌保健品还算畅销，应该说保健品陷入了四面楚歌之中。在此情况下，深圳益生堂生物企业有限公司成立了，想在沉闷的保健品市场中唱一支嘹亮的歌，打破这一难堪局面。

深圳益生堂生物企业有限公司在 1994 年时有 4 个产品：三蛇胆胶囊、乌龙胶囊、蛇鞭胶囊、蝮蛇胶囊，均是蛇系列保健产品。公司研究后初步选定以益生堂三蛇胆为主打产品，其余产品靠自然销售。当时公司无法确认这些产品的前景，因此在投入方面非常慎重。产品已筹划 4 个月还未生产出来，眼看已到 12 月中旬，公司内部出现两种主张：一种主张年前产品推向市场；另一种主张新年后上市。经全面考虑后公司决定年前上市，原因是当时很多业务人员士气低沉，如果不在年前上市，年后很可能他们会跳槽，那么益生堂公司就会面临新的危机，而股东的信心又会受到打击。

1. 市场调研确定消费者需求

公司运用便利抽样及配额抽样法,结合消费者深度访谈、营业员深度访谈、经销商深度访谈的方法,调查清楚以下几个问题。

(1) 消费者是否喜欢"益生堂"这一传统品牌?

(2) 益生堂三蛇胆最受欢迎的功能承诺是什么?

(3) 益生堂的心理价格定在多少元合适?

(4) 消费者最担心保健品的什么?益生堂该如何消除这些担心?

(5) 目标消费者的消费心理是什么?有何购买习惯?

(6) 益生堂三蛇胆的独特卖点是什么?

(7) 益生堂的包装是否受喜欢?

(8) 益生堂三蛇胆以什么形象出现才受大家欢迎?

经过两个多月的市场调查,走访了1200多名消费者、400多名营业员及一些经销商,基本摸清了深圳、广州两地市场状况。这次调研对制定益生堂三蛇胆的目标市场运作策略起了决定性作用,特别是大家对争论已久的定价、功能点、独特卖点、销售渠道等问题有了明确统一的认识。

2. 目标市场及营销组合策划

三蛇胆的保健功能多种多样,有清火解毒,保肝利胆,消除青春痘、口疮、便秘等,但什么是三蛇胆的功能定位?是包治百病还是必须有所取舍?根据调研结果,确定以"清火解毒,除痘灭疮"为功能定位,这一定位符合华南的地方特色:本地人容易上火、长痘、长疮。然后以"面子十足、信心十足""让你舒舒服服做人"为产品精神意义定位。确定了功能定位及精神意义定位,接着又确定了目标消费群应该锁定20~29岁的年轻人。在确定独特卖点时,发生了一些争议,有的说应该在传统中药上,有的说应该在功能定位上,有的说应该在营养全面上,最后卖点确定在"一粒胶囊必含一粒纯蛇胆"。随着市场发展,越发证明这一卖点正确,为以后开展营销工作打下了坚实的基础。

营销组合中首先是价格问题,这也常常是经营者最头痛的问题。价格定低了,企业效益受影响,定高了,又怕消费者不接受。因此公司在调查时特意向消费者询问了心理承受价,最终确定每盒益生堂三蛇胆零售价为90元左右。这一价格确立了益生堂三蛇胆胶囊为高档保健产品的形象,突出了其珍贵性。

益生堂三蛇胆的包装与其高档、珍贵的形象也十分吻合,公司请设计师给每一粒胶囊都设计了小首饰盒式的包装,六粒胶囊组成一大盒,包装色彩采用墨绿色,上面印有金龙条纹,给人以古色古香的感觉。整个包装大气、漂亮,陈列效果极佳,具有浓厚的传统风格。

在销售渠道的选择上,公司将经销商分为A、B、C三大类,精心编织经销网络,使整个销售渠道疏而不漏,同时建立业务人员工作日志、客户档案卡、分类账、业务人员理货工作记录等制度,保持渠道建设的稳定性,使渠道的管理更系统科学。

在促销方面,益生堂三蛇胆选择了限量发售的上市促销策略,不搞任何抽奖活动。广告以蛇胆珍贵稀少,益生堂三蛇胆生产量有限为诉求,以本月仅能特供市场一定的量,平均多少人才可以享受一盒展开促销。

这一套合理的营销组合,与公关、广告、形象等配合得相当好,从而使益生堂三蛇胆没有出现营销组合方面的障碍,对树立品牌形象起到了良好的促进作用。

3. 促销组合方案

促销活动以产品的功能定位"清火解毒,除痘灭疮"为核心,以"面子十足、信心十足""让你舒舒服服做人"为产品精神意义定位,利用广告、销售管理和公共关系3种促销方式的组合传播向消费者传递产品"货真、高档与高效"的相关信息。

1) 广告活动策划

经过紧张的筹划,益生堂三蛇胆铺货开始了。为了让铺货工作顺利进行,公司适当投入了少量广告,包括有关蛇胆与美容的系列科普文章,小版面的广告,以及广播广告,使经销商感觉到这一产品是有广告支持的,所以铺货工作尽管遇到了各商家准备春节年货的障碍,但相较其他保健品还是比较顺利的。为配合整体销售工作,公司还设定了完善的服务体系,建立销售点促销队伍,在一些重点商场、药店柜台展开产品宣传、推荐、销售工作。当全市铺货率达到预计目标的70%时,一套构思精彩的广告出现在深圳两大主流媒体上。

企业的广告资金十分有限,约7万元,怎样利用少量的广告资金,达到全面启动市场的目的呢?

首先,版面有了很大突破。一般广告横式的比较多,如果版面小(8cm×17cm)就会被大版面广告淹没,三蛇胆广告为竖版,放在众多横式的广告中,显得很特别。

其次,广告出现的频率加大。因为版面小,单次费用相对较低,因此增加广告登出的频次,在短短20天内,出现14次广告,几乎天天有广告。

最后,整套广告创意不同寻常。以《深圳人请注意——一个为您清火解毒、除痘灭疮的产品现已全面上市》为开篇,连续推出《上火啦》《战"痘"的青春》《扫毒灭疮》《这些痘陪他八年》《你要"痘"留到新年?》《让老朋友大吃一惊》《肝胆相照》7篇,气势如虹,竖版编排和抢眼的标题,起到了强大的促销作用。热线电话响不停,一日4部电话累计接听超500人次,从早晨8:00到晚上11:00,一直有消费者咨询。前后短短20天,各商家均反响良好,深圳一大商场月销售额竟达10万元,产品上市第一个月销售额接近30万元,回款也不错。

这套广告中的《战"痘"的青春》《上火啦》《扫毒灭疮》《这些痘陪他八年》《你要"痘"留到新年?》《让老朋友大吃一惊》经过多次改版,一直沿用到1997年,成为益生堂打开各地方市场的有力武器,为促销益生堂三蛇胆立下了汗马功劳。

2) 公共关系策划——巧妙运用事件营销与公共关系

消费者对保健品最大的不信任就是没效果,假冒伪劣产品多。益生堂三蛇胆如何解决这一难题呢?

许多消费者打电话来问:"你们的产品真是一粒胶囊必含一粒蛇胆吗?""哪里有这么多蛇胆呢?"只有让消费者知道产品是超标实料的,才能克服销售障碍。于是公司策划了公开投料现场的公关活动。

首先在广告中发布如下的特别提示:"为保证益生堂三蛇胆真材实料的承诺,本公司决定向社会各界公开益生堂三蛇胆的投料现场,欢迎各界朋友监督。"这一举措果然引起了消费者的兴趣,更引发了新闻界的兴趣。公司公开投料现场,敞开工厂大门,欢迎新闻界的朋友和消费者及政府有关部门来参观、监督投料。《深圳特区报》《深圳商报》《深圳晚报》《深圳青年》杂志、《深圳投资导报》、深圳电视台、深圳广播电台先后派出记者来现场参观,全国60多位营养师与主治医生参观了投料现场,近千名消费者以不同的方式来参观投料。

于是有关新闻报道陆续出来,如《向上帝敞开胸膛》《蛇胆有多少?》《公开投料现场目击记》等,消费者的口碑也来了,每一个来参观的消费者都是活广告。公司借这股东风,不断发布告知及证言广告,告知消费者有多少人次参观了投料现场,亲眼证实益生堂三蛇胆一粒胶囊的确含一粒蛇胆。这一新颖的公关活动,不仅很好地配合了广告卖点的诉求,而且大大树立了益生堂公司的企业形象,有力地促进了销售的提升,使这一产品销售不断攀登新的高峰。

1995年年底,益生堂公司以1000万元保额投保产品质量险,石破天惊,更是在华南引起轰动。全国24家媒体纷纷报道这一壮举,配合的广告《1000万元保什么?》,引发人们议论纷纷,这在当时,是保健品的最大额质量险。

3) 销售活动管理

益生堂三蛇胆的成功,很大程度上得益于完善精致的销售管理。

(1) 制定了科学的规章制度,完善的管理系统。在组织构架上,配置了由营销中心经理负责的销售部、推广部、财务部三大部门,分别主抓三蛇胆的销售、策划推广和内勤财务,条理清晰,分工明确。营销中心作为公司经营的重要职能部门,承担着树立公司形象、产品市场计划与推广、塑造品牌形象、售后服务管理等重要职责,在公司整体运作中起着龙头作用。

为使该部门运作顺畅,与其相关的配套制度也建立起来。《业务员职责手册》《策划人员岗位职责》等都详细规定了员工的行为规范、权力与利益。同时在管理制度上,还设有经销商、内务人员、样品、价格、分公司办事处等管理细则条例。其中仅对内务人员一职就做出了20多条细致的规定。从信息收集、销售报表统计分析、文档管理,到宣传品的领用、营销督导等,让每个员工都能最大限度地发挥作用。业务员管理更精益求精,为其制定了客户网络及访问路线、工作日志、终端理货表、铺货跟踪表、客户跟踪表等一系列实效性很强的管理表格,规定业务员作业区域的规范,拜访客户的方法,拓展市场的步骤,铺送货的程序,回款催收的制度等,有章可循,有法可依。其中益生堂推出的一项特色工作是业务员工作日志。每位业务员把当天的工作,如走访客户、终端,与消费者、经销商的沟通等细致入微的事记录在案,进行总结分析,为公司决策提供依据。

(2) 建立了系列成套的各种实效性报表。比如客户档案登记卡,客户退货统计表,投诉处理意见,回款目标计划,客户分类账,销售月、周、日报表,业务员现金申请领用表等20多个反映市场、管理销售人员的表格,使账务、销售一目了然,不但能从中及时发现问题、解决问题,更为公司销售及管理活动的整体性、预见性提供十分有益的参考,发挥指导、监控作用。

(3) 完备的终端建设及培训体系使产品的附加值提升,极大地促进了三蛇胆的销售。通过建立终端信念、终端职责、终端操作指南及检验评估制度,规范终端促销及服务人员的行为及操作，提高他们销售三蛇胆的积极性与销售技巧。通过终端培训，使业务员、促销员、营业员掌握终端服务技能，终端促销品及宣传品的摆设、发放、张贴等清清楚楚，使整个营销计划得以有力贯彻。

（4）通过健全各区域市场操作手册，把益生堂三蛇胆试点目标市场的营销、策划、广告、促销、公关、终端、管理等一整套成功的运作模式和经验复制，结合当地实际在新市场展开销售及操作，取得事半功倍的效果。遵循区域市场操作手册至少不会犯错误，避免人力、财力的浪费，对于打开市场、立足竞争具有十分重要的指导意义。

（5）益生堂三蛇胆完善的售后服务体系也是精致的销售管理中画龙点睛的一笔。由于有前期对客户及消费者的详细调查分析与备案，公司得以与广大消费者和中间商进行及时有效沟通，开展经常性的咨询座谈，建立每信必复制度、退换货制度、健康信箱、会员制度等，尽量做到尽善尽美，迅速、有效地解决顾客提出的疑难问题，提高了益生堂良好的美誉度。

益生堂三蛇胆的推广，没有细致完善、面面俱到的销售管理和服务做强有力的支持和保障，是绝对难以成功的，这也是现代化先进营销理论与中国企业和市场实际相结合的典范。

4.1.6 任务体验

想一想

（1）扫描下方二维码，阅读红罐王老吉品牌定位战略，从益生堂三蛇胆上市营销策划与红罐王老吉品牌定位战略这两个成功的案例中感悟、提炼营销策划的活动过程。

（2）助力王老吉策划成功的特劳特咨询公司还为哪些中国公司塑造了成功的品牌定位？试描述这些公司的品牌特性。

（3）特劳特咨询公司的竞争对手里斯咨询公司为哪些中国公司塑造了成功的品牌定位？试描述这些公司的品牌特性。

红罐王老吉品牌定位战略

特劳特咨询公司

里斯咨询公司

任务4.2　企业竞争战略分析能力训练

4.2.1 实训目标

本任务培养学生识别企业竞争对手、分析企业竞争态势及确定企业竞争战略的能力。

具体包括以下 3 个方面。

- 识别竞争对手以及对竞争对手资料的查找、分析能力。
- 竞争战略理论知识的实际应用能力。
- 沟通表达能力。

4.2.2 任务描述

以团队为单位,任意在汽车生产与经营、旅游、饮料、餐饮及服务、家用电器等行业选择一个团队熟悉的企业为模拟企业(企业规模不限,鼓励选择地方性的中小民营企业)。

在教师的指导下完成各团队所模拟企业市场竞争战略分析的任务,掌握市场竞争战略分析的方法。

(1) 完成任务的时间和地点安排如表 4-2 所示。

表 4-2 完成任务的时间和地点安排

过　程	主要工作	所需时间/分钟	地　点
第一阶段	任务准备	90	投影多媒体教室
第二阶段	任务布置	90	有网络的多媒体教室
第三阶段	任务实施	90	投影多媒体教室
第四阶段	任务汇报	90	投影多媒体教室

(2) 完成任务所需准备的事项。

① 摄像及辅助设备用于报告答辩拍摄。

② 打印表 4-3 和表 4-4,每份表格所需份数=团队数。

③ 打印 4.2.6 小节的体验 1,所需份数=班级人数。

④ 多媒体网络教室。

4.2.3 任务步骤

1. 任务准备

(1) 召集学生到教室,教师讲解与本任务相关的企业竞争战略知识(可参照知识点拨的内容,约 80 分钟)。

(2) 组建团队。可沿用任务 1.2 分组方式,也可重新组建。

2. 布置任务

(1) 以团队为单位,教师讲述企业竞争战略知识,并向每位同学发放闭卷笔试试卷一份(见 4.2.6 小节的体验 1,约 45 分钟)

(2) 首先,各团队在队长领导下,通过取得的一手或二手资料,在充分讨论的基础上,选定 1 个企业作为自己团队要模拟的公司;其次,查找所要模拟公司的资料,书面描述公司概况；最后，组员分工合作，完成表 4-3 的填写。若公司概况描述有困难，可参考企业公司网站的企业简介加以模仿。

（3）将填好的表 4-3 在当日与 4.2.6 小节中的体验 1 企业竞争战略知识试题一并上交。

3. 任务实施

（1）各团队对所模拟的企业展开调查，撰写企业市场竞争战略分析报告。竞争报告的内容应涉及企业在产业中所处的地位，企业的主要竞争对手及其竞争策略等方面，要有必要的分析，并在当日完成表 4-4 填写后上交（约 45 分钟，也可在课后完成，注意规定上交时间）。

（2）各团队在队长带领下完成上台讲解前的资料准备工作，完成 PPT 的制作（约 45 分钟，也可在课后完成）。

4. 任务汇报

（1）上台讲解任务成果并答辩。
（2）教师点评，内容涉及报告、PPT、答辩等方面（视具体情况由教师灵活掌握）。

5. 考核

根据表 4-3 和表 4-4 的两项得分计算总得分。

表 4-3　企业市场竞争战略分析任务落实及评价

此处填写团队名称	所模拟公司名称		
	成员分工	姓　名	分　工
		队　长	
		丁　一	
		……	
公司概况			
评价	评分范围与标准	得分	总分
	团队综合评价	模拟公司确定情况	
		分工合作情况	
		公司概述情况	
		综合表现	
	队长	领导能力表现	
		思考题完成情况	
	丁一	团队合作意识	
		思考题完成情况	
	其他成员	团队合作意识	
		思考题完成情况	
	是否按时上交资料		

注：每个标准可采用 5 分制打分，总分计各标准的总和。

表 4-4　企业市场竞争战略分析及评价

此处填写团队名称	成员分工	分 工 内 容	实际完成者
		汇总报告	
		公司的产业地位分析	
		公司的主要竞争对手的竞争战略分析	
		本公司应采取的竞争战略分析	
		其他	

此处填写模拟公司名称	公司的产业地位分析(可附纸)		
	公司的主要竞争对手的竞争战略分析(可附纸)		
	本公司应采取的竞争战略(可附纸)		

评价		评 分 标 准	学生自评	教师评价
	团队综合评价	市场竞争战略分析报告	—	
		汇报与答辩情况	—	
		学生间的合作及表现	—	
	队长姓名	市场竞争战略分析报告		
		汇报与答辩情况		
		领导团队的能力表现		
	丁一	市场竞争战略分析报告		
		汇报与答辩情况		
		与同学的合作及表现		
	是否按时上交资料			

注：每个标准可采用 5 分制打分，总分计各标准的总和。

4.2.4 知识点拨

1. 识别竞争对手

1) 从行业结构角度识别竞争者

市场结构是指一个行业的组织方式,特别指行业中各公司之间的竞争关系。不同市场结构下,厂商间的竞争程度不同,如图4-2所示。

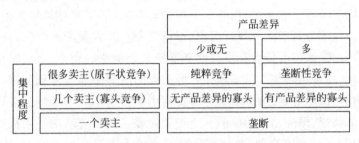

图4-2 不同市场结构下的竞争程度

任何行业都有3个重要的结构特点:一是本行业里的厂商数量,称为集中程度;二是行业里各公司所生产产品的差别程度,称为产品差异;三是新厂商进入行业的困难程度,称为渗透障碍。

一般而言,如果某个行业具有较大的利润吸引力,其他企业就会设法进入。但是,进入一个行业会存在障碍,主要包括缺乏足够的资本、未实现规模经济、无专利和许可证、无场地、原料供应不充分、难以找到愿意合作的分销商、产品的市场信誉不易建立等。其中的一些障碍是行业本身固有的,另外一些是先期进入并已垄断市场的企业单独或联合设置的,目的是维护其市场地位和利益。

2) 从消费者购买决策角度识别竞争者

每一个企业在试图为其目标市场服务时都面临着4种类型的竞争。

(1) 愿望竞争,即消费者目前有多种愿望,但限于资金有限,只能选择其中的某一部分愿望来实现。如为了买一辆新汽车或一套高级音响组合,不得不推迟出国旅游计划,这就形成了汽车制造与经销商、旅行社及酒店、音响制造与经销商等公司间的不似竞争的竞争。

(2) 一般竞争,即能满足购买者的某种愿望的种种方法。比如人们为了货币保值,可以买黄金、买古玩、买房子、买债券等。

(3) 产品形式竞争,即能满足购买者的某种愿望的各种产品型号。比如购买汽车,是自动的还是手动的;排量1.6、1.8、2.0或者更高;车型是轿车还是SUV。

(4) 品牌竞争,即能满足购买者的某种愿望的同种产品的其他品牌。如同一地区的几家银行都争着拉拢存款户。

2. 处于不同市场地位竞争者的竞争战略

按所处竞争地位的差别,市场竞争者被分为市场领导者、市场挑战者、市场跟随者和市场利基者 4 种类型。

1）市场领导者战略

市场领导者是指在相关产品的市场上占有率最高的企业。市场领导者在价格变动、新产品开发、分销渠道和促销力量等方面处于主宰地位，为同业者所公认。这种领导者几乎各行各业都有，它们的地位是在竞争中自然形成的，但不是固定不变的。市场领导者所具备的优势包括消费者对品牌的忠诚度高，营销渠道的建立及其高效运行，营销经验的迅速积累等。

市场领导者为了维护自己的优势，保住自己的领先地位，通常可以采取 3 种战略：①扩大整个市场需求。一般来说，当整个市场被开发时，居于领导地位的企业收益最大，因此市场领导者应该为其产品寻找新用户（市场开发）、开辟新用途（产品开发）和增加使用量（市场渗透）。②保持市场占有率。处于市场领导地位的企业，必须时刻防备竞争者的挑战，保卫自己的市场阵地。市场领导者可采取的防御策略有阵地防御、侧翼防御、先攻防御、反攻防御、机动防御、撤退防御。③提高市场占有率。市场领导者设法提高市场占有率也是增加收益、保持领导地位的一个重要途径。美国著名的经营战略对利润的影响项目（简称 PIMS）的研究表明，盈利率是随着市场占有率线性上升的。市场占有率超过 40% 的企业将得到 30% 的平均投资报酬率，或者它的投资报酬率是市场占有率在 10% 以下企业的 3 倍，因此，许多企业以提高市场占有率为目标。企业在应用此战略时需注意反垄断法、经营成本等问题。

2）市场挑战者战略

市场挑战者是指在市场上处于次要地位（第二位、第三位甚至更低地位）的企业，它们可以采取两种战略：一是争取市场领先地位，向竞争者挑战，即市场挑战者；二是安于次要地位，在"共处"的状态下求得尽可能多的收益，即市场跟随者。

在向领导者和其他竞争者挑战时，必须确定自己的战略目标和挑战对象，还要选择适当的进攻战略。挑战对象决定战略目标，如果以领导者为挑战对象，其目标可能是夺取某些市场份额。如果以小企业为对象，其目标可能是将它们逐出市场。无论在何种情况下，如果要发动攻势，进行挑战，就必须遵守一条原则，那就是每一项行动都必须指向一个明确的、肯定的和可能达到的目标。

确定了战略目标和竞争对手后，还要根据企业自身和竞争对手的状况，选择攻击战略。企业可采用的战略有正面进攻、侧翼进攻、包围进攻、迂回进攻、游击式进攻。

3）市场跟随者战略

市场跟随者是指那些在产品、技术、价格、渠道和促销等营销策略上模仿或跟随市场领导者的企业。并非所有在行业中处于第二或第三位的企业都可以或愿意当挑战者。实践证明，成功地采取跟随者策略的企业也能获得高额利润。跟随者获得的利益在于，由市场领导者和市场挑战者承担新产品开发、信息收集和市场开发所需的大量经费，自己则可减少支出和风险，并能避免向市场领导者挑战可能带来的重大损失。

市场跟随者战略的核心是寻找一条避免触动竞争者利益的发展道路。跟随者的战略根据其跟随的紧密程度分为三大类：第一类是紧密跟随，即尽可能在细分市场和营销组合上模仿领导者战略，但绝不超过或刺激领导者，有些甚至就是想依靠领导者对市场或产品的开发而生存和发展,从而跟着市场一起成长。第二类是距离跟随,即跟随者在目标市场、产品创新、价格水平和分销渠道等主要方面跟随领导者,而在其他次要方面采取与领导者有差异的战略。第三类是选择跟随,跟随者在某些方面跟随领导者,在另一些方面则自行其是,有时还颇有创新,但仍避免刺激对方。采取选择跟随战略的企业以后有可能发展成为市场挑战者。

4) 市场利基者战略

市场利基者是指为规模较小的或大公司不感兴趣的细分市场提供产品和服务的企业。规模较小且大公司不感兴趣的细分市场称为利基市场。市场利基者的作用是拾遗补阙,见缝插针,虽然在整体市场上仅占有很少的份额,但是更充分地了解和满足某一细分市场的需求,因此能够通过提供高附加值产品而快速成长。企业处于发展初期、尚比较弱小时大多采用这种战略。

一个好的利基市场应具备以下特征:有足够的市场潜量和购买力;利润有增长的潜力;对主要竞争者不具有吸引力;企业具备占有此补缺基点所必要的资源和能力;企业既有的信誉足以对抗竞争者。市场利基者可以从最终用户、垂直层次、顾客规模、特殊顾客、地理市场、产品或产品线、产品特色、客户订单、服务、销售渠道等多个角度实行专业化战略。为避免较大的风险,利基战略营销者通常应选择两个或两个以上的利基市场,以确保企业的生存和发展。

4.2.5 案例链接

☞ **竞争者分析案例**

以下是两种不同风格的竞争者分析。

索罗门公司是娱乐性滑雪运动器材市场的领导者,金鸡公司紧随其后位居次席。尽管在这个市场中还存在许多其他竞争者,但对于金鸡公司而言,弄清自身相对于3个最大竞争者索罗门公司、凯图公司和海德公司的优势和劣势非常重要。利用可获得的公开信息,金鸡公司针对这3个竞争者进行了详尽的分析,将其作为基准以提升自身绩效。

表4-5展示的是金鸡公司、索罗门公司、凯图公司和海德公司这4家公司的11种绩效指标。索罗门公司的市场份额和销售额较高,毛利稍低。金鸡公司的优势在于销售利润率较高。相对于凯图公司,金鸡公司的毛利率是凯图公司的两倍多。尽管凯图公司拥有最低的营销成本,但是金鸡公司在3个营销盈利指标上都胜过凯图公司和其他竞争者。金鸡公司在3项财务绩效指标上同样比这3个竞争者做得好。

表4-5 金鸡对可作为基准的竞争者进行的竞争者分析

绩 效	金鸡	索罗门	凯图	海德	优势
相对市场份额	31	52	33	20	索罗门
销售收入/百万元	558	807	582	388	索罗门
毛利率/%	64	41	30	40	金鸡
毛利/百万元	357	331	175	155	金鸡

续表

绩效		金鸡	索罗门	凯图	海德	优势
营销绩效	营销和销售率/%销售额	17.5	19.8	14.8	26.5	凯图
	净营销贡献/百万元	259	172	88	52	金鸡
	营销ROS/%	46	21	15	13	金鸡
	营销ROI/%	264	263	341	126	金鸡
财务绩效	销售回报率/%	11.3	4.8	2.7	−0.7	金鸡
	权益回报率/%	61.7	30.3	6.9	−1.1	金鸡
	投资资本回报率/%	28.5	12.3	5.2	−0.8	金鸡

注：%销售额是指占销售额的百分比。

另一种形式的分析是将指标划分为两大类别：基于市场绩效的和基于运营绩效的。每一类别又被细分为更多专门的绩效指标来评估本企业和作为基准的竞争者，如表4-6所示。

表4-6 对工业企业的竞争者分析

	竞争维度	企业绩效	竞争者绩效	绩效差距
市场绩效指标	市场份额/%	6	17	11 落后
	相对价格	115	100	15 更高
	产品相对质量	115	105	10 更好
	相对服务质量	93	113	20 更坏
	分销商数目	87	261	174 更少
	销售人员数目	36	60	24 更少
	广告和促销费用/%销售额	2.0	2.0	0 相等
	销售、总务和行政管理费用/%销售额	16.0	17.0	1.0 更低
运营绩效指标	商品销售成本/%销售额	48.0	50.8	2.8 低
	直接原材料成本/%销售额	26.0	17.6	8.4 更高
	管理费/%销售额	12.0	10.0	1.0 更高
	资产回报率/%	17.1	19.5	2.4 更低
	销售回报率/%	7.4	11.1	3.7 更低
	资产周转率/%	2.3	1.6	0.7 更高
	应收账款期/天	46	38	8 更高
	单位员工销售额/百万元	1.5	2.1	0.6 更低

注：绩效差距=企业绩效−竞争者绩效。

在这个案例中，企业拥有的市场份额几乎相当于基准竞争者市场份额的1/3。这种竞争差距与分销商数量、分销商商业场所数量以及销售人员覆盖范围方面的差距相符。为了缩小市场份额的差距，企业无疑需要检讨自己在分销和销售覆盖面方面的不利差距。

4.2.6 任务体验

体验1 考一考

1. 单项选择题

(1) 一个企业若要识别其竞争者,通常可以从(　　)方面进行。
　　A. 行业和市场　　B. 分销渠道　　C. 目标和战略　　D. 利润

(2) 在进行竞争分析时,首先要(　　)。
　　A. 建立企业竞争情报系统　　　　B. 判断竞争者的市场反应
　　C. 确定竞争者的目标与战略　　　D. 识别企业的竞争者

(3) 企业决定进入某一战略群体时,首先要明确(　　)。
　　A. 自己的竞争优势是什么　　　　B. 自己的竞争战略是什么
　　C. 谁是主要的竞争对手　　　　　D. 竞争者的优势及劣势

(4) 美国汽车市场的通用公司、计算机软件市场的微软公司、推土机行业的卡特彼勒公司、软饮料市场的可口可乐公司等,在相关产品的市场上占有率最高,这类公司是(　　)。
　　A. 市场领导者　　　　　　　　　B. 市场挑战者
　　C. 市场跟随者　　　　　　　　　D. 市场开拓者

(5) 市场占有率高于40%的企业,其平均投资收益率相当于市场占有率低于10%的(　　)倍。
　　A. 5　　　　　B. 4　　　　　C. 3　　　　　D. 2

(6) 市场挑战者如果要向市场领导者和其他竞争者挑战,首先必须确定(　　)。
　　A. 战略目标和挑战对象　　　　　B. 竞争策略
　　C. 竞争者的优劣势　　　　　　　D. 市场规模

(7) 为了向亚洲的主要金融市场东京发起挑战,中国香港和新加坡采取的策略是向顾客收取更低的费用,提供更自由的管理,努力克服官僚主义作风等,中国香港和新加坡的这种做法属于(　　)。
　　A. 攻击与自己实力相当者　　　　B. 攻击市场领导者
　　C. 攻击地方性小企业　　　　　　D. 攻击潜在竞争者

(8) 跟随在其他主导者之后自觉地维持共处局面的企业属于(　　)。
　　A. 市场领导者　　B. 市场挑战者　　C. 市场跟随者　　D. 市场开拓者

2. 多项选择题

(1) 市场领导者扩大市场需求量的途径有(　　)。
　　A. 开辟产品的新用途　　　　　　B. 产品寻找新用户
　　C. 正面进攻　　　　　　　　　　D. 保持市场占有率
　　E. 提高市场占有率

(2) 以下(　　)是市场领导者的战略。
　　A. 扩大整个市场需求　　　　　　B. 提高市场占有率

C. 季节折扣　　　　　　　　D. 保持市场占有率
E. 打破垄断

(3) 市场利基者的作用是（　　）。
A. 拾遗补阙　　　　　　　　B. 有选择地跟随市场竞争者
C. 更充分满足细分市场的需求　D. 阵地防御
E. 打破垄断

(4) 企业通常根据（　　）来决定对不同竞争者的对策。
A. 竞争者的强弱　　　　　　B. 竞争者与本企业的相似程度
C. 竞争环境的变化　　　　　D. 竞争者的数目
E. 竞争者表现的好坏

(5) 现代市场营销理论根据企业在市场上的竞争地位，把企业分为（　　）。
A. 市场领导者　　　　　　　B. 市场挑战者
C. 市场开拓者　　　　　　　D. 市场补缺者
E. 市场追随者

(6) 市场跟随者通常采取的战略有（　　）。
A. 紧密跟随　　　　　　　　B. 自由跟随
C. 刺激跟随　　　　　　　　D. 距离跟随
E. 选择跟随

(7) 香水企业可以通过（　　）战略来找到新的用户。
A. 地理扩展　　　　　　　　B. 产品创新
C. 扩大产品线　　　　　　　D. 市场开发
E. 市场渗透

(8) 一个好的补缺基点应具有的特征包括（　　）。
A. 有足够的市场潜量和购买力
B. 利润有增长的潜力
C. 对主要竞争者不具有吸引力
D. 企业具备占有此补缺基点所必需的能力
E. 企业既有的信誉足以对抗竞争者

体验2　想一想

以下是流行于网络的与竞争者类型有关的描述，许多人以为是新的发现，实现上营销知识早就提醒企业经营者要高瞻远瞩了。

现阶段打败你的不一定是对手而是一个过路人。

尼康退出中国，裁员两千人！很多人以为尼康是被同行打败，没想到居然是毫无相关的行业。尼康直接宣布破产的真相：受智能手机普及的影响！

一部热销的科幻小说中写道："我消灭你，与你无关。"这句话真够嚣张跋扈，但却充满大智慧，说明了大趋势，揭示了整个人类世界前进和发展的基本规律。

比如，康师傅和统一方便面的销量急剧下滑，不过它们的对手真不是白象、今麦郎，而是美团、饿了么等外卖平台。

比如，打败口香糖的不是益达，而是微信、王者荣耀。在超市收银台这个消费场景，过去顾客在排队缴费时无聊就往购物篮里拿上两盒口香糖，而今天大家都在看微信、刷朋友圈、玩王者荣耀。

比如，共享单车，一块钱，随便骑，骑到任何地方，停下，锁车就走，不用管。这个产品一出来，卖单车的店铺、修自行车的小摊，生意一落千丈。

怎么样，大趋势是很残酷的。说声对不起？不好意思，不关我的事，我根本没关注到你，只是一个不小心，让你倒霉了。这就叫：我消灭你，但与你无关。

在这个跨界打劫、飞速变化的时代，你永远也无法想象下个竞争对手，你也很难猜到新兴的什么行业就打败了传统的什么行业。我们唯一能做的，就是保持一个足够开阔的视野，每当有新鲜事物发生、新兴行业兴起时，多去发散思考，说不定想到的某些点，就串联成线，就可以比别人早一点看到未来，早一点抓住机遇。

你不自我革新，不自我变革，就只能等着别人来革你的命！

快到年底了，走在街上，看着川流不息的人群，小偷哭了！无现金的生活，让他无从下手，现在几乎人人都不带现金出门，一切都靠手机支付，连买菜都不用现金！一个存在了几千年的职业——小偷，就这么被毁了。而且现在连手机也很难偷了，因为走路吃饭都在看！时刻不离手！

新模式创造新生活！再不接受新事物，只能被淘汰出局！干掉小偷的不是警察，是微信和支付宝！

这个帖子写得真好，高手在民间！

问题：民间称为"跨界的竞争"，在营销学里是什么名词？这种看似非竞争的竞争，能够带给你在职业选择上什么样的思考？

体验3　练一练

扫描页边二维码，阅读材料"瑞幸会是明天的星巴克吗？"，思考瑞幸咖啡与星巴克的竞争类型。

瑞幸会是明天的星巴克吗

体验4　考一考

扫描页边二维码，观看电视剧《向东是大海》第一集前15分钟。剧中人送外号"360"的周汉良从事的"代人做孝子"的行业利润如何？原因是什么？总结影响行业利润的因素有哪些？

向东是大海

任务4.3　目标市场营销策划能力训练

4.3.1　实训目标

本任务旨在培养学生STP战略策划能力，具体分解为如下子目标。

- 具备在正确认识市场细分内涵的基础上进行市场细分的能力。
- 具备有效评价各个子市场及选定目标市场的能力。
- 具备合理运用目标市场策略的能力。
- 具备在目标市场上突出产品个性化形象的产品(品牌)市场定位能力。
- 培养学生养成系统思考的习惯。

4.3.2 任务描述

在当地选定一家规模不是很大的公司,这家公司所处的行业领域应是学生在生活中经常会接触到的,以便捕捉信息;公司的产品或服务有想象空间,易于学生创造出产品差异化特征;现有公司的经营是人们早已习以为常的模式,但营销者却能够从司空见惯的行业中识别无数潜在创新的机会(如旅行社、豆腐店、快餐店、面包店、农产品经营公司或中小型教育培训机构)。选定公司后完成对该公司的STP战略策划任务。

建议:有至少两个小组选择同一行业,以利于学生通过竞争方式获得取长补短式的提高。

(1) 完成任务的时间和地点安排如表4-7所示。

表4-7 完成任务的时间和地点安排

过程	主要工作	所需时间	地点
第一阶段	选定进行战略策划的公司	45分钟	投影多媒体教室
第二阶段	STP战略决策过程	3天左右	实地调查并完成策划(书)
第三阶段	汇报答辩	15分钟/组	投影多媒体教室

(2) 完成任务所需准备的事项。

① 摄像及辅助设备用于报告答辩拍摄。
② 打印表4-8~表4-10,打印份数=小组数。

4.3.3 任务步骤

1. 召集学生到教室,确认分组

可沿用任务4.2的分组情况,也可视具体需要重新分组。

2. 布置任务

(1) 首先通过阅读案例最酷的豆腐、同心园细分饭店消费群、细分旅游市场如此多娇等案例(见4.3.5小节),启发思路。

(2) 各团队选定进行 STP 战略策划的公司所属类别：①旅行社；②豆腐店；③快餐店；④面包店；⑤农产品经营公司；⑥中小型教育培训机构。

根据班级团队数,每两个团队选择 1 个行业,若有单数团队则由其任意加入某两个团队的那个行业。

(3) 假定公司能筹措到足够的资金为各团队所做的符合消费者需求且投资收益预期高的方案做支撑。

3. 各团队进行 STP 战略决策过程

(1) 完成战略决策所需的资料准备。
(2) 根据消费者的需求说明市场细分的标准及变量选择。
(3) 对子市场进行评价的指标描述,包括市场需求状况、竞争总部及企业自身资源与市场的吻合度；细分市场的投资回报水平等。
(4) 说明公司最终目标市场的确定,并对目标市场的需求进行完整描述。一个完整的目标市场描述至少应包含以下内容：①人口统计特征,如年龄、性别、婚姻状况、种族、教育、家庭收入、社会阶层、地理区域、职业特征及其他地理上的或市场分析上的因素等；②生活形态和消费心理方面的特征,如媒体习惯、生活方式等；③当前顾客购买行为特征,如消费习惯、对产品的态度、对目前公司营销方式的反应等。
(5) 根据目标市场特点进行产品市场定位策略。
(6) 将整个过程写出书面策划方案并上交。
(7) 制作策划汇报用的 PPT。
(8) 由队长填写并上交团队成员分工表(见表 4-8),在分工表中要体现上述 7 个环节的工作分配。

表 4-8　团队成员分工

团队名称			
成员分工	姓　名	任务及完成情况描述	得分
	队　长		
	丁　一		
	……		

4. 汇报答辩过程

(1) 各组随机抽取报告顺序号,教师发放表 4-9。
(2) 教师宣布注意事项后由团队开始报告,同时助教开始摄像,每组报告答辩的时间在 15 分钟以内。
(3) 报告答辩后各组上交表 4-9,并安排学生将实训现场打扫干净后离开。

表 4-9　STP 战略决策报告答辩评价

出场序号：_____　团队名称：_____　评分团队：_____

	能 力 点	等级					权重	得分	总分
		5	4	3	2	1			
团队得分	声音清楚、充满自信						0.3		
	幻灯片形式与讲解结合自然						0.2		
	表达完整、思路清晰、易于理解						0.2		
	回答提问情况						0.3		
个人表现	姓名及表现内容	5	4	3	2	1			
	队长							—	—
	丁一								
	……								

5. 考核

本次考核依据表 4-8～表 4-10 综合评定，具体办法如下。

（1）由表 4-8 和表 4-9 中的个人得分计算出个人得分系数（满分系数为 1）。

（2）用所在团队表 4-10 的得分乘以个人得分系数即为该学生本次实训任务的成绩。

表 4-10　STP 战略决策方案评价

团队名称：_____　教师签名：_____

		能力点	等级					权重	得分	总分
			5	4	3	2	1			
方案得分		细分标准的购买者导向性						0.2		
		细分市场的内部相似性						0.1		
	目标市场评价	细分市场的潜力						0.2		
		目标市场的竞争强度								
		企业资源与目标市场的吻合性								
		目标市场的投资回报水平								
		目标市场营销策略选择的可行性						0.2		
		产品在目标市场上的特色定位						0.2		
		其他加分项目						0.1		

4.3.4　知识点拨

1. 市场细分标准的选择应以顾客需求为出发点

与其说市场细分是一种方法，倒不如说市场细分是一种意识或观念，任何企业都无法满足所有人的所有需要。因此，如何在资源有限的条件下，选择最佳的服务人群，希望自己所拥有的资源效用发挥到最大，市场价值回报最高，是任何企业都梦寐以求的。所以，市场细分的根本思想就是扬长避短地寻找属于自己的客户群并为之服务。

在学习营销理论的过程中,教科书上列出了市场细分的标准及具体变量。这些标准及变量是总结了成功企业的经验而来,目的在于给后来者以启示,开拓营销者的思路,养成营销者从不同的角度、用不同的标准多角度观察事物的习惯,培养学习者发现市场机会的"慧眼"。标准与变量随时可以创新,并不是一成不变的。因此,虽然学生在教科书上学习了理论上的细分标准或变量,但这并不意味着企业一定要以它们为出发点,以它们为标准来进行市场细分。无论何时何地,企业进行市场细分的出发点永远都是营销学所提出的企业营销活动的中心,即消费者的市场需求。企业要了解消费者在购买、使用产品或服务的过程中,对产品或服务提出的问题或新的要求。对这些问题或新的要求的解决方法就是最好地满足顾客的利益。曾在 1995 年一上市就大获成功的白加黑感冒片,就是将老百姓日常生活中抱怨多年的问题,感冒吃药容易犯困影响白天上班或上学,加以重视并给予了解决,提出了"白天吃白片,晚上吃黑片"的非常朴实但极其有效的营销策略。

企业要重视顾客的使用商品信息,通常可以从两条途径获得这些信息:①对本企业顾客的追踪调查,如顾客的意见、抱怨或建议等;②发现竞争对手的顾客对其所消费的产品或服务的不满,这里往往蕴藏着巨大的商机。当企业将顾客对商品需求的不同信息进行分类,就会形成不同的"顾客群"。比如,在美容化妆品市场上,顾客对商品利益的追求差异就可以构成市场细分的标准:有的顾客想要皮肤更细腻;有的顾客追求的是美白;有的顾客想要防止皮肤干燥;有的顾客是治疗面疮、斑等疾病;有的顾客只是一般保养。再比如,在金融理财市场上,根据购买者追求的利益,可以将市场细分为以下 3 个子市场:①寻求在税收负担最小化的前提下收益超过通货膨胀率的投资项目的投资者;②寻求在有限风险前提下能提供增值的投资项目的投资者;③寻求在风险最小化的基础上产生高水平当期收入的投资项目的投资者。

所以,企业市场细分标准的确立一定源于企业营销者对市场的把握。比如,不满意的顾客提出的改进意见可能使企业发现市场细分的标准,海尔集团小小神童洗衣机的问世正是由于总裁张瑞敏接到了一封顾客来信,信中说现有容量大的洗衣机在夏天洗衣时使用极其不便,因为夏天的衣服单薄且量少(每天洗),太浪费水电……这提醒了海尔人,他们在调查的基础上率先推出了以"消费者使用量"为市场细分标准的小小神童洗衣机。这款洗衣机上市之初,曾在我国几大"火炉"城市严重脱销。再以信息时代人们生活方式的改变为例,当企业要满足的是"足不出户便能买到自己想要的商品的人群"时,网上产品服务商的市场细分标准自然选择的是"购买地点";当打个电话就可以解决自己的午餐或晚餐时,必胜客宅急送等外卖快餐店的细分标准之一无疑也是"购买地点"。仔细发现,生活中有许多企业以顾客的需求为中心,用智慧创造着自己的细分标准:当你想为异地的朋友、亲人在特殊日子送上一份鲜花祝福时,小丑鲜花店清楚地知道顾客"所追求的利益",在送出鲜花的同时也送去了最快乐的祝福;当一位教授在情人节那天用一根红丝带将一个红苹果和一个绿苹果系在一起成为高校校园里情人节的畅销礼物时,他选择的细分标准是"购买时机"……只有真正关心、关注消费者、通过不断创新满足消费者需求的企业,才是真正的营销导向型企业,其生命力才会旺盛。相反,口头上高喊"顾客是上帝",但私下里却只关心自己"腰包"而忽略顾客真实需求的"伪营销"企业,其生命一定是短暂的。

随着社会科技的进步,人们生活水平的提高,消费需求的差异性越来越明显。想取悦所有人的企业最终将会失去很多人。因此,企业需要从整个市场中发现那些可以高效发挥自己所拥有资源的消费者群体,有的放矢地为他们提供所需要的服务。

企业营销活动永远与创新相联系,因为环境永远都在变化,如何创造性地适应环境是企业生存的永恒主题。企业营销,包括它的一切构成要素及其系统组合,都是以满足顾客需求而获利为目的、创造性地适应环境为实质而诞生的。

2. 目标市场选择的依据

企业目标市场是否适当,直接关系到企业的营销成败及市场占有率。因此,选择目标市场时,必须认真评价细分市场的营销价值和投资回报水平。评价细分市场通常需要考虑以下几个因素:细分市场的潜量;细分市场的竞争状况;企业资源与市场特征的吻合度;细分市场的投资回报水平。

3. 定位的含义

定位一词是由两位广告经理(艾尔·里斯和杰克·特劳特)于1972年发表了一篇名为"定位时代"的系列文章后流行起来的。他们认为定位是为一种商品、一种服务、一家公司、一个机构或一个人所做的事情。然而,定位并不是要求你对产品做什么,而是应该在企业的潜在顾客心目中做些什么,使产品能够在潜在顾客的心目中找到一个适当的位置。定位可能导致产品名称、价格和包装等的改变,但是这些"外表变化"的目的是为了保证产品在潜在顾客的心目中留下值得购买的深刻印象。这一理论包含了较多企业经营管理方面的活动,对企业营销活动有着战略性的指导意义,所以不仅局限于广告界,在企业的营销活动中也被广泛采纳。

菲利普·科特勒在其《营销管理》(第12版)一书中对定位是这样描述的:定位就是对公司的供应品和形象进行设计,从而使其能在目标顾客心目中占有一个独特的位置的行动。其目标是在消费者的心里通过品牌的潜在好处将公司的优势最大化。一个好的品牌定位有助于营销战略的制定,指导确定消费者希望达到的目标,以及通过何种独特的方式来达到。定位的结果是成功地创立一个以市场为重点的价值建议,它简单明了地阐述了为什么目标市场会购买这种产品。

营销活动中,企业对产品或品牌的定位可以从产品实体和消费者心理(品牌形象)两个方面入手。产品实体定位是指依赖产品在某些方面独特的特点,并借助各种宣传方式在消费者心目中强调这一特点,使消费者识别并购买产品。显而易见,这种实体定位是以产品功能具有明显的差异性为前提的,在科技日益发展的今天,一种产品的新功能很容易在短时期内被竞争者所仿效,所以产品实体定位发挥作用的时间较短。而对于心理上的定位来说,它起因于消费者心理上的某种观念需求借助于某一物品展示出来,如希望显示身份、地位,希望被他人评价为有独立的个性,喜欢自由、奔放等,而一旦自己企业的某种产品被选中(当然是通过企业的营销努力而取得的),则消费者所希望具有的观念将会附加到企业的该种产品及其品牌上,并长久不衰,除非这一观念被淘汰。也就是说,产品的心理定位发挥作用的时间更长,且发挥作用的层次也较高。美国著名的广告人大卫·奥格威于20世纪60年代中期提出:每一品牌都应发展出一个形象,常见的形象是人和动物,使消费者在购买该产品时,不仅能够获得物质上的利益,也能获得心理上的满足。每一则广告都应该是对该产品品牌形象的"长程投资",消费者在购买产品的同时,也购买了该产品或产品承诺送达给消费者的物质上及心理上的各种利益。

4.3.5 案例链接

☞ **最酷的豆腐**①

一块豆腐,菜市场的配角,凭什么一年能销售50亿日元?帅哥明星"男前豆腐"在日本上演了一场传统行业的创意秀。

在我们传统认识中,豆腐就是白花花、软乎乎的食品,属于"大宗商品",价格低廉,进入门槛低,并且永远默默地待在菜市场最不起眼的角落。豆腐作为卑微的配角,千百年以来几乎没有多少变化,毫无特色和高价值可言。

男前豆腐店

然而,2005年这个固有印象被颠覆了,因为当年日本出现了一个性感前卫的豆腐,品牌名叫"男前豆腐"。何谓男前,日语"男前"的意思就是"英俊帅哥",怎么豆腐和帅哥扯在了一起?

生产男前豆腐的是一家叫作三和豆水庵的食品公司,位于日本茨木县古河市。这家公司经营豆腐30多年来,基本上和其他豆腐店没有多少区别,卖的是标准尺寸的廉价水磨豆腐,3块仅售100日元(大约合人民币6.7元),以保持竞争力。

2005年3月,三和豆水庵社长的儿子伊藤信吾不满足于"3块豆腐100日元"的卖法,决定打破几十年做"标准豆腐"的传统,和几个华裔、欧美人士开发了一种全新概念的豆腐品牌,男前豆腐。

伊藤信吾从改变豆腐传统的四方形状着手进行变革。由于豆腐绵软,放多了固化剂反而影响品质,变成了老豆腐,因此他将豆腐的造型进行了改良,做成了水滴形等异形,将豆腐放入瘦长形或琵琶形的塑料容器里,并起了一个非常不像豆腐店的名字:男前豆腐店,意即"男子气概豆腐店"。软软的豆腐变成了男子汉的象征,给消费者的认知和感官带来了很大的冲击,这种做法一下子从众多的日本豆腐品牌中脱颖而出,站在了时尚潮流的前沿。

如果你以为男前豆腐只是摆酷,那就错了。

男前豆腐选择的原料是高于一般大豆价格4倍的北海道大豆,以及冲绳岛的苦汁,吃过的人都表示从未吃过这么味道醇厚的豆腐。而且包装还特别在豆腐盒底层设计了隔水板,让豆腐和所渗出的水可以分开。该店的人气商品"吹风的豆腐JONNY"则是水分非常多,几乎是入口即化,味道较清淡,有大豆自然的甜味,不少人把它淋上黑蜜直接当甜点吃,而它特殊的形状和制作方法也引起了网络上热烈的讨论和猜测。

男前豆腐在产品开发方面独具匠心,令人印象深刻。他们为豆腐店设计了有些缺点但却充满气概的5个角色:TAMOTSU、DonDondoko、OSAMU、OJOE、JONNY,大多数

---

① 刘拓.上海劲释咨询品牌顾问[J].商界·评论,2009(10).

商品是以这些人物来做独特命名的。比如跟店名相同的男前豆腐、做成像桨一样的"吹风的豆腐JONNY"、做成饭匙样春夏限定的"吵架至上凉拌豆腐小子"、秋冬限定的"吵架至上汤豆腐小子"以及厚炸豆腐队长、豆腐丸队长等,摆在货架上,单看包装就足以吸引消费者的眼球,见图4-3。

图 4-3　男前豆腐店角色

让人不可思议的是,男前豆腐不仅仅把豆腐做得别具一格,新意十足,在营销上更是颠覆传统。估计任何一个首次造访其官方网站的人,一定会认为这是一个摇滚乐团或者动漫公司的网站,动感十足。

网站将男前豆腐店的商标图案制成待机图案和Flash游戏,还做成故事连载并发售该店的周边商品,提供各类人物壁纸下载,推出原创CD,甚至将网站所出的独特歌曲制成可以下载的手机铃声,比如JONNY的喊叫声在一段时间内响遍了京都的大街小巷。当年,男前豆腐的网站设计被选为"2005年文化厅媒体艺术奖"审查委员会推荐作品。日本玩具大厂BANDAI与其密切合作,将其8种豆腐产品制成扭蛋玩具、钥匙扣、冰箱贴等,将豆腐店热潮蔓延到玩具上。

后来,伊藤信吾从三和豆水庵独立出来成立了男前豆腐有限公司,销售男前豆腐及其衍生品。这些豪华型的豆腐售价很高,一块平均售价300日元(20.24元人民币,按照1元人民币兑换14.82日元换算),比普通豆腐贵3倍以上,有的甚至贵6倍,但仍受消费者追捧。这种既健康又炫酷的摇滚豆腐,在《日经商业周刊》调查的"2006日本年度热门商品"中,高居第6位。2005年,男前豆腐创造了一年卖8万盒豆腐、年销售额高达50亿日元的业绩。

☞ **同心园细分饭店消费群**

在扬州市维扬区四望亭路的美食街上,有一家小店,店面不大,食客却络绎不绝,天天爆满,特别是双休日,常常要早去或者提前预订才能排上队,这就是扬州同心园饭店。其经营面积约250平方米,餐位100多个,大厅餐位每天翻台至少3次。这样火爆的小店,到底有什么经营秘诀?

同心园总经理李伟认为,对于拥有悠久饮食文化的扬州来说,非价格竞争已成为餐饮营销的发展趋势。他很善于琢磨顾客心理,对于饭店的顾客群进行了细分化分析,针对3个不同类别的消费群体——游客、学生、居民,采取灵活多变的营销策略,牢牢吸引住了不同类别的消费者。

1) 淮扬特色吸引游客

由于游客大多是以旅游娱乐为目的,有地方特色的菜品才能吸引他们,同心园针对游客专门推出淮扬特色菜,以独特的口味抓住游客的味蕾。春季和夏季是瘦西湖旅游的高峰期,每到这时,由同心园厨师长选出最新的特色菜组成淮扬特色菜单,放在菜谱第一页,并辅以个性化推荐,游客一目了然地发现自己所需,自然吃得开心。

对于消费心理,同心园进行了深入的分析。团队旅游的游客一般不会来小店,来的大多是散客,两三个人很常见,这样的客人一方面希望品尝地方特色美食,另一方面追求经济实惠。为此,同心园实行小份点餐,方便顾客品尝。

在同心园,游客们既品尝了美食,又花钱不多,感觉很超值,临走时往往会索要名片,留下地址和联系电话,回去后向亲朋好友宣传。每年都有很多游客慕名而来,游客的口口相传成就了同心园在景区餐饮中的好口碑。

2) 实惠促销赢得学生

学生是一个独特的餐饮消费群体,大多数学生的经济能力有限,虽不富裕但仍有很多聚餐的机会,要求饭菜价格实惠,口感美味。在校园中,口口相传有着很强的号召力,好口碑是餐饮店实力的象征。

同心园为校园各种文体活动提供赞助,针对大学生的促销信息,都是实在的、实惠的。大学校园里晚会、演讲比赛等各种文体活动很活跃,而组织者往往缺少资金来源。于是同心园就借助活动机会提供赞助,积极参与到校园活动中,形成与学生的互动,树立了同心园在学生中的知名度和品牌形象。逢节庆日还专门策划一些针对大学生的促销活动,对大学生有特殊的优惠,这对大学生们有着很强的吸引力。一系列的促销措施,使同心园在大学校园里的名声很大。逢大小聚餐必去同心园,同心园成为大学生们的不二选择。

3) 标准菜谱深入民心

居民是同心园一个很大的顾客群。同心园采取产品差异化和创新菜品策略,针对居民专门推出标准菜谱,每个菜谱都由厨师长精心选材、合理配菜,为订餐者量身制定。菜品组合多样,并随时融入创新菜品,随时更新,使居民每次光顾都有新的感受。

同心园的人均消费标准是 25~30 元,而标准菜谱的人均标准是 40 元。

对于居民的营销,也要加强宣传和反馈。同心园会定期到小区内发放订餐卡,并将特色菜、创新菜和促销信息印到宣传单上投放到居民家,让居民随时了解同心园的动态,随时订餐,在小区范围内还提供送餐服务。此外,同心园还细心保存顾客的订餐信息,如对于订过生日宴的顾客,在第二年会打电话询问是否继续预订等,让顾客感受到贴心、细致的服务。对于自身的标准和定位,同心园有很明确的认识。当订餐超过 40 元的人均消费标准时,比如七八个人要订 700 元的餐,服务员会委婉地拒绝,或与顾客协商降低标准。总经理李伟说,小店要有小店的标准和原则,小店服务员的服务水平达不到星级标准,环境讲求简洁干净就很好，也达不到高消费的水准，我们小店走不了高端路线，只要在自己的标准下，精耕细作，做出业绩来，就很可贵！李伟的目标是做好本店的同时，扩大规模，开出二店，两店联动，在获得足够的经验后，逐渐走上连锁的道路。

☞ **细分旅游市场如此多娇**[①]

据2002年4月15日《洛杉矶时报》旅游专版报道，团队旅游和20世纪70年代的时装一样，又回到美国，正蓬勃地发展着。1999年全美团队旅游业务费用达到80亿美元，参加团队旅游的美国人数达到1000万人。长期从事这方面业务的旅行社表示现在的团队旅游今非昔比。曾几何时，在个性飞扬的20世纪80年代，美国人散客自助游蔚然成风，给传统的组团旅行社重重一击。时至今日，团队旅游在美国经过悄悄的变革之后，又卷土重来，并赋予了新的内容。人们参加团队旅游不仅省心、经济、便利，更重要的是他们也能像散客旅游那样收获更多的体验，得到更多个性化的服务。事实上，此旅游团已非彼旅游团，如果说，目前占绝大多数的属传统旅游团，未来则属于个性化旅游团。要想做到这一点，必须有效地细分市场。

任何企业都无法满足所有人的所有需求。旅行社要想取得成功，必须将资源有效地集中在一点上，在某一个领域中成为专家和权威，充分满足目标顾客群的需求。不仅要做到"顾客满意"，而且能做到"顾客赞扬"，因为前者别人一般也能做到。在取得这个领域的优势和经验后，再向其他细分市场进军，确保所做的领域都是数一数二的。切记，在非垄断性行业中，只有最专业、最具规模、最了解其目标顾客的企业才能很好地生存并发展下去。

深圳国旅新景界在旅游市场上有效地运用STP战略使企业获得极大的成功。下面就是它策划的成功案例，"深圳情旅"引发单身旅游市场。

2002年4月9日的《深圳晚报》用整版图文并茂地作了如下报道。

月亮山下牵牵你的手　漓江水边亲亲你的嘴
像　神　仙　一　样　谈　恋　爱

"深圳情旅"是《深圳晚报》和深圳国旅新景界旅游俱乐部联合主办的，"阳朔之约"是活动的第一站。此次从200名报名者中选出18对男女：平均年龄28岁，婚姻大事至今没有解决。

桂林山水甲天下，阳朔山水甲桂林。两天的时间里，"深圳情旅"的团友们在阳朔过上了神仙日子，旖旎的月亮山、清幽的漓江水、古朴的小渔村、浪漫的洋人酒吧。秀丽的风景给他们提供了轻松的氛围，而主办者煞费苦心设计的一连串活动更给他们创造了交往的契机。新颖的"问候语"、趣味的"健身操""看家厨艺大赛""竹筏山歌对唱""榕树下面抛绣球""鸳鸯组合""按摩椅"等游戏让团友们兴致盎然。

慢慢地，单身男女们抛弃了最初的羞涩，开始了自然而又自由的交往，并在交往过程中暗自观察着、挑选着、表达着。

---

① 朱玉童先生的学术讲座，2005年。

表达的方式自然不同,有的通过邀请对方坐情侣车,有的在徒步过程中结伴同游,还有一个男士用猜字谜的方式表达自己的心声,其谜底就是"爱一个人好难"。

国旅的几位导游不仅一直在刻意营造气氛,还成了记者的"耳目",不时向记者报料:你看那一对,挺有戏的!他们两个,昨晚一起去逛西街酒吧了!也有人向记者或者导游诉苦:"我怎么可以追到她?"

其实,我们的心比他们还着急。是啊,有什么比看到有情人牵手更快乐的呢?特别是作为活动的主办方。

到出结果的时候了。在返程前最后一顿晚饭时,导游给每位团友发了一张小卡片,要求他们在卡片上写出自己的"心上人"。你猜怎么着?竟然有6对速配成功!这个结果连几位导演也连称:太棒了!

在返回的大巴上,速配的"准情侣"闪亮登场,高潮也因此来临。每一对的出场都赢得了疯狂的掌声和欢叫声,当然其中也有人大叫:"我要竞争!她属于我!"

速配成功的6对男女中,有的是因为骑单车"骑"出了感情,也有的是一把小阳伞"遮"出了感情,还有的是电话"聊"出来的感情。还有一对,竟然是自己记错了对方的号码误撞上的,女孩子起初不太愿意,但男士声情并茂地唱了一首"明天你是否依然爱我",打动了女孩的芳心。

自此,深圳国旅成功进入了一个全新的旅游市场。

在当前的市场经济中,无差异营销显然已经越来越低效,努力讨好所有人的结果,就是谁也讨好不了,谁也不满意。市场细分就是识别消费者需求的种种差异性,选择适当的销售对象作为自己的目标市场,单身白领这个细分子市场在深圳这个移民城市里有着巨大的空间和机会。深圳国旅新景界公司就是成功地利用了这一商机。该公司的其他两项旅游产品策划,也足以引发我国旅游界人士的思考。

策划一:深圳—香港线路

价格:2320元

广告标题:父亲节给爸妈一个惊喜!

说明:将这一线路定为高价旅游产品,利用深圳是一个"移民"城的特点,在父亲节推出这一体现亲情的广告,同时加强产品服务中的各种服务,如随行配有保健医生;过境办理手续时将办事员请到车上进行办理,以减少老年人上下车的不便;关注老年人饮食习惯,在旅途全程提供老年人喜爱的营养、清淡、卫生、品种多、分量足的高质量精美饮食……

策划二:西部科考游

广告标题:深呼吸一次……
　　　　　足足回味一辈子

说明:这是针对青年人所设计的旅游线路,价格较高。在旅游活动中采取无导游的自助形式,随行只有一个科考员。

4.3.6 任务体验

体验1 想一想

1) 关于市场细分标准的问题

(1) 比较表4-11左栏和右栏对牙膏市场的划分,判断出哪种是市场细分。

表4-11 对牙膏市场的两种划分

根据牙膏的功能不同,将牙膏市场分为	根据消费者所追求的利益不同,将牙膏市场分为
含氟牙膏	保护牙齿牙膏
美白牙膏	除口臭牙膏
防过敏牙膏	洁白牙膏
防牙结石牙膏	去烟渍牙膏
防牙菌膜牙膏	治牙病牙膏

(2) 阅读下文,说出产品功能细分与市场细分的根本差别在哪里。

目前,在大中城市中,液态奶已经成为一种普通的食品和日常用品,消费者对产品的要求一般是新鲜、纯净。而消费者购买奶粉则主要是为了满足一些特殊的需求,如用婴儿配方奶粉来代替母乳喂养、中老年人补钙、学生增强抵抗力、女性为了减肥饮用脱脂奶粉等,对奶粉的功能性要求越来越高。

2) 关于目标市场营销的问题

某具有互联网医院职业资格执照的公司医学网站,利用民众对医疗机构专业性的信任度,宣布了他们的研究发现:防晒霜不仅有满足大众女性原本的认知变白、变美这种人类在社交活动中获取尊重的精神方面需要,还有防紫外线伤害皮肤、防衰老的功效,对这种功效的需要则属于人类在生存过程中获得身体安全保障的物质层面的需要。

于是,该公司在为其推荐的××品牌防晒霜定位时,将产品特点定位在防衰老这一卖点上,通过聘请专业医师对大众进行皮肤方面的在线问答,影响人们的认知,引导消费者重视防晒霜的防衰老功效;同时运用反光T恤、反光实验室的概念触达消费者,让消费者感知并认同防晒霜是用来抵抗衰老的,强调其产品更满足消费者基本的物质层次的需求。

仅从营销目标市场战略角度分析其商业行为,回答以下问题。

(1) 追求防晒霜的防衰老功能的人群与追求变白、变美的人群是否一致?

(2) 防晒霜的防衰老这一功能是否是其品牌独具的卖点?公司若不能证明其他品牌防晒霜没有防衰老功能,是不是这一卖点起到了为别的品牌作嫁衣裳的结果?

(3) 这一定位是否确定了公司品牌满足消费者基本需求还是选择需求(参考8.2.4小节中的广告战略决策)的品牌形象?

3) 关于市场定位的问题

老子云:"反者道之动也。"作为中国历史上最受推崇的哲学家之一,在今天,老子的思想精髓却常常被人们忽略,其思想的价值远未被发掘。年纪越大,我越体会到古老哲学的绝妙,在其面前,当今充斥各种管理术语的商业杂志的作用显得何其微小。

"反者道之动也",你怎么看这句话?很少有营销人员会这样看问题。他们觉得起作用的战略逻辑是"比竞争对手做得更好"。毕竟对手们都不是傻子,他们肯定知道自己在做什么,"即使对手们做错了,我们也是错着并赢着的一方——因为我们错得更完美"。

海尔在美国市场上有得有失。它的成功战略跟老子提出的思维有不谋而合之处,而它的失败又跟忽略老子的哲学思想有关。

海尔的年销售额为150亿美元,是世界排名第二的电器生产商,仅次于年销售额为194亿美元的惠尔浦。海尔起初在美国市场上做得非常成功,当时它聚焦做大学宿舍使用的迷你冰箱,这是一个被惠而浦、通用电气、伊莱克斯、LG等聚焦高端电器的生产商所忽略的市场。事实上,今天的冰箱越来越大,豪华程度也日新月异,LG甚至推出了一款门上装有电视屏幕的高端冰箱。海尔反其道而行之,成为美国廉价迷你冰箱的大赢家,这就是海尔的成功故事。

但很快海尔就遭遇了滑铁卢:它在南加州卡姆登兴建了一个大型工厂,生产成本约为2000美元的大型高价冰箱。这款冰箱卖得很差,海尔的美国工厂基本上一直在亏钱。据《华尔街日报》报道,"(海尔)这款新的高端冰箱着实受到了冷遇"。财务报表已经表明海尔的策略不起作用,根据中国信息部门的数据,海尔2006年的毛利为2003万美元,只占销售额的0.13%,而惠而浦税后纯利润占总销售额的3.1%。

海尔本不应该跟惠而浦和通用这些著名品牌做正面对抗,它要做的是在最初成功的战略上继续聚焦迷你冰箱。

"反者道之动也"。如果海尔人对老子抱有信心,那么他们早就应该接受这种观点。换句话说,迷你冰箱的市场比正常尺寸的厨房冰箱要大多了。为什么海尔对迷你小冰箱的理解只局限在大学寝室呢?

问题:

(1)迷你小冰箱除了大学寝室外,还有哪些领域可以进入?

(2)中国市场是否需要迷你小冰箱?你能拿出具体的STP设想吗?

体验2 练一练

在当地选择一家在STP战略上有特色的公司,带领学生观察或参观,分析该公司的STP战略并研究该公司是如何满足客户需求的。这一工作可以为下一实训任务打下基础。

建议有条件的学校选择必胜客餐厅与必胜客宅急送,让学生通过对同属一家公司的两种经营模式比较分析,深刻体会STP战略及保证战略成功的营销组合战略之间的密切联系,感受系统组合思维对企业营销活动的重要性。

体验3 考一考

根据内容描述写出企业所采用的6种市场定位策略。

(1)在家电行业里领导者的地位如果已经确立,那么某企业可以在电冰箱(或洗衣机等其他细分市场)行业里争取领导地位。这种市场定位策略的名称及主要内容是＿＿。

(2)企业在具备一定条件后,可以同自己实力地位相当的企业进行正面争夺目标市场。例如，在我国的饮料市场上，两大进口可乐公司百事可乐公司与可口可乐公司之间势均力敌式的竞争。百事公司采用的市场定位策略是＿＿＿＿＿＿，其主要内容是＿＿。

（3）日本在汽车、家用电器方面在国际市场上处于领先地位，但在计算机行业则不如美国，因此在此领域内日本企业主攻欧、亚等中、低层次市场。这种定位方式的优点是能够迅速打开市场，并在消费者或用户心目中迅速树立起一种形象。市场风险较小，成功率较高。这种市场定位策略的名称及主要内容是＿＿。

（4）在美国的出租车业中，艾飞斯（Avis）公司连续赔了13年后才承认自己是第二，此后3年，公司的利润成倍增长，由120万美元增至500万美元。该公司在其广告中称"在出租业中，艾飞斯不过是第二位，那么为什么还租用我们的车？因为我们更加努力呀！"我国蒙牛乳业在早期创业时的"创内蒙古第二品牌""向伊利学习"成就了现在的蒙牛集团。这种市场定位策略的名称及主要内容是＿＿。

（5）百事公司在推出汽水七喜（Seven-up）时，声称自己是一种"非可乐"（并不直接说自己是一种汽水）。而事实上，"非可乐"不等于汽水，但正是由于其说明了自己不是一种可乐，所以当不喝或者不想喝可乐的人在打算喝某种饮料时直接想到的是七喜。这种市场定位策略的名称及主要内容是＿＿。

（6）从2000年9月至2001年12月，蒙牛推出了公益广告"为内蒙古喝彩·中国乳都"。在所投放的300多幅灯箱广告中，正面，万马奔腾图上高书：为内蒙古喝彩，下注：千里草原腾起伊利集团、兴发集团、蒙牛乳业，塞外明珠耀照宁城集团、仕奇集团，河套峥嵘蒙古王，高原独秀鄂尔多斯，西部骄子兆君羊绒……我们为内蒙古喝彩，让内蒙古腾飞。背面：推出我们共同的品牌——中国乳都·呼和浩特。这种市场定位策略的名称及主要内容是＿＿。

（7）在20世纪80年代的北方某省会城市，有一家小型集体所有制制鞋企业，以仿造当时最有名气的上海市名牌达胜（Victory）进行生产，由于在时尚性、工艺、质量、品牌等各方面都较差，所以一段时间后企业产品滞销，濒临倒闭。厂长在无奈下，派出全厂员工到各大百货商店去观察，看是否有顾客想买却买不到的鞋。几天后一位工人回来告诉厂长，只有小脚老太太穿的"三寸金莲"鞋脱销，顾客很难买。于是，这家企业以小脚老太太这一特别人群为目标市场，考虑到购买者多数是老人们的子女，于是将产品定位在高价高质量上，以此为基础进行营销，最后使企业起死回生。这种市场定位策略的名称及主要内容是＿＿＿。

（8）在企业营销史上非常有名的一个案例就是泰诺（Tylenol）通过重新为阿司匹林（当时止痛药市场上的品牌领导者）定位，达到了取代其市场领导者地位的目的。泰诺通过列举阿司匹林所带给消费者的不良危害（即人们常说的药品所含的副作用），一举掀翻了阿司匹林在止痛药市场上的"老大"的位置。泰诺在它的广告中是这样描述的：有成千上万人是不应当使用阿司匹林的。如果你容易反胃……或者有溃疡……或者你患有气喘，过敏或因缺乏铁质而贫血，在你使用阿司匹林前就有必要先向你的医生求教。阿司匹林能侵蚀血壁，引发气喘或过敏反应，并能导致隐藏性微量胃肠出血。这种市场定位策略是_____，采用这一策略企业应注意的问题是_____。

体验 4　赛一赛

事先发给每个团队 1 张答题纸。请学生阅读下面案例讨论后将答案写在答题纸上。限时 10 分钟，收齐后由教师评分，并点评。

2002 年宝洁公司所推出的第一个针对中国市场的本土品牌润妍洗发水一败涂地，短期内就默然退市。润妍洗发水的推出，是为了应对竞争对手对其持续不断发动的"植物""黑发"概念进攻。在对手们"植物""黑发"等概念的对比下，宝洁旗下产品被贴上了"化学制品""非黑发专业产品"的标签。

为了改变这种局面，宝洁从 1997 年调整了其产品战略，决定在旗下产品中引入黑发和植物品牌。在新策略的指引下，宝洁按照其一贯流程开始研发新产品，从消费者到竞争对手，从名称到包装，处处把关，整整花费了 3 年时间。

润妍采用和主流产品不同的剂型，需要经过洗发和润发两个步骤，比起 2 合 1 产品，消费者洗头时间延长了 1 倍。润妍把目标消费群体定位在高知识城市白领女性，然而这个群体对黑发并不在意。在价格上，润妍沿袭了飘柔等旧有强势品牌的价格体系，在这种价格体系下，经销商没有利润，又不能不做，润妍的价格政策导致经销商对其采取了消极态度。

润妍在传播时，黑发概念强调不力。同样是"植物""黑发"概念的夏士莲黑芝麻洗发水，因其强调黑芝麻成分，可使消费者由产品原料自然而然地对产品功能产生天然联想，达到事半功倍的效果，而润妍的传播却缺少这样的产品功能诉求。

问题：润妍失败的原因是什么？

任务 4.4　营销组合要素策划能力训练

4.4.1　实训目标

本任务重点培养学生具备与目标市场策略相适应的营销组合各个要素的策划能力，具体包括以下 3 个方面。

◆ 营销组合中各要素的策划能力。
◆ 营销组合各要素与目标市场策略相协调的能力。

◆ 系统思维能力。

4.4.2 任务描述

对他人成功或失败的案例进行学习与反思,是提升营销策划能力的重要途径之一。汲取的营销知识虽然不能保证每一次营销活动的成功,但却可以大大降低失败的可能性。

教师提供给学生涉及产品、价格、分销渠道和促销等营销组合各要素的成功或失败的案例,由学生分组讨论后对案例进行点评,案例分析中要强调各要素与目标市场策略的适应性。案例可参照 4.4.5 小节的内容,也可由教师自行搜集。

4.4.3 任务步骤

根据营销组合要素的构成逐个分组研究讨论成功或失败的营销案例,关于每个营销要素的案例都按以下程序进行。

(1) 各团队在队长的带领下讨论案例,讨论过程中要强调每个要素与目标市场的契合性。

(2) 各团队报告集体讨论的结果。

(3) 每个案例在各团队全部发言后由教师进行专业性的综合点评。

(4) 考核。

4.4.4 知识点拨

1. 产品策划相关知识

1) 整体产品的内涵

真正的营销者总是站在顾客的角度来思考问题的,对于满足需求的市场供货产品也不例外。能够促成交换成功的所有物质实体及其相关的服务要素都构成营销视角下的产品内涵,即整体产品。企业在规划市场供货时,需要考虑 5 个顾客价值层次(见图 4-4)。

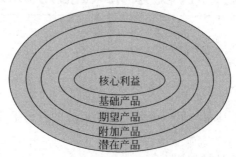

图 4-4 整体产品示意图

（1）最基本的层次称为核心利益(core benefit)，即顾客购买产品时所追求的基本效用或利益，是顾客真正要购买的东西。化妆品的顾客是在购买美容的希望；旅馆的顾客是在购买休息和睡眠。营销者必须清楚自己是利益的提供者。

（2）第二层次称为基础产品(basic product)或形式产品，是指实现核心利益所必需的产品基本形式，是核心利益的基本载体。如旅馆为了实现让旅客休息和睡眠的利益，必须提供床、卫生间、毛巾、衣柜、写字台等。

（3）第三层次称为期望产品(expected product)，是指购买者在购买该产品时通常期望或默认的产品应该具有的一组属性和条件。如旅客希望旅馆提供干净的床和毛巾、清洁的卫生间、相对安静的环境、工作台灯等。在发展中的新兴市场，竞争大多发生在期望产品层次。

（4）第四层次称为附加产品(augmented product)或延伸产品，是指提供超过顾客期望的服务和利益的部分，是企业为顾客提供的各种附加利益的总和。随着竞争的加剧，营销者越来越多地利用附加产品来实现公司与竞争者的区别。在发达国家，品牌定位和竞争都发生在这个层次。如旅馆可能提供旅客并未期望的鲜花、快捷的结账方式、美味的晚餐、优良的服务等使旅客有惊喜。

（5）第五层次称为潜在产品(potential product)，包括该产品所有在未来可能出现的附加部分和改变部分。公司从中寻找新的方式来满足顾客，区分它们的供应物。

2）商品质量的基本特性

在生活中，人们购买商品时都会关注产品的质量。到底什么是质量，如何鉴定质量的好坏呢？商品质量是指在一定条件下商品的各种特征和特性的部分满足顾客需要的程度。表示商品质量的基本特性有7个。

（1）性能，是商品最本质的东西，是在产品开发设计时综合消费者或用户的需要对产品所规定的内容，并在生产过程中进行创造而加以保证，它规定着商品的用途，是区别不同商品的标志。它分为使用性能和外观性能。使用性能是指商品使用性质的功能；外观性能是指商品的结构、造型、款式、花色等。

（2）可靠性，是指在一定的条件下和规定的时间内，商品的功能保持在一定水平之上，即商品完成规定任务的能力、可接受维修的能力和可用的能力。

（3）安全性，是指商品在流通和使用（或消费）过程中，对人的生命和身体健康不会造成危害和损伤，对周围环境不会造成或尽量减少污染。

（4）适应性，是商品对外界环境的适应和对使用者的反应。产品生产出来后，作为商品在流通领域和使用过程中所处的环境十分复杂，有时是千变万化的。优质商品对各种环境因素都有良好的适应性，能正常地发挥其效用；在使用过程中和使用后，对消费者道德以及消费行为都不会造成不良后果。

（5）经济性，是指商品在设计、生产、流通和使用过程中所支付的费用应该是经济的。具有相同的性能、可靠性、安全性和适应性的商品，在消费过程上支付的花费越少，其经济效果越高，在市场上竞争能力就越强。

（6）时间性，是指在规定时间内商品到达消费者或用户手中的及时性及商品使用寿命的长短。及时性可决定商品在市场上的优势、占有率和竞争力，对及时更新商品和开发新产品、缩短商品循环周期等具有重要意义。商品应具有合理的使用寿命,商品寿命延迟终结或过早终结,都会造成浪费。

(7) 符合性,是指商品对商品标准的符合及对消费者需要的符合。商品只有满足符合性要求在市场上才会畅销,才能顺利地实现其使用价值。

3) 品牌的含义

品牌是用以识别某个销售者或某群销售者的产品或服务,并与竞争对手的产品或服务区别开来的商业名称及其标志,通常由文字、标记、符号、图案和颜色等要素组合构成。它实质上代表着销售者对将会给买者的产品特征、利益和服务的一贯性承诺。这种承诺一旦被广大消费者所认同,引起广泛传播与重复购买行为时,就会成为企业的品牌资源,构成企业的无形资产。品牌的整体含义包括以下6个方面。

(1) 属性(function),即品牌首先使人想到某些特定的属性。如梅塞德斯-奔驰(Mercedes-Benz)汽车的属性包含了昂贵、制造精良、耐用性、高的声誉、高的再售价值、快速等内容。

(2) 利益(benefit),即品牌反映出能带给消费者的利益。如梅塞德斯-奔驰的耐用性好这一属性带给顾客的是"我这几年将不需要购买新车"的经济利益;价格昂贵这一属性带给顾客的是"该车使我感到自己很重要和令人羡慕"的情感型利益;制造精良带给顾客的是"万一出交通事故,我会是安全的"这一产品属性反映出的安全利益。

(3) 价值(value),即品牌也能反映出该制造商的某些价值。如梅塞德斯-奔驰包含的价值有高绩效、安全和名声,品牌营销者必须分辨出对这些企业价值感兴趣或产生共鸣的顾客。

(4) 文化(culture),即品牌可以表达一定的文化内涵。如梅塞德斯-奔驰包含德国文化的组织性、效率和高质量。

(5) 个性(personality),即品牌也可以反映出一定的个性。如果品牌是一个人、一只动物或一个物体,不同的品牌会使人们产生不同的品牌个性联想。如梅塞德斯-奔驰车可能使人联想到一位不说废话的老板,一头有权势的狮子,一座雄伟的宫殿。

(6) 使用者(user),即品牌建议或暗示购买或使用该产品的顾客类型。它反映出品牌的用户形象,使用梅塞德斯-奔驰车的顾客应该是事业有成的成功人士。

2. 价格策划相关知识

1) 企业产品的定价步骤

企业产品定价的步骤如下:确定定价目标→确定需求→估算成本→分析竞争者的产品及价格→选择定价方法→确定最终价格。

(1) 营销策划体现了目标管理的思想,定价策略也不例外。企业定价首先要考虑自己的目标,目标决定了定价策略与方法。

(2) 接下来是确定消费者的需求,在营销学中消费者需求决定了产品的最高价。确定消费者的需求首先要考虑影响消费者价格敏感性的因素,其次测算需求价格弹性,最后估计需求趋势。

(3) 成本决定了企业为产品定的最低价。估算成本要通过对固定成本、变动成本和总成本的测算分析得出。

（4）在由需求决定的最高价格与由成本决定的最低价格之间，企业能把价格定多高，则取决于竞争者同种产品的价格水平。因此，企业应该分析竞争者的成本、价格和可能的价格反应。

（5）在前面几个步骤的分析下，企业确定定价所采用的方法有成本导向定价法、需求导定价法和竞争导向定价法 3 类。

（6）企业在考虑经营目标、需求、成本、竞争者的基础上，利用前述定价方法选定最终的价格范围。在最后确定价格时，还应该考虑运用一些价格策略与技巧，如顾客心理因素。许多消费者认为价格是质量的指示灯，"一分钱，一分货"，从而产生"整数价格"（威望价格）；许多购买者认为价格应该有尾数，因为这种尾数价格代表着折扣或者是廉价。再如，购买者在评价某一产品时，心中也常有一个参考价格，参考价格的形成来源于当前的价格、过去的价格或购物的环境等。

2）企业的定价目标

企业通常有以下几种定价目标。

（1）维持生存。如果公司遇上生产力过剩或激烈竞争或要改变消费者的需求时，它们会把维持生存作为其主要目标，该目标下的价格是低价格。这时，生存比利润重要，只要价格能够弥补可变成本和部分固定成本，公司就能在行业中生存下去。

（2）最大当前利润。该目标是在各种可能的价格中选定一个能带来最大的当期利润、现金流量或投资回报率的价格。

当期利润最大化存在一些问题：首先，它假设公司知道自己的需求和成本函数，而事实上这两个函数很难估计。其次，公司会只注重自己的短期财务业绩，而忽视长期效益。最后，公司会忽略其他营销组合变量、竞争对手的反应、法律对价格的限制等影响因素。

（3）最高当前收入。有些公司确立了一个最高销售收入的价格。在成本变化比较剧烈或不好把握的时候，定价目标的利润最大化就变成了收入最大化。要实现收入最大化只需考虑需求函数。许多管理人员相信收入最大化能导致长期利润最大化和市场份额的增长。

（4）销售增长最大化。该目标希望实现销售额增长最大化。它们相信销售额越高，单位成本就越低，长期利润也就越大。该目标制定了低价格，认为市场对价格敏感，低价格可以获得较高的市场份额，促使成本下降，然后进一步降低价格。

（5）产品质量领先。该目标把自己的产品定位为市场质量的领先者，以高质量、高价格策略来获取更高的收益水平。

（6）其他定价目标。非营利组织和公共部门会采取其他的定价目标。如大学的目标是收回部分成本，它们知道其余的成本要靠私人捐赠和公共保证；非营利医院的定价目标在于收回全部成本；非营利剧院的定价目标在于实现座位的利用率最大化；一家社会服务机构制定的价格是为了适应不同收入层次的客户。

3）影响消费者价格敏感性的因素

消费者对商品价格的敏感度可从以下 9 个方面考虑。

（1）独特价值效应：产品越是独特，顾客对价格越不敏感。

(2) 替代品知名效应：顾客对替代品知之越少，他们对价格的敏感性越低。

(3) 难以比较效应：如果顾客难以对替代品的质量进行比较，他们对价格就不敏感。

(4) 总开支效应：开支在顾客收入中所占比重越小，他们对价格的敏感性就越低。

(5) 最终利益效应：开支在最终产品的全部成本的费用中所占比例越低，顾客的价格敏感性越低。

(6) 分摊成本效应：如果一部分成本由另一方分摊，顾客的价格敏感性就低。

(7) 积累投资效应：如果产品是与以前购买的资产合在一起使用，顾客对价格就不敏感。

(8) 价格质量效应：假设顾客认为某种产品质量更优、声望更高或是更高档，顾客对价格的敏感性就越低。

(9) 存货效应：顾客如无法储存商品，他们对价格的敏感性就低。

3. 分销渠道策划相关知识

分销渠道策略从使命上讲是贯彻和支持市场营销战略；从目标上讲则一般是以最快的速度、最低的成本将一定的商品包括服务传递给目标顾客，创造尽可能多的顾客让渡价值。具体来说，分销渠道设计应回答以下问题。

(1) 为达成终端顾客满意，分销渠道一般需要提供哪些服务？
(2) 可以通过何种努力来提供这些服务？
(3) 由哪一类机构提供服务，可以做得更好、效率和效益更高？

要回答这些问题，分销渠道设计的首要任务，即在确定分销渠道目标之后，考虑有哪些可能的总体方案。无论何种方案，至少应有渠道长度、渠道宽度、渠道广度和渠道系统四大基本内容，如表 4-12 所示。

表 4-12　分销渠道设计方案的基本内容

渠道长度	渠道宽度	渠道广度	渠道系统
零层次渠道	密集分销	一种渠道	传统分销系统
一层次渠道	独家分销	多种渠道	垂直分销系统
二层次渠道	选择分销		水平分销系统
三层次渠道	一体化分销		多渠道分销系统

此外，分销渠道设计还要回答控制渠道绩效的总的原则方针，如是侧重事前的、事后的还是事中的控制，使用何种评估手段，出现问题后的处理原则等。化解渠道冲突和进行渠道整合这些内容，都要反映在分销渠道策略里面。

为实现企业分销目标，分销活动要面临 4 个方面的抉择：设计分销渠道、选择分销渠道成员、管理渠道成员以及评价和变更渠道成员。

4. 促销策划相关知识

1) 促销的含义与实质

促销，译自英文的 promotion，是构成经典营销组合 4Ps（product、price、place、

promotion)的要素之一。引用《销售学》对其的释义是"卖方向消费者传递有关商品的供货信息,说服并提醒消费者购买"①。促销的实质是信息的传递与沟通。

促销在企业的实际运用中,通常主要以4种各具特色的具体活动形式单独或组合出现。这4种具体的促销活动(以下称为促销工具)是广告(advertising)、公共关系(public relations)、人员推销、营业推广(sales promotion)。近年来,颇为流行的事件营销,可将其包含在公共关系这种促销手段中。

"企业必须花钱保住自己的钱",这是促销对企业重要作用的形象概括。当今社会,大多数商品供过于求,在这种市场格局下,任何企业研发、制造出来的产品,若不在第一时间将有关产品的信息传达给消费者且为消费者所认可,都极有可能被竞争对手的产品所取代。仅有适销对路的产品是不够的,企业还必须尽可能地与消费者进行信息沟通,将有关产品所能带给消费者的利益的相关信息有效传达出去。

2) 促销组合

促销组合由广告、公共关系、人员推销、营业推广4种主要工具组成。站在营销管理角度,由于各种促销工具都有其自身的优势与局限,因此营销管理者在制定促销策略时常常会扬长避短地将各种工具组合使用。在整合使用各种促销工具时,为达到促销效率最高而促销费用最低这一目的,企业还需要考虑以下一些因素。

(1) 产品的市场类型。对于不同性质的产品,各种促销工具的作用是不同的,如图 4-5 所示。

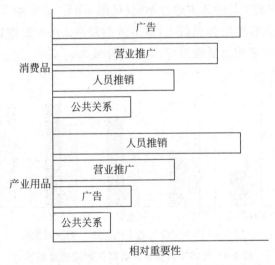

图 4-5　促销工具在消费品-产业用品中的相对重要性

一般来说,对消费品进行促销时,鉴于消费者市场顾客众多、分布面广、购买频率高、购买数量少等特点,广告效果更为显著;随之是营业推广、人员推销和公共关系。一般来说,人员推销着重用于昂贵的、有风险的商品以及少数大客户(如中间商等)。

而对于产业用品,由于产业用户更加注重产品的技术性能且购买程序复杂以及购买

---

① 弗雷德里克·拉斯,查尔斯·柯克帕特里克.销售学[M].北京:电子工业出版社,1987.

数量大,人员推销这种促销工具更为有效。广告虽不及人员推销重要,但其营销作用也日益为企业所重视。广告对产业用品发挥的作用可表现在建立知名度、促进理解、有效提醒、进行展示等诸多方面。

(2) 推动与拉引策略。促销组合在较大程度上要受到公司推动或拉引战略的影响。

推动战略是企业以人员推销为主要手段,首先争取中间商的合作,利用中间商的力量把新的产品或服务推向市场(见图4-6)。

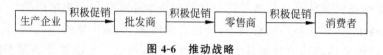

图 4-6 推动战略

拉引战略是企业先通过广告等直接面向最终消费者的促销工具发起强大的促销攻势,把新的产品或服务介绍给最终消费者,使消费者产生强烈的购买欲望,进而形成对经销商货物的需求,由经销商向厂家主动要货(见图4-7)。

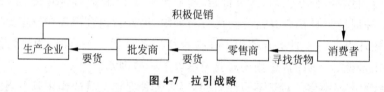

图 4-7 拉引战略

(3) 消费者购买阶段。消费者的购买过程可分为4个阶段:知名、了解、确信及订购。在不同的阶段,各种促销工具的成本效益不同(见图4-8)。如在购买决策的初期(知名和了解阶段),广告及公共宣传的作用最大,成本效益最高;而人员推销和营业推广在后期(确信、订购阶段及消费者的重复购买)的成本效益最大。

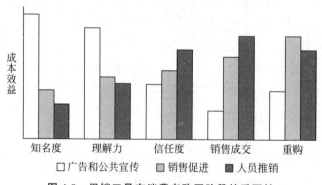

图 4-8 促销工具在消费者购买阶段的重要性

在知名阶段,广告与公共关系最为重要,此阶段由销售代表从事推销或者利用营业推广,效果都会比较差。在消费者了解阶段,主要影响来自广告与人员推销。在消费者确信和订购阶段,则主要受人员推销与营业推广的影响。人员推销和营业推广也能影响消费者的重复购买。

(4) 产品生命周期。产品生命周期的不同阶段,各种促销工具的成本效益也各不相同。

在导入期,顾客不认识产品,为使顾客了解并产生兴趣,必须借助各种促销手段。在这一阶段,广告及公共关系宣传的成本效益最高,其次是吸引产品试用的营业推广活动及扩大分销渠道的人员推销活动。

在成长期,消费者购买的影响力增加,产品销售及利润处于快速上升阶段,企业可视情况适当减少不必要的促销费用。如导入期采用以试用为目的的营业推广活动可以减少或取消广告和公共关系、人员推销等手段,企业可视具体情况保持适当的强度,广告内容应在扩大知名度的基础上强调建立品牌偏好的宣传。

在成熟期,由于竞争的加剧,有利于排斥竞争的各种营业推广手段又逐渐起着重要作用。赠品式的营业推广比单纯的广告活动要有效,因此,此阶段企业可借助新制作的广告来广泛传播营业推广活动,通过广告与营业推广两种工具的结合,来提升营业推广效果。

在衰退期,企业把促销活动降到最低限度,以保持足够的利润。此时企业只需保持少量的提醒性作用的广告,而新闻报道活动也可以停止,人员推销也应减至最低水准,主要依靠营业推广活动来维持销售。

3) 整合营销传播简介

整合营销传播(integrated marketing communication,IMC)的提法和理论,是在1993年随着美国西北大学唐·E.舒尔茨教授的同名著作的出版而得到广泛的认同和响应并流传开的。它源于4C(custom、cost、convenience、communication)理论,研究者把其定义为:整合营销传播把品牌等企业的所有接触点作为信息传达渠道,以直接影响消费者的购买行为为目标,是从消费者出发,运用所有手段进行有力的传播的过程。美国科罗拉多大学IMC研究生教学主任Tom Duncan认为,IMC的基本概念完全是协同作用——整体功能大于部分之和,协调各种传播活动的总体效果要大于它们单独执行时的情况。从这种意义上看,促销组合可以说是IMC的狭义观点。

整合营销传播强调将广告、人员推销、销售促进、公关、直销、CI、包装、新闻媒体等一切传播活动一元化,即用一个声音说话,这种观念在20世纪90年代一经提出就得到了营销理论界和企业实务界的广泛认同。该理论还要求企业每一位员工都参与到营销传播中来,使每个部门、每个成员和每个职能都负起相应的营销责任,使企业发出的所有信息都能够加强企业的独特形象,从而实现创造最大的品牌价值这一终极目标。

整合营销传播的常用工具主要有6种,如表4-13所示。这6种工具中,广告、人员推销、公共关系和营业推广如前所述,下面介绍另外两种工具:事件/体验和直接营销。

表4-13　常用的传播工具

广告	营业推广	事件/体验	公共关系	人员推销	直接营销
印刷和广播广告	竞赛、游戏	运动	报刊	推销展示	目录销售
外包装广告	兑奖、彩票	娱乐	演讲	销售会议	邮购服务
包装中插入物	奖励和赠品	节日	研讨会	奖励节目	电话营销
电影画面	样品	艺术	年度报告	样品	电子购物
宣传小册子	展销会	事件	慈善捐款	交易会与展销会	电视购物
招贴和传单	展览会	工厂参观	出版物	展示	传真
工商名录	示范表演	公司展览馆	商务关系		电子信箱
广告复制品	赠券	街区活动	游说		语音信箱

续表

广　告	营业推广	事件/体验	公共关系	人员推销	直接营销
广告牌	回扣		确认媒体		
陈列广告牌	低息融资		公司杂志		
售点陈列	招待会				
视听材料	折让交易				
标记和标识	连续活动				
录像带	商品搭配				

事件/体验是指企业利用不可复制的一些事件，为参与事件的人创造一种不可多得的感官体验，并使消费者愿意为此消费。事件/体验这种促销工具在原来的分类中是从属于交际性公关活动的，现被从公共关系中单独提炼出来，足以显示出这一促销工具对现代企业营销活动的影响越来越大。

直接营销是指企业使用邮寄、电话、传真、E-mail 或者互联网进行直接传播，征求目标顾客和潜在顾客的回复。直接营销有利于组织传播从大众化传播方式走向目标传播和一对一的沟通。

此外，除表 4-13 所示的常用传播工具外，产品的价格、服务的态度、企业的制度、企业的场所布置、销售人员的衣着等，都可以作为某种营销信息传递给消费者，每一次的品牌接触都应该发挥强化消费者对企业的看法的功能。

总之，整合营销传播是对促销工具组合运用的深层次发掘，在科技日益进步的今天，应利用多种工具组合尽可能实现与目标顾客的双向沟通，而不仅仅是信息的传递。

4.4.5　案例链接

☞ **占领三角**

日本商人通口俊夫在京坂铁路沿线的京桥、干木和梅云分别开了 3 家小药店。可不知为什么，营业额老是上不去，通口为此十分焦虑。

一日，心焦的通口乘电车回家。在车上，他见前排座位上几个小学生都把手指套在三角尺的窟窿里，用一只手指转着玩。他两眼盯住三角尺，心里一亮："哦，这里面有名堂！"此时，他联想起以前看到的有关军事战略战术的书：直线排列的点，容易被敌方阻断运输路线，导致失败；为了和友军保持联系和合作，应确保至少 3 点成鼎足之势，这样 3 点成一个三角形，就能守住中间地带。想到这里，通口不禁激动起来。

回到家后，通口让妻子买了一张大地图，展开一看，果然发觉自家的 3 个药店分布在同一条直线上。他恍然大悟：如果把商店呈三角形配置起来，那么就取得了中间的面积，三角形内居住的市民就会来买药了。于是通口在德庵开了一家新店，关掉了梅云的老店。果不其然，这一调整，营业额逐步上升，取得了从来没有过的好业绩。后来，通口的业务不断壮大，发展成拥有 1327 家分店的大公司。而他的"三角经营法"也成了世界公认的经营方略。

☞ **提价公函**

敬致尊敬的合作伙伴：

一直以来，承蒙各位关爱，使××品牌得以不断创新，销售业绩节节上升，在此衷心感谢各位伙伴的大力支持与合作！

如您所知，2021年下半年以来，粮、油等主要原料大幅涨价，作为一家知名的国际企业，我们虽承受巨额的利润损失，并没有随大流，采取"压缩产品重量""使用便宜配方"等欺骗消费者的方法，仍然秉持"三好一公道"（品质好、信用好、服务好、价钱公道）的宗旨和理念，实心实意地为您和消费者服务。

进入2022年，面粉和棕榈油价格进一步上涨，我们虽积极开源节流，但仍无法负荷巨大的成本上涨压力。为确保企业的良性经营，同时确保您获得合理的利润，自××××年××月××日起，××产品(袋/桶/杯)价格调整为××元/袋/桶/杯。

与此同时，为让消费者更喜爱我们的产品，我公司会同步进行产品的升级换代，种类更丰富，营养更全面，以带给消费者物超所值的享受。相信在您的理解和支持下，××产品会带给您更丰厚的利润回报。

××衷心感谢您的信任！

希望您一如既往地支持××！并祝您生意兴隆！

4.4.6 任务体验

体验1 考一考

价格策划自测题

（1）休布雷公司在美国伏特加酒市场上，属于营销出色的公司，他们生产的史密诺夫酒，在伏特加酒的市场中占有率达23%。后来，另一家公司推出了一种新型伏特加酒，其质量不比史密诺夫酒差，每瓶酒的价格还比史密诺夫酒低1美元。

按照惯例，休布雷公司的面前有3条对策可用：①降价1美元，以保住市场占有率。②维持原价，通过增加广告费用的推销支出与对手竞争。③维持原价，听任市场占有率降低。

问题：假若你是营销经理，你将采用上述3种中的哪一种？或者你会有更好的选择吗？

（2）从前有A、B两个相邻的国家，它们的关系很好。两国互相之间贸易交往频繁，货币可以通用，汇率也相同。也就是说A国的100元等于B国的100元。可是两国关系因为一次事件而破坏了，虽然贸易往来仍然继续，但两国国王相互宣布对方货币的100元只能兑换本国货币的90元。有一个智者，他手里有A国的100元钞票，却借机捞了一大把，发了一笔横财。

问题：这个智者是怎样从中发财的？

（3）卡特彼勒公司为其拖拉机定价10万美元，尽管其竞争对手同类的拖拉机售价只在9万美元，卡特彼勒公司的销售量居然超过了竞争者。一位潜在顾客问卡特彼勒公司的经销商，买卡特彼勒公司的拖拉机为什么要多付1万美元，经销商回答说：

90000美元是拖拉机的基价,与竞争者的拖拉机价格相等;

+7000美元是最佳耐用性的价格;

+6000美元是最佳可靠性的价格;

+5000美元是最佳服务的价格;

+2000美元是零件较长使用期的价格。

故卡特彼勒公司拖拉机的总价值是110000美元,扣除给购买者的优惠10000美元,最终确定卡特彼勒公司拖拉机的售价为100000美元。

顾客惊奇地发现尽管他购买的卡特彼勒公司的拖拉机多付1万美元,但实际上他得到了1万美元的折扣。结果,许多顾客选择了卡特彼勒公司的拖拉机,因为他相信卡特彼勒拖拉机的全部使用价值会使成本较低。

问题:卡特彼勒公司使用的是什么定价方法?为什么顾客能够接受该公司的价格?

(4)纽约伊莎贝拉时装精品屋,新近从意大利购进了1件女式冬装。这件衣服的购入价格再加两成,是该店标出的销售价。

出售半个月未卖出去,女老板又将这个定价减去了一成,很快被一位漂亮小姐买走了。女老板获利400元。

问题:这件高档女式冬装购入价是多少?

产品自测题

费涅克是一位美国商人,他每次休假旅游都要去有瀑布、有流水的地方,因为在这种地方,他可以享受到大城市里所没有的恬静。在潺潺的流水声中,他可以忘却生意场上紧张的角逐,使自己的心情松弛下来。在瀑布声中,他可以忘掉烦恼,领略大自然的豪爽,使自己和自然融为一体。

于是,他经常带着立体声录音机,专门到一些人烟稀少的地方游逛。他录下了许许多多条小溪、小瀑布、小河流水的声音,以及小鸟鸣叫的声音,然后把这些磁带带回城里加以复制,再高价出售。

费涅克一炮打响,收到了意想不到的效果,生意十分兴隆,前来购买"水声"的顾客川流不息。从此,费涅克靠流水声成了大富翁。

以团队为单位,每个团队根据所发现的商机开发3种以上的新产品。

分销渠道自测题(辨析改错题)

(1)每1条分销渠道的起点都是生产者,终点都是消费者(或用户)。

(2)分销渠道的长度是指某产品从生产者转移到消费者的过程中所经历的空间距离的远近。

(3)代理商和经纪行与独立批发商的主要区别在于是否拥有商品的所有权。

(4)每1条分销渠道都是由取得商品的所有权或帮助商品所有权转移的组织或个人组成。

(5)产品的技术性强、复杂性高,应尽可能采取长渠道。

(6)生产企业与中间商之间只存在竞争关系,不存在合作关系。

(7)确定分销渠道中各种中间商的类型的决策是对渠道宽度的选择。

(8)渠道长度的决策实际上就是确定渠道成员中同种类型中间商的数目。

促销自测题

（1）你打对方手机几次，又将电话打进对方的办公室请人代为转告回电，但都无法使对方回电话。你不能肯定他们是不是真的忙、真的杂乱无章或没礼貌。那么，你还有什么方法让他回电话？

（2）你从1个退休的同事那里接手了3个较大的客户。在6个月的时间里你丢了其中1个，另外两个客户的订单数量也在减少。你感到困惑，因为你是公司优秀的推销员之一，否则也不会得到这几个客户。你是不是能力不够了？

（3）你在与某客户谈判的过程中，你的利润率已经降得很低，几乎无法赚钱，可对方还是想压低你的利润。后来该客户与其他商家做成了几笔交易，你无法想象其他获胜的投标者怎么还有钱赚。试问下一次你应该为得到客户而削价吗，即使这意味着赔钱？

（4）你的业务正经历一个兴旺时期，甚至你都没有足够的产品满足顾客的订单。是优先满足老顾客的订单，还是优先满足新顾客的订单，以免他们被竞争对手夺去？

（5）有两个猎人在森林打猎，突然遇到1只熊。1个猎人赶紧弯下腰，换上跑鞋。另1个猎人奇怪地问他："你在干吗？你跑不过那头熊的。"第1个猎人也承认自己跑不过那头熊，那他为什么还要换跑鞋？

体验2 想一想

20世纪30年代初，欧洲经济大萧条，这时伦敦有1家制造印刷机的工厂倒闭。这一时期，印刷业很不景气，印刷机更是无人问津，那家倒闭的印刷机厂用极低廉的价格拍卖原设备，也无人敢买。可是两手空空的杰克却贷款把这个破厂买了下来。

熟悉杰克的人都知道他从未搞过印刷机械业，是个外行，以为他是冲着低价而去的，估计他要上当倒霉了，一些好心人便劝他别干傻事。可是杰克笑了笑，胸有成竹地说："这是1次难得的机遇。"

这一时期因为经济萧条，商品都滞销，为了大力推销商品，各公司、商店都竞相印广告、海报宣传商品。杰克就是看准了这一点才买下工厂的。新厂的产品是"海报印刷机"，这种印刷机结构简单，成本低，是专门向各公司、商店推销的。

每台机器成本不足300美元，可杰克却将售价提高到2500美元1台。

"对于1种有特殊用途的产品来说，定价越高，越容易销。"这是杰克的分析。果然，正如他预料的一样，一些稍大一点的公司都纷纷前来订购，印刷机销路颇好，杰克发了一笔财。

当时圆珠笔的使用尚未普及，其性能也有待改进。杰克觉得这种笔改进性能后再做一些宣传，将会有极大的市场前途，同时他又获得信息，知道已有几家企业正在改进产品，准备占领市场。杰克当机立断，招纳专门人才，昼夜不停地研究圆珠笔新产品，仅20天时间，新型的圆珠笔问世了。

当时西欧正掀起"原子热"，于是杰克便将该笔取名为"原子笔"，立即开动所有的宣传手段大肆宣传"原子时代奇妙之笔"的不凡之处：可以在水中写字，也可以在高海拔地区写字。英国人有追求新奇的特性，几大百货公司都对此深感兴趣，仅伦敦百货公司就1次订购3000支。这些公司进了货后，也都纷纷用杰克的宣传口号做广告，市场上竟出现了争购"原子笔"的壮观景象。

生产这种圆珠笔的成本不足 1 美元,可是杰克认为既然"原子笔"是与众不同的神奇之笔,就该有相应的高价格才相配,于是他将笔价提高到 13 美元 1 支。果然,因价格较高,消费者视其为珍贵之物,人人都以有 1 支"原子笔"为时髦和派头,于是订单像雪片似的飞向杰克公司。

1 年时间里,杰克便获利 300 万美元,当初其投入成本仅 5 万美元。当各路对手挤进圆珠笔市场时,笔价大跌,而这时杰克又抽身转产,去开辟新的产品市场了。

问题:

(1) 杰克是怎样利用"厚利多销"的销售方式的?

(2) 你认为"厚利多销"与"薄利多销"哪一种是比较好的行销方式?

(3) 杰克是不是个爱钻牛角尖的人?

(4) 假如你是某公司的主管经理,你的产品滞销,你是采用"厚利多销"还是"薄利多销"?

体验 3 练一练

华南市场是 A 厂的重点市场,华南市场停滞不前让大区张经理面临很大的压力。张经理很清楚问题的关键:华南 3 家一级商谁都应该赚到利润,可是由于各家都有自己的想法,互相之间竞相降价、恶性竞争,现在各家都没利。已经跟他们协商了一次,但是由于各家相互缺乏信任,现在冲突更严重了。

C 公司老板说:"做生意都想赚钱,投入大风险赚大钱,投入小风险赚小钱,我投入这么大,你首先要保证各家都不降价,有钱赚。"D 公司老板说:"我前半个月就能出一半的货,如果挣钱,1 个月翻 1 倍没有问题,现在各家价格这么低,做你厂产品不挣钱,我们公司还要生存,只好降价快销。"B 公司老板说:"价格混乱不是我造成的,我也想挣钱,但我不低价出,二级经销商就从别的公司拿货,我也是身不由己。"

问题:A 厂的渠道发生了什么问题?怎么解决?

人际交往的基本素质训练
——自信心培养

项目5

项目5说明

美国著名教育家卡耐基认为,与人交往的能力是人一生获取成功的关键要素之一。营销专业人才在组织营销过程中要选人、识人、交人、留人,必须与形形色色的人打交道,这对他们提出了极高的人际交往能力要求。训练人际交往能力的第一步始于自信心的培养。

进入高等职业技术学校的学生,由于在高考中的失利,许多人对自己的能力认知是负面的,进而影响到他们的心理和行为,如自卑、缺乏表现欲、态度消极、缺乏勇气、不善于沟通等。在许多学生的意识中存在着类似于以下的矛盾现象:他们渴望表现(或被发现)但又害怕得不到承认,常常用冷冷的外表包裹着一颗火热的心,故意用"特立独行"来掩饰自己期盼友谊的内心,用无视组织规则的行为冲淡归属感缺乏的空虚……这种无意识隐藏自我的行为实际上就是对自己没有信心。

鉴于专业能力要求与学生实际情况的差距,本实训项目将以引发学生缺乏自信心的本质原因为依据,让学生在实训过程中亲身感知自信心建立的益处,进而来唤醒学生的自信意识,用心体会提升自信心的方法。

自信心缺乏的原因归纳起来主要有缺乏经验或专业能力、过去曾经有过的失败经历、注意力的掌控和限制性信念。本项目据此设计了3个互为关联、循序渐进、逐级递进的实训项目,系统性地开展对经管类专业学生的自信心培养。

任务5.1是针对"缺乏经验或专业能力"这一原因而设计的。人可以通过做自己最擅长的事来找到被认可或成功的感觉从而找到自信,这一任务以"我有我才华——做自己擅长之事"为主题唤醒学生的自信意识。

任务5.2是针对"过去曾经有过的失败经历和注意力的掌控"这一原因而设计的。如何定义失败,如何用正向的心态思考问题也是影响自信心提升的关键因素。此任务以"水涨船更高——掌控好注意力"为主题让学生亲身体验提升自信心的方法。

任务5.3是针对"阻碍自我成功的一些限制性信念"这一原因而设计的。打败自己的不是对手,往往是自己。由于恐惧心理所带来的一些消极认知(如我语言能力很差、我平衡能力很差、我很矮、很丑,没有人会喜欢我等),往往是自信心提升的最大障碍。因此,以"克服消极认知——突破限制性信念"为主题让学生亲身实践提升自信心的方法。

注意：由于班级的个体差异，对可能出现的阻碍项目顺利开展的问题进行预测并采取相应的措施是非常必要的。

任务5.1 我有我才华——做自己擅长之事

5.1.1 实训目标

建议学生做自己擅长的事，通过被欣赏而找到成功的感觉，体会自信的美好感受，具体分解如下。

◆ 发现自己的优势，体会"扬长避短"的真谛。
◆ 有勇气向人们展示自己的才华，提升自我认知价值。
◆ 懂得欣赏别人就等于欣赏自己的道理。

5.1.2 任务描述

唐美娟是某高职院校工商管理系营销策划专业学生，入校时鉴于她个性好强、学习成绩优秀、表达能力好、在高中时担任过班、团干部等特点，深受老师们的赏识，被选为班长。当选后不久，她发现自己班级同学争取先进的意愿极差，比如早操缺勤率高，班级卫生安排落实不当，夜自修请假人数多等各种不利于评比的事件频频发生。自己组织了几次班级活动，由于同学们的参与积极性不高且合作意愿差都开展得不太顺利。一段时间下来，她对这个团队很失望，于是她将精力全部投入到系学生会、团委的工作中去，只有上课时才到班级与同学在一起……

有一次，推销课程的老师为树立同学的自信心成功地组织完成了一次自我推销——才艺表演课程，以下是唐美娟在课程之后心情难以平静，于午夜发给任课教师的短信。

我是唐美娟，晚上的演出真的是别开生面啊，有高潮精彩的街舞，有幽默诙谐的笑话，还有感人肺腑的一首"感恩的心"，真的是让我大吃一惊，平时里众师生普遍反映表现较头疼的班级，今晚总算露出了自己的特长。可话又说回来，我班的各方面纪律真是个问题，就在您的课堂各方面表现好，其他课堂纪律大部分老师真的很难招架得住。这个问题我向我们班主任也提议过，但都没改善。我觉得我们班同学比较听您的话，感觉效果比较好，您要有空能否帮我们班整顿一下，让我们班的班风转变得好些。我真的感觉良好的大学生活很有必要，就犹如今晚的晚会让我们回味无穷。

进入高等职业技术学校的学生，由于在高考中的失利，许多人对自己的能力认知是负面的。在以班级为单位对高职经营类(包括营销、管理、物流、经贸、财务)的跟踪调查中发现，大部分学生缺乏自信心，其具体表现形式多种多样。现将学生普遍谈到的与缺乏自信心有关的表现用学生自己的语言列举如下：部分同学感觉自卑；团队缺少沟通，气氛不够融洽；才艺欠缺或缺少自我展现的平台；没有表现欲，不够积极；胆子不够大，不敢上台表演，扭扭捏捏；正式的场合表达意愿的热情不高，敷衍了事；不够团结，缺乏创造性；没有积极性；个人因素太强，在很多问题上意见很难达成统一。

而自信心缺乏的最重要原因就是缺乏经验或专业能力。虽然作为学生共性要求的学习成绩无疑是影响学生自信心形成的关键要素，但它绝不是唯一因素。许多同学有着普通教育考试所无法考核的一些优势，个性方面如热情、开朗、耐心、细致；技术方面如手工、乐器、文体项目、主持、口才等。因此，忽略理论考核成绩，发掘学生现实及潜在的个性价值，扬长避短，从培养学生有意识地做自己最擅长的事入手，使他们找到被认可或成功的感觉从而增强自信心。

5.1.3 任务步骤

1. 实训动员

教师向学生说明自信心对个人生活和未来工作、自我发展的重要价值，目的是激发学生完成实训任务的热情。扫描以下二维码，观看学生们自编自导的才艺表演。

2. 任务布置

提前1个月或更长时间告诉学生准备自己最擅长的各项技艺：演讲、武术、唱歌、舞蹈、幽默笑话、乐器等，每位同学可以以个人形式或自由组合形式上台表演，鼓励学生好好准备,牢记"台上三分钟,台下十年功"的真谛。因为每个学生既是表演者又是观众,故充分的准备既是对自己也是对他人的极大尊重。实训课程时间最好选择在重大节日气氛的时段,如十一、元旦前后,这样的环境氛围对提升学生的参与热情比较有利。

在表演前一周要确认节目单、表演场地、主持人及现场所需的各项设备等事宜。

3. 过程监督

由于任务的前期准备时间较长,教师要在这一期间定期或不定期地随机通过团队调查学生节目准备的进展情况,以引起学生对准备工作的重视。

4. 实训设备及场所准备

(1) 实训场所要求:音响效果较好、环境较为舒适的多媒体教室或多功能厅。

(2) 教师需准备摄像及辅助设备进行表演拍摄,必要时可增加助教 1 名。此外,还应准备照相机 1 架、无线麦克风 5 个左右(具体数目视学生表演节目而定)、有利于记录保存现场表演资料的其他所需设备。

(3) 如学生所需表演的节目还需特殊道具,原则上由各团队自行解决;无法自行解决的,可提前与教师联系商议解决。

(4) 提前指定现场摄像师、摄影师各两名,熟悉摄像机、照相机及其辅助设备以备在现场轮换进行全程摄像。

(5) 教师在过程监督中应选定某位班团干部为助教,负责整个活动落实情况的信息反馈,并负责在表演前一周确认节目单、表演场地、主持人等事宜。

(6) 教师在活动前召开助教、主持人的碰头会,主要内容是强调随机应变调动现场的气氛,强调"欣赏、激励"而不能"挑毛病",特殊情况可采取一些应对措施。

5. 现场活动组织

(1) 通知全体学生提前 10 分钟到达实训场所,简单布置实训场景后请学生就座。

(2) 主持人、摄像师、摄影师、音响师各就各位。

(3) 教师做简短开场白(不宜超过 60 秒,教师要讲的内容应提前准备好,而不是现场发挥)后将整个活动交给主持人。教师要自始至终关注并引导活动向积极参与、快乐欣赏的方向发展,必要时作为临时客串主持人来调动现场气氛。

(4) 教师要设计一个最后能够将全班凝聚在一起的保密节目使活动达到高潮。

6. 活动评价与评选

节目结束后的 3 天时间内,以小组为单位请学生凭记忆对本次活动所能记住的节目进行评价,并根据回忆从中选出 5 个自己最喜欢的节目,并说明喜欢的理由,要求以电子邮件的形式上报到指定邮箱。

7. 考核

本次考核只对学生进行个人的纵向比较而不做横向比较,即只要是参加了活动的学生,都给予良好的成绩评定,无故缺席者记零分。教师可根据统计结果将名列前五名的节目表演者成绩评定为优秀,可适当设置物质奖励。

5.1.4 知识点拨

1. 优秀销售员的基本素质

销售是一门非常专业的工作,优秀销售人员与一般人员在收入和成就方面的差距非常大。而通过对许多优秀销售人员与一般销售人员的对比,发现他们的能力并没有高出多少,他们所做的事情每天也只有一点点的不同,而正是这每天一点点的"差别"日积月累,造成了他们与一般销售人员收入和成就的巨大差异。

这每天一点点的差别是什么呢?就是他们的内在心态。良好的心态产生有益的行为,行为又创造了极佳的销售业绩,优秀的业绩又促发良好心态的提升。

强烈的自信心和良好的自我形象是优秀的销售人员应首先具备的。

自信心是人们在从事某种事情时所表现出的相信自己有能力完成这一事情的心理。无论做什么事情,首先必须相信自己能够完成。相信能够完成这一事情,才会开动脑筋,找到完成任务的办法。如果相信某件事是做不到的,那么,思想就会为证明不可能而起作用;可是,如果相信某事是可以做到的,那么,思想就会为你发现实现目标的方法而工作。美国的教育专家曾做过一个对比试验:两个基本条件相似的班级,将其中一个班按照正常教学设为控制组;另一个班级设为实验组,在其他条件都相同的前提下,唯一的差别就是这个班级的老师和学生都被告知是优秀的。一段时间下来,实验结果表明,实验组的班级的确在各方面都表现得很优秀,究其原因就是被告知优秀班级的老师和学生首先相信自己是优秀的,并使他们在思想和行动上朝着这个方面努力。

可见,自信心是成功的基础。

作为一名优秀的推销人员,除了自信心以外,还应具备敬业和守信、热情和进取、乐观和勤奋、耐心和毅力等良好的品格。

(1) 敬业和守信:古往今来,在商业活动中最稀缺的就是敬业和守信,销售工作也不例外。

(2) 热情和进取:热情能够弥补很多不足。它可以帮助我们越过障碍,弥补我们在某个领域内技巧的不足。保持热情需要做到做任何事情之前都应心中有数;不断回顾自己的成就,并记住这些成就。同时,作为一名销售员,你最重要的资本就是你自己,因此不断地通过学习提升自己,进行知识的完善与更新,显得尤为重要。

(3) 乐观和勤奋:要着眼于事物积极的一面,在任何不利的形势下,在面对失败和挫折时,试图寻找它所带来的有利的一面,找出下一次你可以一种什么样不同的方式去做。你还必须投入时间、能量和热情来获得技巧。要保证百分之百的投入,你或许会付出一些眼前的代价,如你的自我感觉、金钱、名誉、家庭的和睦等对你来说重要的东西。一旦你在销售过程中积极投入了,你就会因为完成了你的目标而得到长期的回报。

(4) 耐心和毅力:一流的销售人员都是锲而不舍的,虽然他们每天都面临着许多被否定、被拒绝,但他们一直在耐心地寻找着更加有效的办法,而不是日复一日地出现在客户的门口问着相同的问题。当然,对销售人员来说,他们会训练自己这样一种直觉,判断出一个潜在客户是否真的对他有兴趣或值得花费精力。一旦确定,他们就会坚持不懈,直到成功。

2. 固定心态与成长心态

斯坦福大学心理学家卡罗·德威克(Carol Dweek)在研究人怎样面对失败的时候,识别出了两种不同的心态,一种是固定心态(fixed mindset),另一种是成长心态(growth mindset)。

固定心态认为智力和才能是与生俱来的,是固定不变的。成功不过就是要证明你的能力,证明你是聪明的、有才干的。并且,在生活中面对每一个挑战的时候,你必须一再地证实这一点。如果你具有固定心态,就容不得任何错误,因为错误是失败的证据,错误说明了你其实根本不聪明,也没有才干。假如你聪明又有才干,不管什么事情,你就没有必要为此而努力;需要努力是不够聪明和没有才干的证据。同时,每一次表现都被看成对你能力的一次定论性衡量,失败令你感到危险。

成长心态与此相反,这种心态的核心理念是认为能力是可以发展的:通过努力工作,你可以随着时间推移而变得更聪明、更优秀。在成长心态看来,努力可以让你更聪明或者更擅长于某件事情;努力可以激发你的能力并成就自己。在这样的心态看来,你没有必要立刻擅长某件事情。事实上,做一些你不擅长的事情反而更有趣,因为通过做这样的事情,你可以拓展你自己,并从中学习。有成长心态的人不仅仅追求挑战,他们还以此充实和提升自己。失败可能会让你伤心和失望,但是成败并不决定一个人本身的好坏。实际上,失败是一个让你加倍努力的理由,而不是一个让你退缩、放弃和拖延的理由。

站在成长心态上看问题是拆解自我价值感等式的一种方法。表现不仅不能反映你的个人价值,而且它也不再是你关心的重点!重要的是你学到了什么,你对什么感到兴奋,你提升了什么,而结果只是一个背景而已。能力不再是一个固定的东西,它是可以变化和发展的,没有什么需要去证明。正像德威克所提出的一个值得深思的问题:"成功是为了学习和进步,还是为了证明你聪明?"

作家梅·撒尔顿曾经用以下优美的文字来描写成长的心态:"午夜时分,往事历历,纷至沓来。其中不尽是美事,痛苦、错误、未尽之事,以及令人羞愧和悲伤的种种往事一齐涌上心头。但是一切无论好与坏,痛苦与欢乐,都描绘进了丰富的人生画卷中,都成为我思想的粮食和进步的动力。"

5.1.5 案例链接

☞ **耐心**

一位著名的推销大师,即将告别他的推销生涯,应行业协会和社会各界的邀请,他将在该城中最大的体育馆,做告别职业生涯的演说。

那天,会场座无虚席,人们在热切地、焦急地等待着那位当代最伟大的推销员做精彩的演讲。大幕徐徐拉开,舞台的正中央吊着一个巨大的铁球。为了这个铁球,台上搭起了高大的铁架。

一位老者在人们热烈的掌声中走了出来,站在铁架的一边。他穿着一身红色的运动服,脚下是一双白色胶鞋。

人们惊奇地望着他,不知道他要做出什么举动。

这时,两位工作人员抬着一个大铁锤,放在老者的面前。主持人这时对观众讲:请两位身体强壮的人到台上来。好多年轻人站起来,转眼间已有两名动作快的跑到台上。

老人这时开口和他们讲规则,请他们用这个大铁锤,去敲打那个吊着的铁球,直到铁球荡起来。

一个年轻人抢着拿起铁锤,拉开架势,抡起大锤,全力向吊着的铁球砸去,一声震耳的响声,吊球动也没动。年轻人用大铁锤接二连三地砸向吊球,很快他就气喘吁吁了。

另一个人也不示弱,接过大铁锤把吊球打得叮当响,可是铁球仍旧一动不动。

台下逐渐没了呐喊声,观众好像认定那是没有用的。就等着老人做些什么解释。

会场恢复了平静,老人从上衣口袋里掏出一个小锤,然后认真地面对着那个巨大的铁球。他用小锤对着铁球"咚"敲了一下,然后停顿一下,再一次用小锤"咚"地敲一下。人们奇怪地看着,老人就那样持续不断地敲着。

10分钟过去了,20分钟过去了,会场早已开始骚动,有的人干脆叫骂起来,人们用各种声音和动作发泄着他们的不满。老人仍然一小锤一小锤地工作着,他好像根本没有听见人们在喊叫什么。人们开始愤然离去,会场上出现了许多的空缺。留下来的人们好像也喊累了,会场渐渐地安静下来。

大概在老人进行到40分钟的时候,坐在前面的一个妇女突然尖叫一声:"球动了!"霎时间会场立即鸦雀无声,人们聚精会神地看着那个铁球。那球以很小的幅度摆动了起来,不仔细看很难察觉。老人仍旧一小锤一小锤地敲着,人们好像都听到了那小锤敲打吊球的声响。吊球在老人一锤一锤的敲打中越荡越高,它拉动着那个铁架子"哐、哐"作响,它的巨大威力强烈地震撼着在场的每一个人。终于场上爆发出一阵阵热烈的掌声,在掌声中,老人转过身来,慢慢地把那小锤揣进兜里。

老人开口讲话了,他只说了一句话:"在成功的道路上,如果你没有耐心去等待成功的到来,那么,你只好用一生去面对失败。"

☞ **接受失败**

以下是《杰克·韦尔奇自传》中的一段内容。

那是一个糟糕赛季的最后1场冰球比赛。当时我在塞勒姆高中读最后1年。我们分别击败丹佛人队、里维尔队和硬头队,赢了头3场比赛。但在随后的比赛中,我们输掉了连续的6场比赛,其中5场都是一球之差。所以在最后1场比赛,即在林恩体育馆同第一对手贝佛利高中的对垒中,我们都极度地渴求胜利。作为塞勒姆女巫队的副队长,我独进两球,我们顿时觉得运气相当不错。

那确实是场十分精彩的比赛,双方打成2:2后进入加时赛。

但是很快,对方进了一球,这一次我们又输了。这已是连续第7场失利。我沮丧至极,愤怒地将球棍摔向场地对面,随后自己滑过去,径直冲进更衣室。整个球队已经在那儿了,大家正在换冰鞋和球衣。就在这时候,门突然开了,我那爱尔兰裔的母亲大步走进来。

整个休息室顿时安静下来。每一双眼睛都注视着这位身着花裙子的中年妇女,看着她穿过条凳,屋子里正好有几个队员在换衣服。母亲径直向我走过来,一把揪住我的衣领。

"你这个窝囊废!"她冲着我大声吼道,"如果你不知道失败是什么,你就永远都不会知道怎样才能获得成功。如果你真的不知道,你就最好不要来参加比赛!"

我在我的朋友们面前遭到了羞辱,但上面的这番话从此我再也无法忘记,因为我知道,是母亲的热情、活力、失望和爱使她闯进休息室,她不但教会了我竞争的价值,还教会了我胜利的喜悦和在前进中接受失败的必要。

☞ **自信创造奇迹**

几千年来,人们确信没有人能够在4分钟内跑完1英里(1英里=1.6千米)的路程。自古希腊始,人们就一直在试图达到这个目标。传说中,古希腊人让狮子在奔跑者后面追逐,但这种办法也没能成功。人们坚信人的骨骼结构不符合要求,肺活量不能达到所需程度,在4分钟内跑完1英里是人的生理所无法办到的。而在1954年英国的乔治·班尼斯特用3分59秒4跑完了1英里后,奇迹出现了,1年之内竟然有300位运动员达到了这一极限。可以想象,无论如何人的骨骼都不会在短期内有很大的改善,这一成功不是来自人体机能的转变,而是人们的信心。

5.1.6 任务体验

体验1 考一考

如果你不信服"如果学习者认为困难,就是困难"的论点,进行以下练习。

看图5-1左边的图形,如果要求你将它分成4个形状面积相同的部分,你的回答可能如图5-1右图所示。

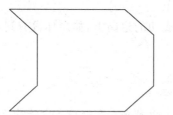 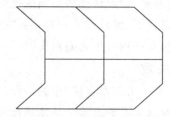

图5-1 四等分图

问题:现在请在最短的时间内将左边的图形分为5个全等的部分。

体验2 练一练

下面是玫琳·凯在其自传中讲述的一次购车事件。

一天傍晚,她走进一家汽车商的货品陈列室,打算买一辆新车,而且已决定要买。她清楚地知道要买什么样的汽车,销售员只需填写订单。

在做了短暂的演示驾驶之后,汽车销售员不停地咕哝着这辆汽车高性能的发动机及它在几家汽车杂志上得到的评价,就是没有进行成交的意图。结果,这种犹豫传染给了顾客,玫琳·凯离开了货品陈列室,没买这辆车……

玫琳·凯描述道:"那天晚上我有一种受挫的感觉,我想去买一辆车但又没买,因为销售员没有成交的意图。我认识到这个销售员一定是自我意识不强烈,他预期我的决定是不买,所以宁可面对拒绝,也避免追求成交。第二天,我去另一家代理商,那位销售员毫不犹豫地开订单,而且我买了。"

问题:第一位销售员缺乏自信心的表现是什么?生活中较为常见的缺乏自信心的表现有哪些?请两人一组(自由组合)作为潜在顾客到汽车4S店去体验,回来后描述你所看到的汽车销售人员的表现。

任务5.2　水涨船更高——掌控好注意力

5.2.1　实训目标

过去曾经有过的失败经历和注意力的掌控将影响自信心的形成。本实训的目标就是培养学生养成注意力掌控的良好习惯,即通过重新定义"失败",使学生具备用正向的心态思考问题的习惯,让学生亲身体验提升自信心的方法,具体内容如下。

- ◆ 了解自己自信心缺乏的真正原因。
- ◆ 理解失败的真正含义。
- ◆ 克服对失败的恐惧。
- ◆ 注意力掌控的良好习惯养成。

5.2.2　任务描述

1) 掌控注意力——才艺表演的评价

"船高靠水涨,水涨船更高","水涨船高"是营销导向型团队的组织文化建设目标,它要求团队成员养成用辩证的眼光去观察事物,用积极的心态去面对生活中的压力与竞争,将自己的注意力放在正面的事物上。

本次任务是以任务5.1为例,用实验法由教师引导学生体会注意力掌控的重要性,以及如何掌控好自己的注意力。

2) 完成任务所需准备的事项

(1) 页边二维码团队ZZZ活动描述和团队XXX活动描述,作为给学生讲解的范例。

(2) 记录实训过程的摄像机及辅助设备等。

(3) 助教1名。

团队ZZZ活动描述

团队XXX活动描述

5.2.3 任务步骤

（1）由教师讲解范例，一份是用挑剔的眼光评价团队 ZZZ 活动；另一份是用欣赏的眼光评价团队 XXX 活动，这两份评价忠实于学生的原创，是以往班级两个团队在任务 5.1 中对整场活动的评价。

（2）根据两份材料，让学生换位思考假如我是被挑剔节目中的主角我会怎样想，从而引导各团队展开讨论，畅所欲言。具体讨论过程中，由教师根据自己的经验掌控，讨论的关键点是教师必须控制学生不能偏离主题，哪一种团队评价的氛围更有利于学生在下一次活动中积极、踊跃地参与，有利于学生的进步，即将注意力掌控在正面的事物上。没有专业活动经验的教师可参考以下现场讨论控制设计内容。

首先，由教师讲解什么是注意力的掌控，可用 5.2.5 小节中的案例愁婆婆和喜婆婆、如果你是结巴或类似的生活实例来说明问题，并请学生分析积极的人生态度与消极的人生态度对故事中的主人公未来成长有什么样的影响。

然后，结合上述概念，请学生想象如果自己所处的班级环境是 ZZZ 式，你对学生、活动的态度是什么？XXX 式呢？请学生自己得出结论：对管理者而言，营造什么样的团队环境最重要？

接下来，引导学生思考：如何自我调整，从自身做起，形成人尽其才、各显其能的团队氛围呢？

最后，带领学生观看本班级任务 5.1 的才艺表演录像，各团队写出一份有利于同学自信心养成的活动评价，并上交。

说明：以上设计仅是供参考的一个范式，形式可千差万别，不必拘泥于此。

（3）介绍避免形成消极心态的方法——重新对失败做定义。教师先带领学生一起学习 5.2.4 小节中的内容。然后进行下面的训练，这个训练将有助于学生能够用正面、积极、有利于自身主观能动性发挥的角度去看待问题，正确面对所谓的"失败"，提升自信心。

训练步骤如下。

第一步：请学生列出自己以往生活中所遇到的各种自己认为失败的事例10个以上。如当……的时候，我失败了。

例1：今天，当我向他介绍热水器时，他用一种冷漠的眼光看着我，我想我失败了。

例2：今年，我参加推销技能考试没有合格，我能力不行，我失败了。

第二步：将所列出的各种失败情况换一种思维，用一些非主观的因素来解释这一结果。将第一步中当……的时候，我失败了。改为当……的时候，只意味着……

上面例1可改为：今天，当我向他介绍热水器的时候，他用一种冷漠的眼光看着我，这只是表明他今天心情不好。

上面例2可改为：今年，我参加推销技能考试没有合格，这只意味着考试的范围和标准超出了我的学习内容，如果我今后将超出的内容补上就会通过考试。

第三步：用表示自己思想上主动放弃的话来说明失败的必然性。如下面这些正面、积极、上进式的语言。

只有当我半途而废的时候,我才失败了。
只有当我没有耐心的时候,我才失败了。
只有当我懒惰、不思进取的时候,我才失败了。
此环节要用书面作业形式在课堂上完成并上交。

（4）请全体学生大声朗读奥格·曼狄诺所著的《世界上最伟大的推销员》中羊皮卷之六"今天我要学会控制情绪",建议以后每堂课之前都阅读此段内容。

今天我要学会控制情绪。

潮起潮落,冬来春去,夏末秋至,日出日落,月圆月缺,雁来雁往,花飞花谢,草长瓜熟,自然界万物都在循环往复的变化中,我也不例外,情绪会时好时坏。

今天我要学会控制情绪。

这是大自然的玩笑,很少有人窥破天机。每天我醒来时,不再有旧日的心情。昨日的快乐变成今日的哀愁,今日的悲伤又转为明日的喜悦。我心中像有一只轮子不停地转着,由乐而悲,由悲而喜,由喜而忧。这就好比花儿的变化,今天绽放的喜悦也会变成凋谢的绝望。但是我要记住,正如今天枯败的花儿蕴藏着明天新生的种子,今天的悲伤也预示着明天的欢乐。

今天我要学会控制情绪。

我怎样才能控制情绪,以使每天卓有成效呢？除非我心平气和,否则迎来的又将是失败的一天。花草树木,随着气候的变化而生长,但是我为自己创造天气。我要学会用自己的心灵弥补气候的不足。如果我为顾客带来风雨、忧郁、黑暗和悲观,那么他们也会报之以风雨、忧郁、黑暗和悲观,而他们什么也不会买。相反的,如果我为顾客献上欢乐、喜悦、光明和笑声,他们也会报之以欢乐、喜悦、光明和笑声,我就能获得销售上的丰收,赚取成仓的金币。

今天我要学会控制情绪。

我怎样才能控制情绪,让每天充满幸福和欢乐？我要学会这个千古秘诀：弱者任思绪控制行为,强者让行为控制思绪。每天醒来当我被悲伤、自怜、失败的情绪包围时,我就这样与之对抗：

沮丧时,我引吭高歌。
悲伤时,我开怀大笑。
病痛时,我加倍工作。
恐惧时,我勇往直前。
自卑时,我换上新装。
不安时,我提高嗓音。
穷困潦倒时,我想象未来的富有。
力不从心时,我回想过去的成功。
自轻自贱时,我想想自己的目标。

总之,今天我要学会控制自己的情绪。

从今往后,我明白了,只有低能者才会江郎才尽,我并非低能者,我必须不断对抗那些企图摧垮我的力量。失望与悲伤一眼就会被识破,而其他许多敌人是不易觉察的。它们往往面带微笑,招手而来,却随时可能将我摧毁。对它们,我永远不能放松警惕。

自高自大时,我要追寻失败的记忆。

纵情享受时,我要想想竞争的日子。

洋洋得意时,我要想想竞争的对手。

沾沾自喜时,不要忘了那忍辱的时刻。

自以为是时,看看自己能否让风驻步。

腰缠万贯时,想想那些食不果腹的人。

骄傲自满时,要想到自己怯懦的时候。

不可一世时,让我抬头,仰望群星。

今天我要学会控制情绪。

有了这项新本领,我也更能体察别人的情绪变化。我宽容怒气冲冲的人,因为他尚未懂得控制自己的情绪,就可以忍受他的指责与辱骂,因为我知道明天他会改变,重新变得随和。

我不再仅凭一面之交来判断一个人,也不再因一时的怨恨与人绝交,今天不肯花一分钱购买篷马车的人,明天也许会用全部家当换取树苗。知道了这个秘密,我可以获得极大的财富。

今天我要学会控制自己的情绪。

我从此领悟了人类情绪变化的奥秘。对于自己千变万化的个性,我不再听之任之,我知道,只有积极主动地控制情绪,才能掌握自己的命运。

我控制自己的命运,而我的命运就是成为世界上最伟大的推销员!

我成为自己的主人。

我由此而变得伟大。

(5) 学会道歉。最大的自信是有勇气承认错误。面对错误时,大多数情况是没人承认自己犯了错误;少数情况是有人认为自己错了,但没有勇气承认。通过以下训练,帮助学生克服心理障碍,勇于承认错误。

带领学生到户外开阔地,具体组织时视班级人数及场地规模,适当将学生分成两队分别进行下列活动,活动时两队互相监督,尽可能运用规则使半数以上的学生出现错误出列道歉。

活动步骤如下。

第一步,学生相隔一臂站成几列(视人数而定),每列人数不宜超过 6 人。

第二步,教师选派队长 1 人发号施令:喊"1"时向左迈一步;喊"2"时向右迈一步;喊"3"时向后退一步;喊"4"时向前跨一大步;喊"5"时不动。

第三步,当有人做错时,做错的人要走出队列、站到大家面前,诚心诚意地向队员高声说道歉。道歉内容不宜过短,要包含对错误过程的描述、道歉词及体态语言。以下内容仅供参考。

站直,双手自然放于体侧,然后说:"刚才队长在喊向 X(代表方位)的口令 N(数字 1 到 5)时,我向 Y(代表错的方位)了,违反了行动规则,破坏了整个团队的协调一致。对不起!"说完后,90°鞠躬。

教师可用摄像机记录活动,让学生观看自己的心态、体态和神态,自己多练习,达到三态的和谐统一。

(6) 考核。上交的书面作业(对节目的评价和对失败的重新定义)占考核成绩的60%;凡参加实训的同学均给予40%的基础分。

5.2.4 知识点拨

1. 独立意识是形成自信心的基石

生活中时时刻刻都充满着选择。一个人在成长过程中对所经历的各种问题进行选择并实施的过程,也是一个人独立品格形成的过程。但不幸的是,在我国,许多家长不辞辛苦地为孩子事事包办,让孩子没有表现的机会或自我决定的权利,久而久之,养成了孩子事事依赖的心理,行动的积极性也被削弱,独立性极差。这样的孩子,一旦遇到困难就不知所措,畏缩退避;遭遇失败也常常将责任归因于他人,不敢承担责任。这样的孩子成为家长,又会循环往复地继续下去。必须改变现状!从小培养孩子的独立意识,赋予他们选择的权利,让他们承担必须承担的责任,这是一个人自信心形成的基石。

2. 转换定义,克服对失败的恐惧

过去曾经有过的"失败"经历是人们缺乏自信的另一个重要原因。

当人们从事某件事没有达到想要的结果或目的,常常被说成"失败"。而事实上,即使是某些你认为极其"失败"的结果,也有可能会激发新的个人意念或作为对比的因素,使你在下一次或其他事件中获得有益的启迪或减少歧途。避免对自己说"我是失败者",而只是告诉自己:"这不是我想要的结果。"比较他人,有过"失败"经历的人至少在同一事件上比无经验的人要少犯错误。

大声对自己和他人说:没有失败,只有结果。

世界上最伟大的发明家,托马斯·爱迪生发明蓄电池历经25000次实验才获得成功。一位记者曾经问他,"爱迪生先生,25000次失败的感觉如何?"他回答说:"年轻人,那些不是失败,而是我发现了24999种蓄电池不工作的方法。"

因此,对于"失败"的理解成为人们解除对失败的恐惧的关键。

在《世界上最伟大的推销员》一书中,作者对于失败是这样解释的:失败就是一个人没能达到他的人生目标,不论这些目标是什么。为了实现自己的人生目标,每一个过程的付出都是值得的。

3. 做自己擅长的事,制定合理目标,寻找成功的感觉

做自己能够做且擅长的事,哪怕是最平常、最普通的工作,只要坚持做下去,也会做得优秀。正如胡雪岩所讲:"世界上很多事,本来就用不着有才干的人去做,平常人也能做,只看你是不是肯做,是不是一本正经地去做。能够这样,就是了不起的人。"

毕加索的母亲在他年轻时这样对他说:"如果你想当军人,你就要成为一个将军;如果你想当僧侣,你就要成为一个教皇。"毕加索对自己职业选择的解释却是这样的:"而我想当一名画家,于是我就成了毕加索。"他没有去做一个不可能成为将军的士兵,也没去做一个没有希望成为教皇的僧侣,他按照母亲的指点和对自身的独特理解和把握,成了一个享誉世界的画家。事实上,许许多多杰出人才的成功都是以每天多一点点的执着、毅力、耐心、勤奋、乐观等优秀品质的累积为前提的。

选择自己擅长的事后,做的过程中要注意设定阶段性的合理目标。确立符合自身条件的阶段性目标,并一步步去实现,找到成功的感觉,让成功成为习惯。教师在指导学生的过程中应注意,使学生设定的每一阶段目标都要符合"篮球架原理",即"跳一跳够得着"。如果目标过高,往往会因久久达不到目标而灰心丧气;如果目标过多,没有足够的精力同时完成太多的工作,也会被失败的感觉所包围。

心理学研究表明,每一个人在潜意识里都有一个舒适区,即能力圈范围(见图5-2)。在舒适区内发生的事情是人们力所能及的,因而做起来比较有信心。一个人的收入和成就与舒适区有着密切的关系。当超过上下限的10%时,人就会感觉到不舒服。

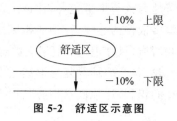

图 5-2　舒适区示意图

当人们根据自己的舒适区来确立符合自身实际的目标时,就会找到成功的感受,这种成功的感受是提升人们自信心的重要途径之一。

5.2.5　案例链接

☞ **愁婆婆与喜婆婆**

从前有一个老太婆,她每天都是愁眉苦脸的,为什么呢?原来她有两个女儿,大女儿是卖雨伞的,小女儿是卖扇子的。每当晴天的时候,老婆婆就愁大女儿的雨伞卖不出去;每当阴天下雨的时候,老婆婆就愁小女儿的扇子卖不出去,这样久而久之,大家就称为她愁婆婆。有一天一个智者知道了这事,就想帮助她一下,对她说:"我有办法让你由愁婆婆变成喜婆婆!"她一听很高兴,忙问是什么办法。智者说:"很简单,当晴天的时候,你就想一想小女儿,她的扇子会卖得很好;当阴天下雨的时候,你就想一想大女儿,她的雨伞会卖得很好。"愁婆婆恍然大悟,原来换个角度考虑就行了。从此,她真的由一个"愁婆婆"变成一个"喜婆婆"了。

☞ **如果你是结巴**

下面是一个美国男孩与其母亲的对话。

儿子:我说话很慢,一快或者紧张就会结巴。

母亲:那是因为这个世界上没有一张嘴巴能配合上你这个聪明的脑袋。

这个男孩就是杰克·韦尔奇。

☞ **1%的希望**

在1986年,美国职业篮球联赛开始之初的时候,洛杉矶湖人队士气不旺,陷入了球队的低潮。为什么呢？原因就是他们在前一年输给了凯尔特人队,失去了冠军宝座。

就在球队最困难的时候,教练派特和队员们谈话,他告诉大家,只要 12 个队员每个人在球技上能提高 1％,则整个球队就能提高 12％,那么今年肯定能够赢得去年失去的 NBA 总冠军奖杯。

结果,由于大家从这 1％ 的要求中看到了希望,所以训练热情很高,大部分队员提高不止 1％,有的甚至达到 50％。这年,湖人队轻而易举地又夺得了总冠军。

☞ **怎样把水烧开**

一位青年大学毕业后曾豪情万丈地为自己树立了许多目标,可是几年下来,依然一事无成。他满怀烦恼地去找一位智者。智者在河边的小屋里读书。智者微笑着听完青年的倾诉,对他说:"来,你先帮我烧壶开水!"青年看见墙角放着一把极大的水壶,旁边是一个小火堆,可是没发现柴火,于是便出去找。他从外面拾了一些枯枝回来,然后装满一壶水,放在火上,又在火堆里放了些柴火便烧了起来。可是由于壶太大,那捆柴火烧尽了水也没开。于是他跑出去继续找柴火,等找到了柴火回来,那壶水已凉得差不多了。这次他学聪明了,没有急于点火,而是再次出去找了些柴火。由于柴火准备得足,水不一会儿就烧开了。智者忽然问他:"如果没有足够的柴火,你该怎样把水烧开?"青年想了一会儿,摇摇头。

智者说:"如果那样,就把壶里的水倒掉一些!"青年若有所思地点了点头。

智者接着说:"你一开始踌躇满志,树立了太多的目标,就像这个大壶装的水太多一样,而你又没有足够多的柴火,所以不能把水烧开。要想把水烧开,你或者倒出一些水,或者先去准备柴火!"青年顿时大悟。回去后,他把计划中所列的目标去掉了许多,只留下最近的几个,同时利用业余时间学习各种专业知识。几年后,他的目标基本上都实现了。

5.2.6 任务体验

练一练

每 3 个人组成一个小组,相互循环督促(A 督促 B,B 督促 C,C 督促 A),每个人都试着从今天开始养成做以下几件事情的习惯。

◆ 在各种集会时,做好坐到最前排的思想准备。
◆ 养成看着对方的脸部说话的习惯。
◆ 将走路速度提高 25％(潜意识告诉自己有很多重要的事需要自己来做)。
◆ 主动和人说话(尤其是平时知道但从未打过招呼的人)。
◆ 保持经常的微笑,在自由的场合敢于放声大笑。
◆ 在遇到困难时找出事物的另一面。

4 个星期后采用小组循环肯定法(A 评价 B,B 评价 C,……,N 评价 A),互相学习,取长补短。

任务5.3 克服消极认知——突破限制性信念

5.3.1 实训目标

限制性信念是自信心提升的最大障碍。本实训的目的就是帮助学生找出生活中的限制性信念,掌握通过克服消极认知提升自信心的方法。

5.3.2 任务描述

回忆自己期待已久但却始终没有勇气做的一些事。这些事对许多人而言可能只是生活中的普通事件,但对你而言却始终没有勇气做出。比如有的人认为自己体育项目、平衡都很差可能无法学开车;有的人由于害羞或其他原因不敢与陌生人打交道;因误会与多年的好朋友闹翻了现在很想和解等。在教师的帮助下找出阻止自己成功的限制性信念,并下决心通过制订有效的方案来克服它。

5.3.3 任务步骤

(1) 共同讨论。由教师首先讲解或与学生共同讨论关于信念的话题,引导学生意识到信念对于一个人成功的力量。教师可参考5.3.4小节和5.3.5小节的内容,也可自行补充相关材料,若能够列举生活中学生熟悉的真实事例则更好。

(2) 布置任务。每位同学找出自己生活中由于限定性信念而无法完成的一些事,如我英语四级永远通不过、我一辈子也不会学车的、我一吃肉就要吐等非生理、非宗教信仰方面的事件。

(3) 以团队为单位形成教师辅导帮助的时间安排表,见表5-1。

表5-1 教师辅导时间安排表

团队名称					
联系人及电话					
辅导时间	第一次				
	第二次				
	第三次				
辅导地点					
辅导完成情况					

针对每次辅导,教师做详细的辅导记录。

如遇特殊情况需要进行一对一辅导则另行制定增加的特殊时间表。

(4) 辅导过程的一些建议。每位学生突破限制性信念所需的时间不同,可让那些率先完成实训任务的学生做助教,用自己的成功事例给学生以鼓励和信心。

在明确学生的基本情况后,辅导地点可因具体内容与事件安排在一些特殊性的场合,比如体育馆、露天花园等。

遇到病理性心理问题疾病时可仔细记录情况并将资料移交专业人员解决。

(5) 考核。由于每位学生完成任务的时间要求不同,此项目的考核有效时间为本课程结束前的时间内,对完成任务的学生成绩以教师评定为主。

5.3.4 知识点拨

1. 突破限制性信念,提升自我价值

信念就是指人按照自己所确信的观点、原则和理论去行动的个性倾向。信念内在表现为世界观、人生观、历史观、学术观等方面的信仰,而信念的外在表现,表现在如夸父奔日、精卫填海、愚公移山等坚定不移的行为志向上。

掌控好自己的注意力就是让人们能够综合全面地看待问题而不是片面地过于苛求自己的缺点。心理学认为:一个人在头脑里思考过或重复思考过的画面在我们行为上都有重复性的倾向。因此,当我们将自己的注意力放在积极、正面、能够引导人们积极进取的方向上时,这些与成功相联系的画面将有助于人们的思想指导其行为向成功方面转化。

信念对人的影响是非常大的。在销售工作中,销售人员应努力找出阻碍良好工作业绩的限制性信念,如我的专业知识太差不能很好地销售、我的价值观念与顾客不同无法沟通、我的学历很低等,使工作向良性而不是向恶性循环发展。

在前面所学舒适区的知识中,人的能力有区间范围。如果相信自己能行,那么,自信心就会激发自己的潜能,使自己产生发挥能力上限的行动,进而取得好的结果,而好的结果会提升自己的信心,这是良性循环。相反,如果认为自己不行,那么,在行动中因潜能无法激发出来,使自己的能力发挥一般或失常,即能力范围的下限,这样的结果常会使自己降低对自己的能力认知,由此形成恶性循环。

2. 解释行为对态度影响的 3 个理论

3 种不同的理论可以解释行为对态度的影响。

自我展示理论假定人们会适当调整自己的态度以使其看起来与行为一致,尤其是那些为了给他人留下好印象而控制自己行为的人。我们可以找到证据证实人们确实会因他人的想法而调整自己的态度,但与此同时,也发现了有时真的会引发真实态度的改变。

不协调理论的解释是,当我们的行为与态度相反或者很难做决定时,会感到紧张。为了降低这种情绪的激活,我们会通过一系列的心理活动将自己的行为合理化。不协调理论进一步认为,我们不当行为的外在理由越少,越觉得自己对其负有责任,从而会产生越多的不协调,态度也改变得越多。

自我知觉理论则假定,当我们的态度不很坚定时,就会通过观察自己的行为及其环境来推断我们的态度。自我知觉理论的一个有趣的推论是"过度合理化效应":付给人们报酬让他们做自己喜欢做的事,能将他们的这种乐事转化为苦差(如果这些报酬使他们将自己的行为归因于报酬)。

5.3.5 案例链接

👁 独木桥的走法

弗洛姆是美国一位著名的心理学家。一天,几个学生向他请教:心态对一个人会产生什么样的影响?他微微一笑,什么也不说,就把学生们带到一间黑暗的房子里。在他的引导下,学生们很快就穿过了这间伸手不见五指的神秘房间。接着,弗洛姆打开房间里的一盏灯,在这昏黄的灯光下,学生们才看清楚房间的布置,不禁吓出了一身冷汗。原来,这间房子的地面就是一个很深很大的水池,池子里蠕动着各种毒蛇,包括1条大蟒蛇和3条眼镜蛇,有好几条毒蛇正高高地昂着头,朝他们"嗞嗞"地吐着信子。就在这蛇池的上方,搭着一座很窄的木桥,他们刚才就是从这座木桥上走过来的。弗洛姆看着他们,问:"现在,你们还愿意再次走过这座桥吗?"大家你看看我,我看看你,都不作声。过了片刻,终于有3名学生犹犹豫豫地站了出来。其中一个学生一上去,就异常小心地挪动着双脚,速度比第一次慢了好多倍;另一个学生战战兢兢地踩在小木桥上,身子不由自主地颤抖着,才走到一半,就挺不住了;第三个学生干脆弯下身来,慢慢地趴在小桥上爬了过去。"啪",弗洛姆又打开了房内另外几盏灯,强烈的灯光一下子把整个房间照耀得如同白昼。学生们揉揉眼睛再仔细看,才发现在小木桥的下方装着一道安全网,只是因为网线的颜色极暗淡,他们刚才都没有看出来。弗洛姆大声地问:"你们当中还有谁愿意现在就通过这座小桥?"学生们没有作声,"你们为什么不愿意呢?"弗洛姆问道。"这张安全网的质量可靠吗?"学生心有余悸地问。弗洛姆笑了:"我可以解答你们的疑问了,这座桥本来不难走,可是桥下的毒蛇对你们造成了心理威慑,于是,你们就失去了平静的心态,乱了方寸,慌了手脚,表现出各种程度的胆怯,心态对行为当然是有影响的啊。"如果人们在通过人生的独木桥时,能够少一些负面的心态,少一些限制性信念,专心走好自己脚下的路,也许能更快地到达目的地。

👁 信念的力量

第二次世界大战期间,德国人用集中营里的一名犯人做了这样一个实验:德国军官向这名犯人宣布说:"我们决定对你执行死刑,但不是枪决。我们要割断你的血管,让你因鲜血流尽而死亡。"

接下来就是执行的过程:德国士兵将这名犯人的眼睛蒙上,将他带到一间空无一人的阴暗屋子里。屋子中间有一个医院输液用的支架,支架上挂着装满液体的输液瓶和输液管,架子旁边放着一把椅子,椅子旁边有一只水桶。当然,这名犯人是看不到这一切的。

犯人被绑在椅子上后,士兵将输液管用胶布固定在犯人的手臂上,然后用很钝的硬物在犯人的手臂上用力一划,同时打开输液管,输液瓶的液体一滴一滴地伴着清脆的声音滴落进水桶里。而事实上,犯人的手臂根本没有被划破,血液也没有流出来。但犯人因为看不见,误以为滴到桶里的液体是自己血管里流出的血。最后,这位犯人在没有受到任何伤害的情况下死亡了。更为奇特的是,医疗设备记录的数据显示其死亡的症状与失血而亡的人的指标一模一样。杀死这个犯人的是他认为自己必亡的"信念"!

5.3.6 任务体验

想一想

下面是一个日本学者做过的一次实验,请总结实验结论。

有一个顾问,向参加他培训的学生们提出一个问题:"你们之间有几个人认为,30年内可以废除监狱?"学生们听到这个问题,沉寂一会儿后有人提出反问,道:"老师,您是在说把杀人犯、小偷、骗子全都要释放吗?假如是那样,您认为世界会怎么样呢?"

紧接着,其他人也七嘴八舌地说道:"如果废除了监狱,秩序就要大乱。"

这样,谈了十来分钟监狱的必要性后,这位顾问向大家说:"同学们,其实我是为了搞清一个问题,才提出了废除监狱的问题。你们就为什么不能废除监狱的观点,进行了议论。怎么样?从现在开始利用几分钟时间,请大家就能废除监狱的观点进行讨论。我们假设能废除监狱,那么,怎么才能办得到呢?"

起初,无人发言。过了会儿,有一个人犹豫地说:"是呀!如果能更多地创办一些保护失足少年的设施,也许能够取消监狱。"在10分钟之前还强烈反对这种想法的学生们,现在也热心地谈论道:"为此就必须努力消除贫困。""我想若能开发某种矫正罪犯的外科手术就好了。"学生们提出一连串认为能够实现废除监狱的主意。

项目 6　公共关系活动策划能力训练

项目 6 说明

项目说明

善于对活动进行总结、完善与提高是专业能力提升的重要途径。任务 6.1 采用倒推方法，让学生根据所了解的某次公关活动，以假如我是活动组织者这个假设为前提，熟悉一次具体的公关活动的策划过程；并按照公关策划书的格式，在教师的引导下完成一份符合规范的公关策划书的撰写；然后通过自己所参加过的公关活动的亲身体验，提高公关策划书的撰写能力。

企业在经营管理过程中，由于自身或外界原因，常会遇到许多危机事件，如产品质量故障、产品事故、承诺不到位、宣传失真、内部管理、媒体质疑、质量安全标准差异、竞争诋毁等。这些问题会直接波及企业的所有产品与企业的整体形象，引起消费者的信任危机。因此，对营销专业人员来说，危机公关意识及能力是彰显营销专业技术与众不同的一个重要方面，任务 6.2 就为此而设计。

公共关系活动必须以组织为依托，学生所在的院系、专业或班级即是学生所在的组织。因此，以系、专业或班级为单位由学生为自己所在的组织开展一次面向全校的公共关系活动，这就构成了本项目的任务 6.3。

注意： 由于班级的个体差异，对可能出现的阻碍项目顺利开展的问题进行预测并采取相应的措施是非常必要的。

任务 6.1　也需纸上谈兵——公关策划（书）的基本要求

6.1.1　实训目标

根据学生参加过的一次公共关系活动，采用倒推方法，以我是活动组织者这个假设为前提，熟悉一次具体的公关活动的策划过程；并按照公关策划书的格式，在教师的引导下完成一份符合规范的公关策划书的撰写,具体分解如下。
- 掌握公关策划的基本程序。
- 学会按基本规范撰写公关策划书。

6.1.2 任务描述

"赢在中国之蒙牛爱心牛奶义卖"活动项目的策划书"还原"。

观看视频"赢在中国之蒙牛爱心牛奶义卖"。根据节目倒推该公关活动的策划书,然后再完成6.1.6小节中的练一练,通过自己亲身体验过的公关活动,倒推策划书来巩固公关策划书的撰写能力。

6.1.3 任务步骤

1. 组建团队

可沿用前期项目的分组方式,也可以重新组队。

2. 布置任务

(1) 教师讲解公关策划书的基本要求及内容,可参照案例链接中的港湾公寓公关策划。

(2) 扫描页边二维码,带领学生观看视频赢在中国之蒙牛爱心牛奶义卖,并根据公关策划的基本内容格式引导学生一步步完成策划书的初步撰写。

(3) 各团队提交策划书,由教师修改点评。

赢在中国之蒙牛
爱心牛奶义卖

3. 考核

根据学生上交的策划书,参考公关策划书评分标准(见表6-1),给各团队评定成绩。

表6-1 公关策划书评分标准

项 目	能 力 点	等级 5	4	3	2	1	权重	总分
文书结构	结构完整性						0.1	
	逻辑思路清楚、层次分明						0.1	
	措辞准确表达清楚						0.1	
具体内容	存在的问题与解决方案关联度高						0.2	
	主题鲜明且内容详尽						0.2	
	措施可实施性强且不落俗套						0.3	
	加分项目						0.2	

加分理由简述:

团队队长根据每个成员在工作中的表现给予其评价,以比例形式表现。例如,团队有5位成员,他们可能分别获得的评价是 A 成员的占比是 22%,B 成员的占比是 18%,C 成员的占比是 25%,D 成员的占比是 19%,E 成员的占比是 16%。所有团队成员的占比总和为 100%。每位同学的成绩得分则为团队分数×人数×该同学的比例数。

6.1.4 知识点拨

1. 公共关系计划的基本构成

一个较为完整的公关计划通常包括以下几个部分:①确定公共关系的目标;②选择公共关系对象;③确定行动方案;④编制公关计划(书)。

2. 公众

所谓公众,即与特定的公共关系主体相互联系及相互作用的个人、群体或组织的总和,是公共关系工作对象的总称。从不同的角度,公众可划分为不同的类型(见图 6-1 和图 6-2)。

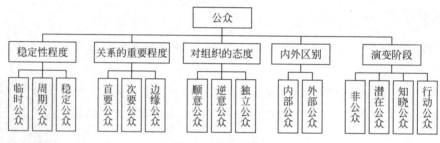

图 6-1 公众的类型

3. 常见公共关系目标

公共关系目标一般分为 4 类:长期目标、近期目标、一般目标和特殊目标。长期目标是涉及组织长远发展和经营管理战略等重大问题的目标,它与组织整体目标相一致,塑造组织的总体形象。长期目标比较抽象地反映了组织在公众中应具有的形象以及能够对社会所起的作用,是组织理想的信条,时间通常在 5 年以上。近期目标是围绕长期目标制定的具体实施目标,其内容具体,有明确的指向性,对公共关系工作有实际的指导作用,时间一般在 5 年以下。常见的是年度工作目标,它依据每年度的日常工作、定期活动、专题活动的内容,确定年度工作目标和步骤。一般目标是依据各类或几类公众的权利要求、意图、观念或行为的同一性制定的,它是构成组织总体形象的要素。特殊目标则是针对那些与组织目标、信念、发展以及利益相同或相近的公众中的特殊要求制定的,特殊目标具有特殊的指向性。

图 6-2 组织的主要公共关系

以下为企业常用到的公共关系目标。

（1）新产品、新技术、新服务项目开发中，要让公众有足够的了解。

（2）开辟新市场、新产品或服务推销之前，要在新市场所在地的公众中宣传组织的声誉，提高知名度。

（3）转产其他产品时，要调整组织对内、对外形象，树立新的组织形象与新产品相适应。

（4）参加社会公益活动，并通过适当的方式向公众宣传，增加公众对组织的了解和好感。

（5）开展社区公共关系活动，与组织所在地的公众沟通。

（6）本组织的产品或服务在社会上造成不良影响后，进行公共关系活动。

（7）为本组织的新的分公司、新的销售店、新的驻外办事处进行宣传，使各类公众了解其性质和作用。

（8）让组织内外的公众了解组织高层领导关心社会、参加各种社会活动的情况，以提高组织声誉。

（9）发生严重事故后，要让公众了解组织处理的过程、采取的方法，解释事故的原因以及正在做出的努力。

（10）创造一个良好的消费环境，在公众中普及同本组织有关的产品或服务的消费方式、生活方式。

（11）创造股票发行的良好环境，在本组织的股票准备正式上市挂牌前，向各类公众介绍产品特点、经营情况、发展前景、利润情况等。

（12）通过适当的方式让公众了解组织产品的商标牌号、企业名称。

（13）争取政府对组织性质、发展前景予以支持，协调组织与政府的关系。

（14）赞助社会公益事业。

（15）准备同其他组织建立合作关系时，对组织的内部公众、组织的合作者及政府部门宣传合作的意义和作用。

（16）处在竞争危急时刻，通过联络感情等方式，争取有关公众的支持。

6.1.5 案例链接

☞ 港湾公寓公关策划

案例背景资料：美国芝加哥市一家房地产公司在密歇根湖畔建造了几幢质量上乘、设施良好的豪华公寓，命名为港湾公寓。港湾公寓虽然景色迷人，服务优质，价钱合理，但开业三年来，只售出了35%，降低价格后仍不见起色。这家公司决定通过公共关系活动来推动销售。影响出售的原因调查如下。

经过对附近住户和居民的民意测验，发现在密歇根湖畔居住的公众对公寓存有偏见。如住进去是否会太清静寂寞，交通不便是否会影响买东西，孩子上学怎样办，尤其是缺乏娱乐和夜生活。

某著名策划公司根据调查资料制订了下面的公共关系计划。

公关整体目标——创造推销公寓的良好气氛,变滞销为抢手的公寓

实施分目标:

(1) 在公众中树立公寓内部环境与社会服务设施相配套的完整形象。
(2) 在公寓已有住户中建立融洽的内部环境与和谐的气氛。
(3) 改善公寓外部交通条件。
(4) 争取本地意见领袖入住公寓,达到劝服公众的目的。
(5) 制造新闻,提高知名度。

选定公众对象:

(1) 确定潜在公众为各类公众对象的优先目标。
(2) 现有住户是公司推销公寓的主要目标。
(3) 一般大众和政府部门意见。
(4) 意见领袖。
(5) 新闻记者和一般大众。

最后,在编制经费预算的同时,制订具体行动方案。

(1) 完善港湾生活服务设施,如开设商店、音乐厅、酒吧、游泳池以及学校、幼儿园等。
(2) 选定感恩节开展各种活动,如通过已有住户向其亲友发贺年片、明信片、组织马戏团演出等。
(3) 资助政府建造小岛屿和陆地连接的公路。
(4) 组织政府、企业家、体育电影明星等社会名流参观公寓。
(5) 组织芝加哥历史纪念品大拍卖活动,为教育基金捐款。
(6) 利用美国国旗制定200周年之际,在公寓楼前组织升旗仪式。

6.1.6 任务体验

练一练

以 6.1.2 小节中这一公关活动为基础,在教师的引导下,以每个学生为单位,"还原"这一活动的公关策划书。

任务6.2 扭转不利局面——组织危机公关策划

6.2.1 实训目标

企业在经营管理过程中,常会遇到许多危机事件,若危机事件处理不当,将给企业产品、品牌甚至整个企业带来灾难。营销管理者应具备在企业爆发危机事件时,快速有效采取措施消除或减弱危机负面影响的能力。因此,对于营销专业人员来说,危机公关意识及

能力是彰显营销专业技术一个与众不同的重要方面。

具体分解如下。

◆ 培养学生的危机公关意识。

◆ 判断出危机产生的根源及危机类型的能力。

◆ 提出危机解决方案的能力。

6.2.2 任务描述

1) 危机事件发现与处理

近年来,企业事件危机频发,电视机着火、高压锅伤人、热水器触电或煤气泄漏、护肤品"毁"容、食品安全等问题不断。

本任务是各团队以当地企业为研究对象,在已发生或正在发生的危机事件中试用专业知识去解决专业问题。对于已发生的危机事件(要求2008年以后发生的),用具有专业水准的评价方式对其公司开展的公关活动进行点评;对于正在发生的危机事件,请设计解决方案。

要求制作PPT并上台汇报,接受其他各组学生的提问。正在发生的企业危机公关事件的解决方案可递交企业作为参考。

2) 实训任务设备及场所要求

(1) 汇报场所要求:音响效果较好、环境较为舒适的多媒体教室。

(2) 教师需准备摄像及辅助设备进行现场拍摄。此外,还应准备无线麦克风数个,个数以小组学生人数为参考。

(3) 提前指定现场摄像师(若有助教可由其担任),要事先熟悉摄像机及其辅助设备以备现场全程摄像。

6.2.3 任务步骤

(1) 组建团队。可沿用前期项目的分组方式,也可以重新组队。

(2) 任务准备。

① 扫描页边二维码,观看电视剧《乔家大院》第十五集中有关危机公关活动(麻油掺假引发的公司形象损坏)的内容。

② 各团队同学大量阅读危机公关的案例,参考案例链接的内容,分组讨论得出各组对危机公关的认识。

③ 使用6.2.6小节中的情景问题(教师也可寻找些危机公关的案例并设计问题)随堂测试学生关于危机公关处理的方法,根据团队的解决方案,记录团队得分,由此作为构成考核成绩的一个部分。

《乔家大院》危机公关主题片段

(3) 任务布置与实施。教师向学生说明任务,各团队明确任务后在队长的带领下开展工作。工作过程中团队成员需填写工作日志(见表6-2),每日上报指导教师。指导教师通过电话随时与学生保持沟通,帮助学生解决可能遇到的各种困难。

表 6-2　　　　　　　　　　　（团队）调查日志

日期			____年____月____日 星期____ 天气____		
序号	成员姓名	时间(点)	工作内容	地点	电话
1					
2					
3					
⋮					

(4) 各团队按规定时间上交任务成果"组织危机公关案件及处理建议",并于规定时间进行现场汇报。

(5) 考核成绩由两部分构成,情景问题的随堂测试占30%;当地组织危机公关案件及处理建议占70%(其中,书面占40%,汇报占30%)。两部分的得分汇成该团队的成绩。

团队队长根据每个成员在工作中的表现给予其评价,以比例形式表现。例如,团队有5位成员,他们可能分别获得的评价是"A成员的占比是22%,B成员的占比是18%,C成员的占比是25%,D成员的占比是19%,E成员的占比是16%"。所有团队成员的占比总和为100%。每位学生的成绩得分则为团队分数×人数×该学生的比例数。

6.2.4　知识点拨

1. 应对危机公关的基本原则与方法

应对危机公关的基本原则:及时、诚恳、准确、积极、专业和全局。

一些常规的方法如下。

(1) 全面了解此次危机的情况。查明基本情况、保护有关现场、了解联络当事人员、考察相关现场、实施危机预案、对危机发展和处理的前景有所了解。

(2) 制定公众对策。①内部公关:向全体内部公众及时通报情况,要及时安抚,要强调一致对外;②受灾害方:道歉、了解、交流、走访、媒体关系(通报真相、说明原因、统一口径、实事求是)。

2. 危机公关处理需注意的3个重要问题

(1) 准确判断发生的事件是否会对企业造成危机。

(2) 危机事件发生时要想尽一切办法将损害降低到最低点而不是先找原因。

(3) 为表达诚意及增强公信力,最佳做法是请第三方机构对事件发生的真实原因开展调查而不是由组织自身来完成。

6.2.5　案例链接

☞ "泰诺"危机事件

以生产保健及幼儿药品闻名的约翰逊联营公司是美国最大的医药公司。1982年,约翰逊联营公司通过综合运用管理、市场营销和公共关系的手段，成功地处理了危及公司生存的"泰诺"事件。这一成功的危机公关案例现已成为美国公关史上的一个经典案例。

1982年9月30日早晨，有消息报道，芝加哥地区有7人因使用约翰逊联营公司的一个子公司麦克尼尔日用品公司生产的泰诺牌镇痛胶囊，死于氰中毒。据传另还有250人生病或死亡，这消息引起了美国使用泰诺牌镇痛药的约1亿消费者的巨大恐慌（后来查明这些人的生病和死亡与泰诺牌镇痛药无关）。

博雅公关公司1978年以来一直负责泰诺牌镇痛药的宣传工作。危机发生后，约翰逊联营公司的公关部门会同博雅公关公司立即采取的第一项关键性决策，是与新闻媒体通力合作，因为新闻界是向公众报警的关键。这一决策得到了公司管理部门的全力支持。由于氰中毒的发生，需要立即采取行动保护消费者，因而公司方面毫不迟疑地以完全坦诚的态度来对待新闻媒介。同时，公司以1亿多美元的代价从市场上撤回了3100万瓶泰诺牌镇痛胶囊。在危机阶段，管理层坚守公司信条"绝对将顾客的安全放在第一位"，几乎所有的公关决策都是以稳妥、合理、向社会负责的企业原则为基础的。

在处理"泰诺"事件的过程中，约翰逊联营公司并非孤军作战。由于约翰逊联营公司与社会各界有着良好的关系，因而它得到了不少社会机构的支持。这里，我们通过美国食品与医药管理局新闻办公室，在发生"泰诺"事件后一周的工作情况，看一下该机构与约翰逊联营公司协同作战的细节。

9月30日（周四），时间：17：16，对外发布"泰诺"紧急通报，宣布约翰逊联营公司撤回第一批8月生产的93000瓶泰诺牌镇痛胶囊。

10月1日（周五），时间：10：47，对外发布"泰诺"最新消息，宣布约翰逊联营公司撤回第二批171000瓶泰诺胶囊；食品与医药管理局在全国范围内对泰诺胶囊进行抽检。

10月4日（周一），时间：9：58，对外发布"泰诺"消息，食品与医药管理局抽检了100多万瓶泰诺胶囊，发现芝加哥以外地区的这类药品无受污染现象。

10月5日（周二），时间：15：47，通报加州奥罗维尔地区泰诺胶囊的情况，宣布约翰逊联营公司在全国范围撤回泰诺胶囊。

10月5日（周二），时间：17：26，提供当天15：47发布消息的进一步情况。

10月6日（周三），时间：10：45，向所有有关机构，发布食品与医药管理局专员海斯和专卖部副主任科普的声明。

10月6日（周三），时间：23：42，对外发布消息，麦克尼尔日用品公司有奖回收泰诺胶囊。

10月7日（周四），时间：8：43，对外发布"泰诺"最新消息，一位装运泰诺胶囊的卡车司机自杀，车上的药品有氰化物污染现象。

随后立即开始的第二阶段是重返市场阶段。这涉及了一次更加周密、广泛的公关努力。这一阶段以由30个城市参加、通过卫星转播的电视记者招待会开场。这一创新的方案是由博雅公关公司提出的。1982年11月11日，有关抗污染药物包装的泰诺牌镇痛胶囊重返市场的消息，同时为美国各电视网、地方电视台、电台和报纸所报道。博雅公司策划和组织的这一活动，取得了电视记者招待会从未有过的最好效果，尽管那天世界上发生了两件大事：勃列日涅夫逝世和航天飞机升空。电视记者招待会的主会场在纽约的喜来登中心饭店,直接面对30个城市的500多名记者。记者招待会上首先由约翰逊联营公司首席执行官Jim Burke发表讲话,他感谢新闻媒介公正对待"泰诺"悲剧,并向记者介绍重返市场的有抗污染包装的泰诺镇痛药,然后邀请记者提问。博雅公司在现场还播放了这种新式包装药品的录像。这次记者招待会获得了巨大的成功。它被人们称为美国新闻史上"难度最大"的记者招待会,揭开了"未来新闻的新篇章",博雅公司由此也走向了使用电子传播技术的新时代。在这之后,电视记者招待会成了美国各大公关公司经常采用的工作方式。

公司还花了5000万美元向消费者免费赠送这种重新包装过的药品。

这一事件中的一些关键性决策,都由公司首席执行官Jim Burke为处理"泰诺"危机而成立的七人战略委员会讨论、定夺,该委员会中有一名公关人员。该委员会在事件发生的前六周内每天开两次会,它做出的决策涉及从包装、广告到在电视上的形象等各方面的问题。

一年后,约翰逊联营公司重获其在"泰诺"事件之前在市场上拥有的大部分份额,公司及其产品也重新得到公众的信任。对此,美国新闻媒介有过大量的报道,如《华尔街日报》以"迅速复原,'泰诺'重新赢得市场上的率先地位,使厄运断言者惊叹不已"为标题的文章;《时间周刊》1983年10月17日以"'泰诺'神奇般地重返市场"为标题的文章。

"泰诺"事件后,政府有关部门和一些大公司严格了对日用品包装的管理,使消费者受益匪浅。约翰逊联营公司也由此处理好了日后它与政府机构的关系。

☞ **万家乐热水器的公关失误**

1993年10月,郑州市陆续发生多起万家乐热水器"爆裂"事故。用户正在使用时,突然发生"噗"的一声爆响,当事人在家冲澡受到惊吓,继而发现热水器已经坏了。

这样的事故陆续发生,而且集中在一个干休所住宅小区。这个住宅小区安装的万家乐热水器是万家乐生产的第一批产品,已使用了4~5年。河南省燃气及燃气具产品质量监督检测中心在检查"爆裂"的热水器时得出的结论是:这些事故是由于干烧引起的。干烧是指热水器点燃后,开关转至大火位置,冷水阀还未打开时,大火燃烧器已被点燃;或水阀已关闭,而大火仍燃不灭,以致热水器中热交换器螺形管经受不住高压蒸气而爆裂。该热水器是万家乐的第一批产品,当时还没有防干烧装置。

事故发生后,用户找到万家乐郑州服务中心要求免费维修。

此时的万家乐热水器在中原拥有很高的市场占有率,仅在郑州就有20多万户。万家乐服务中心答应为用户维修,但要求用户付零件费而且态度差。本来就因在冲澡中热水器爆裂憋了一肚子火的用户,此时更是火上加火。于是,用户联名上告到消费者协会。

不管什么样的危机,企业都要告诉所有员工要先解决危机再找原因,正如着火之后,一定要先救火后查起因一样。万家乐郑州服务中心的技术人员急于找出原因。他们对发生干烧"爆裂"的万家乐热水器进行了详细解剖,发现出现干烧现象的产品,热水器水阀和水气联动阀里面都累积有铁锈状沉淀物,当沉淀物积累到一定量时,就会引起水气联动阀里面的推杆运动不灵活,严重时卡住不复位;由于水中的沉淀物累积堵住水气连动轴,造成关水后热水器不熄火而继续燃烧,即干烧。干烧时由于水箱水管里的水不流动,很快就会把里面的水烧开而产生蒸气压力。如热水器是后置式(即水龙头装在热水器出口控制),水管里的压力就会越烧越大,最终造成水箱水管"爆裂",并发出很大声响,使热水器不能继续使用。万家乐郑州服务中心终于找到了一块挡箭牌,他们发现了水中的铁锈沉淀物。于是万家乐郑州服务中心匆忙在《郑州晚报》刊登了一则广告,大意是:由于郑州自来水中含有杂质,导致万家乐热水器在使用时,水阀和水气联动阀都积累有铁锈状沉淀物,从而导致热水器出现干烧,由此产生的万家乐热水器"爆裂"与万家乐无关……

郑州自来水公司迅速做出了反应,以损害名誉为由向郑州市人民法院起诉万家乐,要求赔偿名誉损失费100万元人民币。郑州自来水公司的水源取自黄河水,在报纸上宣称郑州自来水有杂质,影响着几百万郑州人的生活,事关安定团结,当然会引起自来水公司的强烈反应。郑州自来水公司出示的证据是采自郑州9个自来水取水监测点的关于水质正常的监测报告。

万家乐则辩称:郑州市自来水水源没有问题,不等于用户水龙头里的水没有问题,由于管道失修和二次污染,导致郑州自来水有杂质。对每一台"爆裂"热水器的检验都表明水箱里面有铁锈状沉淀物,杂质就是证据。

双方各执一词,相持不下。

在长达一年的危机状态下,无论万家乐郑州服务中心还是万家乐公司总部都未对这一事件引起足够重视,用户的问题迟迟没有得到解决。时间转到了1994年10月。

全国人大常委会消费者权益保护法执法检查组,到全国各地巡视,第一站直奔郑州。当地消费者协会就万家乐热水器爆裂事件向全国人大检查组做了专题汇报,检查组当即做出了有利于消费者的指示。

1994年10月21日,随行的新华社记者向总社发回了"郑州多次发生万家乐热水器爆炸事故",在记者的新闻稿里,"爆裂"变成了更具象声意义的"爆炸",从而使新闻色彩更加浓厚。此稿一路审查通过。

当晚,北京新闻界的一位朋友给万家乐打去电话,有一篇"万家乐热水器爆炸"的新闻稿即将由新华社发出。当时,万家乐的老总正在香港,未对此事采取任何反应措施。

或许,如果万家乐早一天知道消息,或许当时万家乐以总公司的名义急电新华社,言明新闻稿与事实有出入,就不会造成那么严重的影响了。

几小时后,冠以新华社郑州10月21日电的消息"郑州多次发生万家乐热水器爆炸事故"由北京发向全世界。

第二天,几乎所有大报纸都在头版位置刊登了这一消息。这则消息来自新华社有足够的权威性,事关中国的大企业有足够的显著性,又非本报采写无诉讼风险各报纷纷刊登。一家中央级大报为这则电讯稿配上一个醒目的标题"想买热水器吗?当心"。另一家报纸索性把万家乐的广告词改了一下"要买热水器呀,告诉你吧:郑州万家乐发生多起爆炸"。

这是对万家乐的一次集体毁誉,万家乐的品牌受到了严重打击。万家乐内部由此分成"主战"和"主和"两派,主战派认为事已至此,就要对抗,把官司打到底;主和派则认为万家乐应该把目标转向售后服务上,认认真真为消费者解除后顾之忧。此事的影响只能让时间去冲淡它。

6.2.6 任务体验

体验1 想一想

小强热线大奔事件

杭州电视台小强热线有一期节目报道了这样一件事。

一位女士向小强热线投诉,她的奔驰车在杭州4S店保修期内免费保修被拒绝。怎么会有这种事情呢?经调查,原来是这位女士给汽车更换机油时没按说明书规定使用奔驰汽车指定的机油。奔驰公司在产品销售中与顾客有约定,凡不按说明书要求而造成的车辆质量问题,不享受销售合约中承诺的免费保修服务。如需服务,要加收服务费。

这位女士认为,奔驰车保养所指定的专用机油价格过高,没必要花这么高的价格使用该产品,完全可以用普通机油代替。汽车使用年限和里程都符合保修规定,4S店没理由拒绝保修。

奔驰4S店认为,奔驰汽车是高档汽车,自然对配套商品的要求也极高。普通机油不能达到奔驰汽车发动机要求的使用标准,由此引起的故障理应由顾客自己负责。销售合约中所承诺的保修年限和里程是建立在用户正确按照产品说明书使用的基础上的。所以4S店拒绝免费维修。

小强经过现场调解,认为在媒体的曝光之下,4S店从维护公司形象出发,不管谁对谁错都应该让这位女士满意,但4S店拒绝了这一善意提醒,仍坚持收费维修。

问题:判断这次媒体曝光事件对奔驰4S店是一次危机事件吗?请说明理由或处理建议。引导提示请扫页边二维码。

危机判断引导提示

体验2 练一练

高压锅伤人事件

家住杭州的一位老太太,使用某企业生产的××牌电饭锅煮粥,过程中突然锅盖炸飞,发生爆炸,气体和稀饭一下子全部喷到了老太太的脸上、墙上、天花板上、地砖上全沾满了米粒……邻居们闻讯赶到,一方面保护现场,拨打公司服务电话;另一方面迅速拨打120,将老太太紧急送往医院治疗……若你是该公司的区域经理,接到电话后应如何面对此次突发事件?

康佳彩电着火事件

20世纪90年代末期,品牌形象一直颇佳的康佳彩电遇到了头痛的事:北京郊区某家居民家中起火,整个房屋全部毁坏。初步勘查现场,有猜测说是该居民家中的彩电着火引起的,而彩电品牌正是康佳。某些全国性报纸、电视等媒体将此事作了公开报道,虽然报道中也是用猜测的语言,并未断言失火原因一定是彩电引起的,但此事件给康佳集团声誉带来了极大的负面效应。如果你是康佳集团公关策划人员,你认为应该如何应对此事件?

危机公关学生作业示例1

体验3 赛一赛

各团队从年度央视"3·15"曝光的假冒伪劣相关企业中任选一个企业,制作成危机公关案例进行课堂宣讲,参考作业可扫描页边二维码。

危机公关学生作业示例2

任务6.3　形象需要展示——组织日常公关策划

6.3.1　实训目标

公共关系是组织通过运用传播手段与公众建立良好的关系,树立良好的组织形象以实现组织目标的系统活动。它与其他促销手段的一个重要区别就是需要日积月累、持续不断地与公众保持沟通,组织良好形象的树立也是一个长期累积的过程。因此,本实训的目标是培养学生日常公关策划能力,具体分解如下。

- 组织公共关系意识的日常养成。
- 有意识的公共关系习惯培养。
- 掌握常见的公共关系专题活动策划技术。

6.3.2　任务描述

1) 公关竞赛

组织一场日常公关策划竞赛。公共关系的主体是组织,本实训安排各团队为自己所在的专业(或班级)向公众做一次良好的形象宣传策划。活动目标、公众对象、主题等都由学生自行确定。

2) 完成任务所需准备的事项

(1) 专业覆盖面涉及财务、公关、统计调查、新闻传播等领域教师或行业专家4名。
(2) 记录实训过程的摄像机及辅助设备等。
(3) 助教1名。

完成任务的时间和地点详见6.3.3小节。

6.3.3　任务步骤

(1) 组建团队。可沿用前期项目的分组方式,也可以重新组队。
(2) 任务准备如下。
① 召集学生大量观看一些公共关系广告,寻找公共关系广告的主题,以增强公关活动的主题意识。
② 通过经典案例分析寻找灵感。可由教师系统分析讲解,也可由教师提供案例引导学生共同讨论。可参考6.3.5小节中的案例,也可由教师根据经验自己选定。
(3) 任务布置与实施。各团队分头开展公关活动策划,按规定时间上交任务成果公共关系策划书,并于规定时间现场汇报答辩,需制作PPT。

（4）考核成绩由两部分构成，公共关系策划书占50%；汇报答辩占50%。两部分的得分总和为该团队的成绩。

团队队长根据每个成员在工作中的表现给予其评价，以比例形式表现。例如，团队有5位成员，他们可能分别获得的评价是A成员的占比是22%，B成员的占比是18%，C成员的占比是25%，D成员的占比是19%，E成员的占比是16%。所有团队成员的占比总和为100%。每位学生的成绩得分则为团队分数×人数×该学生的比例数。

（5）教师事前要制定竞赛规则（略）。竞赛的目的是激发学生的学习兴趣。

6.3.4 知识点拨

1. 公共关系专题活动类型

（1）以提供各种实在而优惠的服务为主的服务型活动，包括工业企业的售后服务，商业、服务行业的优质服务，公共事业的完善服务，政府机构和党派组织的服务等。

（2）以社会性、公益性、赞助性活动为主的社会型活动。参加组织所在地或其他组织的有影响的活动，如当地传统的节日活动、公益赞助活动、慈善事业等；组织本身的重要活动，如开业庆典、剪彩、周年庆等。

（3）以信息传播为中心内容的宣传型活动项目，包括新闻发布会、记者招待会、演讲会、各种竞赛活动、庆祝活动、颁奖仪式、新产品与新技术展览会、信息发布会、印发公共关系刊物、制作视听资料等。

（4）利用组织已有设施建立社会关系网络的交际型活动项目，包括举办各种各样的招待会、座谈会、知名人士周末茶会、工作晚餐会以及记者、经理、厂长联谊会、参观内部设施与管理、信件往来等。

2. 公共关系传播过程中的噪声类型

噪声是影响信息传播准确性的主要因素，有以下7种类型。

（1）发送噪声（编码噪声）。一类是编码、发送能力噪声；另一类是选择性知觉编码发送噪声。

（2）传输噪声（媒介噪声）。在传递通道中，由于通道的质量和稳定性发生问题，也有可能产生噪声，甚至发生信息遗失。

（3）接收噪声（解码噪声）。接收噪声主要分两大类：一类是选择性知觉接收噪声；另一类是接收、解码能力噪声。

（4）系统噪声。系统噪声是指沟通的信息代码系统噪声。沟通必须借助于一种或多种双方均能破译的信息代码系统如语言、文字等才能进行。一旦沟通双方所用的信息代码系统出现不一致，甚至完全不同，即双方所用系统是平行或有差异的信息代码系统，双方就不可能全面、准确、及时地沟通。

（5）环境噪声。沟通的环境噪声是指在沟通过程中出现的，影响沟通进程和效果的一切客观外在环境干扰因素。

（6）背景噪声。背景噪声主要指在沟通过程中，由于沟通背景因素而产生的沟通噪声。这里的沟通背景主要是指沟通过程的心理背景、社会背景和文化背景，不包括物理背景在内。

（7）数量噪声。数量噪声是指沟通传递的信息量过大或过小，因而引起使对方无法恰当接受、理解，或因沟通的信息量小而缺乏必要的沟通内容和意义。

6.3.5　案例链接

☞ **奇特的福特生日**

1978年，在美国密歇根州由恩伯尔的绿野村人们似乎又回到了75年前：一位白发苍苍的老汽车专家，身着20世纪初的服装，在装配一辆遗留在那儿的1903年产的A型福特汽车。新闻记者和摄影师们将装配过程的每一步骤都详尽地记录下来，生怕漏掉一丝一毫。车装配完毕，人们用曲柄发动，然后开车去参加游行。这个浩浩荡荡的车队共75辆车，代表着福特75年中每年生产的车。那辆最老式的车作为车队的领队开在最前面。

这么轰轰烈烈是干什么？人们禁不住发问。噢，原来是福特汽车公司的建厂75周年庆典。福特汽车公司不仅是美国三大汽车公司之一，而且也是世界上屈指可数的大企业之一，它在185个国家（地区）的职工达416000多人，金融资本达63.5亿万美元。而其在75年前建厂时仅有40名职工和28000美元资金。

为了庆祝自己75年来取得的成绩，福特公司决定过一个不同凡响的生日。为此，福特公司专门设置了75周年厂庆委员会，对庆祝活动进行了周密的策划。其根本宗旨是：以福特人为荣，以福特产品为荣，建立自豪感。

这一宗旨又细分为下列具体目标。

（1）提醒人们，福特在个人交通和经济发展方面长期以来所作的贡献，使公司能进一步提高自己的形象。

（2）最大限度地加强公众对于福特公司历史上重大事件与重大成就的认识，显示目前的实力与发展前景。

（3）提高管理人员、职工、汽车商与供应商的自豪感、荣誉感，褒扬他们对公司的忠诚。

为了扩大福特的知名度，厂庆委员会还向新闻媒介提供了大量厂庆的消息，如庆祝周年里，每月至少有一次新闻消息的发布，到厂庆为止，每隔两周，就有5套新闻资料袋寄给400家主要的新闻媒介代表，这些新闻资料总共包括14篇新闻，它们从历史的角度对公司的各方面进行了总结。这些报道又附有48张照片，这些照片中有许多是从公司的档案中找出来的，都是公司的无价原始资料。至于电视台与电台，厂庆委员会更是倍加重视，给它们寄去了大量的材料。这些材料后来被广为采用，在广播电视中的播出时间总计达6小时之久。

公司还制作了一些视听资料，主要包括：

（1）1部幻灯片，长达20分钟，主要是向职工和社会各界公众介绍公司的历史。

（2）3套录像片。

(3) 1部名为《福特世界》的电影。

录像片和电影在世界各地放映,以便在全球范围内介绍福特公司。

为了加深公众对福特的印象,福特又专门出版了5本与福特75周年厂庆有关的书。这些书广为销售。

在公司内部,厂庆这一周经常举行特别午餐,提醒职工们勿忘生日的快乐。而最为精彩、最让人难以忘怀的是庆祝生日那天。这天,在全国65家福特工厂里举行了规模盛大的开放式庆典活动,45万名职工家属可在这一天随意参观工厂的设备与展览的产品,享受各种各样的娱乐活动。

福特的汽车商们也把自己的销售计划与厂庆相结合,开展各种有声有色的社会活动。在纽约,市长与福特的高级职员在一个仪式上共同切开硕大无比的周年庆祝蛋糕,然后一起登上一辆旧式福特汽车前往百老汇参加福特汽车队的游行。在旧金山,一个福特厂的汽车商将他的1903年A型福特车展给新闻界。在佐治亚,一辆1914年T型福特汽车从阿特兰特装配线上开下来。

为了扩大影响,福特把厂庆的范围扩大到了全美各地。各地的庆祝活动包括由福特赞助的为当地的市政府领导人及商界领袖举行的午餐聚餐,有70~100人参加。在一些大城市,如纽约、芝加哥、圣路易斯和波士顿,午餐前先安排公开的车队游行,车队一般都是由福特早年出产的旧式车和现今的新型产品共同组成。

同时,福特基金会也向大学提供赞助。根据大学圆桌计划,派出公司代表与大学生以75周年为题,进行非正式的坦率交谈等。

总之,福特这次大张旗鼓、热闹非凡的生日,尽情展现了公司的奋斗历史,给公众留下了极其深刻的印象。同时,与厂庆相配合的汽车展销活动也吸引了大量顾客,公司的销售量和利润在当年的最后一季度中,达到了前所未有的突破。佛罗里达的一位汽车商无不兴奋地说:"总地来说,我认为这是非常了不起的一年,花了很大力气,但老实说,也卖掉了很多的汽车和卡车。"威斯康星的一家汽车商也深有感触地评论说:"75周年厂庆给了作为福特汽车商的我以荣誉感。厂庆这一活动,提高了福特汽车商在美国的形象,也提高了福特产品在美国的形象。"

☞ **大竹旅馆的燕子**

日本古都奈良,簇拥在绿水青山的环抱之中。典雅宜人的名胜古迹、迎风摇曳的樱花,吸引了众多旅游观光者的光顾。接踵而至的游客自然"帮衬"了旅店,大竹旅馆就是其中一间经营得很红火的旅馆。

天下没有尽善尽美的事情,大竹旅馆也有自己的烦恼。原来每年4月,一大群燕子飞临此地,屋檐下当然就少不了燕巢了。小燕子虽招人爱怜,但对于以清雅著称的旅馆来讲,它也带来了一些烦恼:燕子的粪便如果清理不及时,客人对此颇有微词。服务员忙个不停,客人们颇觉扫兴,但又不能把燕巢搞坏(这不仅有伤风景,也会让旅店留下恶名)。怎么办呢?

旅馆经理为此愁眉不展。

偶然地,他听到中国台湾地区的客人说起"李代桃僵"的成语。由于不解其意就上前请教,最后他明白了原来是指代人受过之意,茅塞顿开。次日,旅馆里出现了一则"燕子书信"。

女士们、先生们：

　　我们是刚从南方飞来陪你们共度明媚春光的小燕子，未打招呼就在檐下安了家。我们的小宝宝很不懂事，我们自己也很不注意，常常便溺在玻璃和走廊上，给你们带来了不愉快，请你们多加原谅。

　　还有，你们千万别抱怨服务小姐，她们尽力了，只是擦不胜擦。这完全是我们的不是。稍等一下，小姐就要来了。

你们的朋友　小燕子

　　这则轻松幽默的"信件"贴出后，引来了顾客会心的微笑，不快一扫而空。事后这件事还作为顾客记忆中的美好回忆被广为传播。

6.3.6　任务体验

体验1　考一考

　　瑞士有一家老字号的百年老店，在新年开始之际，该店准备推出一批新款手表。但是，在这批手表上柜台的前一天，细心的工作人员发现这批手表是一批不能精确走时的表。由于在制造时的某种原因，这批手表"每天比一般的手表都要慢24秒钟"。

　　问题：假若你是该店的管理者，你应如何处理？

体验2　想一想

　　一个初夏的黄昏，陈安与张强正驾车前往参加他们的毕业舞会。对于他们来说，毕业就面临着新生活的开始，两人兴奋地交谈着，对未来充满着美好的憧憬。可是就在离舞会现场还有半个小时车程的路上，车子忽然抛锚了，如何调试都无法启动，而路上又未见其他车辆。此时，张强想起车上放有汽车商的电话，就到最近的加油站打电话求助。他们向汽车商说明了事故，并请技术人员尽快赶来，以便能及时赶赴舞会现场。

　　问题：试想你是汽车商，接到电话后你应如何处理？

体验3　练一练

　　由于原材料物价上涨，一家大排面馆不得不涨价，经过成本核算，计划将原来每碗15元的大排面涨到每碗18元。可面店老板非常担心顾客抱怨价格上涨，更担心顾客流失……请模仿大竹旅馆的燕子书信，帮老板写一封给顾客的公关信。

项目 7

现代推销能力训练

项目 7 说明

项目说明

对推销人员来说,要推销商品就得先"推销"自己。任务 7.1 就是为此而设计的。由于顾客对主动推销的销售人员客观上存在着防备的心理,因此如何解除顾客的防御心理,并培养自己被顾客喜欢、信赖及接受的亲和力,构成了任务 7.1。

任务 7.2 是对推销工作的一次完整的演练,从推销前的准备到寻找顾客、接近顾客,再到面谈介绍解说产品、处理顾客异议、签约成交,直到建立客户档案与回访等全过程。

任务 7.1 亲和力建立能力训练

7.1.1 实训目标

培养学生"能够进入顾客频道,建立亲和力的极大值"的能力。

- 了解亲和力对于销售的重要作用。
- 掌握亲和力建立的思想基础。
- 牢记亲和力建立的基本技术。
- 养成随时随地培养自身亲和力的习惯。

7.1.2 任务描述

由教师提供被访问者名单。这些被访问者应最好是学生不认识而教师能够大体掌握其个人资料的人。同时注意"顾客"的选取应尽可能考虑性别、年龄、职业等的差异性。学生以团队为单位,团队成员分工合作,以登门拜访的形式在规定的期限内通过直接询问的方式取得这些顾客的相关个人信息资料,各团队成员分别讲述取得资料的过程。

7.1.3 任务步骤

1. 组建团队

可沿用前期项目的分组方式,也可以重新组队。

2. 知识准备

由教师讲解 7.1.4 小节内容或类似主题教学内容,教师带领学生一起在教室分团队学习、讨论、练习。

3. 任务分工

各团队内部进行任务分工,要求每位成员对应一位"顾客"开展调查,填写调查分工表(见表 7-1)。

表 7-1 调查分工表

团队名称：_____ 队长：_____

序号	成员姓名	联系方式	被访问顾客	约定时间	询问地点
1					
2					
3					
4					
5					
6					
7					
8					

4. 实地调查

每位学生按计划开展调查并记录调查结果,见表 7-2。

5. 调查总结汇报

以团队为单位,引导学生总结,总结至少应包含以下问题。
(1) 你们在调查中遇到了哪些困难？
(2) 你们如何让顾客感受到了尊重或有成就感？
(3) 你们是否采用了物以类聚、人以群分的原理？你们运用了哪些亲和力建立的技巧？

各个团队口头汇报调研的过程及结果,并附上书面汇报材料。

6. 考核

(1) 整理、统计表 7-2 的顾客信息资料,据此得出各团队的实践得分。

(2) 根据学生的口头汇报情况及各团队的书面汇报材料由教师给定成绩,据此给出经验总结的成绩。

(3) 汇总两项成绩,各占 50%,得出最终评分。

表 7-2　顾客信息资料

姓名		性别		年龄或生日	
职业		联系方式			
婚否		子女情况			
工作单位					
文化程度				收入	
兴趣爱好					
媒体习惯					
表象分类选择	该顾客属于:①视觉型的人;②听觉型的人;③感觉型的人				
其他有益于顾客个性判断的信息					

7.1.4　知识点拨

进入顾客频道,建立亲和力的极大值

亲和力是指影响与说服他人的能力。通常一个容易被人喜欢、接受和依赖的人,他的影响力和说服力也极强。亲和力对于产品销售非常重要,它对顾客所产生的效果相当于盖一座大楼前的地基。

著名的汽车销售大师乔·吉拉德(曾连续 12 年成为汽车销售冠军)认为,成功的销售只有两条:一是销售顾客真正需要的产品;二是建立起自己与顾客之间的亲和力:每个月都寄出 13000 张卡片给客户,内容不同,但有一句话永远不变——我喜欢你。

1) 亲和力建立前必须掌握的思想基础

(1) 卡耐基认为,人类最终、最深切的渴望就是做一个重要人物的感觉。

(2) 人们总是跟自己有共同点的人在一起,即"物以类聚、人以群分"的道理,故寻找与顾客的相似性对亲和力的建立有重要的帮助。

2) 亲和力建立的技巧——五步骤

(1) 情绪同步。随时随地地从顾客的立场、观点看问题,即设身处地。

(2) 语调和速度同步。学习使用对方的表象系统,学会区分判定视觉型、听觉型和感觉型 3 种不同类型的人。视觉型的人的特点是讲话速度快,音调较高,肢体动作丰富,胸腔起伏明显;听觉型的人的特征是讲话速度适中,音调富有变化性,对声音敏感;感觉型的人的特征是语速缓慢,音调低沉,语句停顿较多,视线常往下看。只有处于同一频道类型的人才易于建立亲和力。

(3) 生理状态同步(形体语言)。(镜面影像法则)通过仿效客户的良好特点与行为来建立亲和力。注意不要双手抱胸,不要靠在椅背过分放松,不要隔桌相坐,最好坐在顾客的左手边。

(4) 语言文字同步。①学习使用与对方相同的文字表象系统,如顾客的习惯用语或口头禅、行业、专业术语等。②学会分析文字表象系统的使用。

(5) 合一架构法。与顾客沟通时,无论如何都不应该直接指出顾客的错误,这等于让你与顾客间产生距离感。在实际工作中,尽量不使用"但是、可是、就是"等词汇。

合一架构法有以下 3 个主要语句。

① ×××先生,我很能了解……,同时……

② 我非常感谢/尊重你的……,同时……

③ 我很能够赞同(同意)……,同时……

举例如下。

① 张小姐,这件衣服非常漂亮,就是颜色有点不太好。

张小姐,这件衣服非常漂亮,若再能搭配一条丝巾的话我想更能衬托出您的气质。(亲和力表达式)

② 陈先生,你的企划案写得不错,就是有点杂乱无章,拿回去应该重写。

陈先生,你的企划案写得不错,如果能把条理性再加强的话,它的说服力会更好。(亲和力表达式)

③ 当客户对你有抱怨时。

×××先生,我非常能够理解这件事对您造成的不便,同时……

×××小姐,我非常谢谢你能给我们这么好的建议,同时我们公司的做法(或政策)是……(亲和力表达式)

④ 当客户对你公司的批评是错误的而你无法赞同他的观点时(如你们公司销售的产品都是骗人的)。

×××先生,你刚才说的×××观点(这一点是客户所接触过程中你赞同他的某一观念)我是很赞同的,同时,对于你谈到的这一问题(不同意的观念),我的想法是这样的……(亲和力表达式)

7.1.5 案例链接

☞ 你喜欢哪幢房子

第一幢房子:外面设计非常现代化,内部装潢和色彩的使用非常鲜明且调和,花园也经过特别的设计,美轮美奂,房子的采光极佳,视野和景观都很棒,买了绝不后悔。

第二幢房子:位置很好,地处幽静,绝对不会有噪声的困扰,任何时候你都可以在户外漫步,静聆鸟鸣。此外,室内的装潢饶有特色,只要一走进这个房子,你就会告诉自己这是你的意中之选。

第三幢房子:实在很难描述,除非你自己去体会,它的结构坚实稳固,每个房间都透着难以形容的温馨感,房内空间宽阔,让你不会有拘束感。你若想要找一个有家的感觉的房子,这是最佳之选。

7.1.6 任务体验

练一练

试着从你的亲朋好友中,根据表象系统知识将他们区分为视觉型、听觉型和感觉型3种类型的人,并说明判断的理由。

任务 7.2 销售实战

7.2.1 实训目标

将一般性、规律化的理论创造性地应用在个人的销售实践工作中;同时在实践中感悟理论的应用价值,总结自己的个性化经验。

7.2.2 任务描述

超市、百货商场在各种节日庆典时都会对商品陈列下足功夫。这次任务是以学校所在地区的百货公司、大商超或新华书店为目标顾客,由各团队设计一个商品展示创意,并将创意推销给这些商业类的企业。

7.2.3 任务步骤

1. 组建团队、布置任务

将学生每 8 人分为一组(分组标准自定,如寝室、自由组合、学号等),确定队长 1 名,团队成员共同为自己的团队命名,填写团队成员表(见表7-3)。

表 7-3　　　　　　团队成员表

序号	姓名	性别	电话	微信	分工	备注
1						
2						
3						
⋮						

各团队学生自行选择商品类别,结合节日进行创意选择或设计,然后寻找需要企业并向其推销创意。任务从设计到完成时间为 15 天。

2. 给学生展示商品陈列创意图画

（1）在百度搜索中输入"超市创意陈列图"这类词，带学生进入相关网站欣赏图片。

（2）观看一些由高职学生在学校所在地的商场实地布展或拍摄的照片（见图7-1），扫描下方二维码可浏览更多作品。

商品陈列示例

高职学生实地
商品布展作品

图7-1 学生拍摄的活动现场照片

图 7-1（续）

3. 完成初步活动方案

各团队在教师指导下完成初步活动方案并准备实施，上报活动方案书面材料。

4. 方案的具体实施

要求学生的最后成果有商品展示创意的实物及照片、创意成功销售应用及证明材料。

5. 教师过程监督

学生每天上午 8 点前将当天的活动安排及进展情况通报指导教师,填写动态的商品展示创意活动日志,示例见表 7-4。

表 7-4　商品展示创意活动日志

团队名称:＿＿＿＿＿　　　队长:＿＿＿＿＿

日期	活动内容	人员	地点	电话	完成情况（次日填写）
0908	超市现场观察	张三、李四、杨七	欧尚	123456	李四因病未到
0910	网上收集资料	王五、赵六、刘八	寝室	654321	完成
0911	创意构思讨论	全体成员	三教北 101	654321	初步拟定构思
0915	……	……	……	……	……

6. 考核

(1) 未能完成创意销售的组凭借商品展示创意的实物及照片取得合格成绩。

(2) 竞赛名次由专业教师组成专家团(5～7 人),现场参观学生成功销售的"创意"或依据各组提供的资料给定评分。

7.2.4　知识点拨

1. FAB 利益销售法

F 即 feature,在销售时把它理解成一种特点或属性,即一种从产品上能看得到、摸得着的东西,这也是一个产品最容易让客户相信的一点;A 即 advantage,就是这种产品的作用或优势;B 即 benefit,是指作用或者优势会给客户带来的利益。

表 7-5 分别以家具和汽车为例,说明 FAB 的含义。

表 7-5　FAB 的含义

产品所在公司	产品	F(属性)	A(作用)	B(利益)
家具公司	真皮沙发	真皮	柔软	感觉舒服
汽车公司	配有 12 缸发动机的汽车	12 缸的发动机	0～100 公里加速时间 12 秒	省时

2. 鬼谷子的"看人说话"

"与智者言依于博,与博者议论依于辩,与辩者言依于要,与贵者言依于势,与富者言依于豪,与贫者言依于利,与卑者言依于谦,与勇者言依于敢,与愚者言依于锐。""与人主者,必与之言奇,说人臣者,必与之言私。"

3. 产品介绍的 8 个技巧

1) 预先框示法

目的是让你接触顾客时通过预先框示法解除顾客的抗拒。举例:"×××先生,我今天来这里不是来卖您什么东西的,我只是希望能够让您了解为什么有许许多多的顾客愿意购买我们的产品;我只是希望给您介绍一下我们公司产品以及这些产品所能带给您的利益与好处。我只需要花 10 分钟时间就可以介绍清楚。""当我介绍完产品的好处时,您可以自行判断,决定是否购买。"

2) 假设问句法

把产品的最终利益用一个句子来询问顾客:"假设有一种方法可以节省您的成本,您是否有兴趣花 10 分钟时间来了解。"

3) 下降式介绍法

将产品所能带来的利益点一步步介绍给顾客,在介绍过程中将最容易吸引顾客的利益点放在最前面介绍给顾客,最不容易吸引的放在后面介绍(引申消费者购买行为中的比较分析思路——产品属性权重性分析,通过人员销售有时可能改变需求强度的顺序)。

4) 找出顾客购买的利益点——真正的价值观

可通过对话、询问和观察发现。如用下降式介绍法逐项介绍产品利益的过程中,通过观察找出顾客"真正的价值观",并由此展开销售。

5) 倾听的技巧

要有耐心,不要打断客户;在顾客说完一段话与你讲话间应暂停 3~5 秒;保持微笑,注意镜面影像;如果发现客户有任何不了解的地方,要主动提出问题询问顾客。

6) 互动式介绍法

当进行产品介绍时,可让顾客参与产品介绍的过程,适时调动顾客的感觉系统,适时将产品交到顾客手中。这时可询问一些封闭式问题获得反馈信息。保持顾客的互动状态,"顾客是你的球员,让顾客上场"。

7) 视觉想象法

让顾客在视觉上想象看到、拥有某种产品的情景,让其感受到当其拥有该产品时的好处。

8) 假设成交法

在产品介绍的过程中应常常、适时的使用这种方法。假设成交法是通过问题询问你的客户,即假设顾客已经决定购买你的产品了,你会询问他哪些购买产品时所要考虑的细节呢?

4. 处理顾客异议技巧的一些常见模式

1) 重新框示法

重新框示法即换个角度看问题。例如,贵=便宜没好货,好货不便宜;没时间=忙,需要提高办公效率等。

假设问句法：×××先生，请问是什么原因使您无法下决定来购买这个产品？如果这个问题解决了，您还有哪些问题呢？继续上面的询问，直到无问题为止。

2）转化处理法

转化处理法也叫反客为主法。当×××先生表现无兴趣时：正是因为您无兴趣（或不需要、价格太贵等），所以您才更应该来了解我的产品。事实上，我的许多客户在一开始都是对我的产品不感兴趣（或不需要、价格太贵等），但当他们了解了我们的产品后都觉得非常满意。现在，我只需要耽误您10分钟时间就可以向您解释清楚我们的产品。

3）心锚建立法

这是利用某事物在某种特定的情况下，可以建立与人的某种情感联系，当顾客有这种情感需要时就会想到这一事物。比如，有些学生在小学的时候比较调皮，被老师在教室里当众训斥，伤了自尊心，那么走进教室就会使学生感受到这种不舒服的心理状态。即使上了中学、大学，如果教室的格局与原来小学的类似，那么这个学生在新的教室里也会有那种不舒服的心理状态。再如，一位保险业务员每次在寄出资料时都在资料的第一页附上一个幽默笑话，令顾客感到快乐。于是每当顾客接到她的来信时，即使还未打开信封，快乐的感觉已由心底升起。这样，业务员就与顾客取得了一个情感联系，即业务员＝快乐。

4）提示引导法

这种方法通常有3种语句形态，第一步是描述对方当时或接下来的身心状态或思考状态；第二步是加入提示引导词（会使您、会让您）；第三步是加入所欲传达说服的话语。看下面的3个例子。

例1：顾客觉得商品价格太贵了时……

当你正在考虑到价格的同时（描述），也会让你（引导词）注意到好的产品质量和服务质量也是重要的（说服的话语），您说是吗？

例2：保险销售人员在介绍解说产品，顾客正在犹豫不决时……

当你正在考虑是否购买保险的同时，也会使你想到给你的家人和孩子一个长期的保障也是非常重要的，您说是吗？（注意力要不要）

例3：当销售员对客户的一些异议暂时无法回答时……

×××先生（小姐），我知道您所提出的这些问题会让您做出一个最好的决定，所以让我们约一个时间好好地坐下来，仔细地讨论一下这些问题，依您看您是明天上午有空还是下午比较有空呢？

5. 12种有效的缔结成交的方法

1）假设成交法

含义：在介绍你的产品特征后，询问一个假设已经成交的问句。

举例：假设你要买我的汽车，你是要白色的还是要黑色的呢？

注意：所有问题都以假设客户已决定购买为前提。

2）假设解除抗拒法

举例："请问您担心的是产品质量吗？"如果客户说"是"，你就可以说："如果质量不是问题，您是不是就没有问题了？"客户还可能会说"价格问题"，还接着问："如果价格不是问题您是不是就没有问题了？"直至客户真的抗拒。

3）不确定缔结法

应用时机：客户犹豫不决时。

举例："这件衣服非常适合您，但适合您的尺码可能已经卖完了，请您等等我帮您看看还有没有。""噢，您太幸运了，这一尺码只剩最后一件了。"

注意：利用"得不到的就是好的"来提高客户的购买意愿。

4）总结缔结法

含义：介绍完产品时，用几分钟时间将产品的所有好处、优点再重复一遍，进而加深客户的印象。

注意：要把80％的注意力放在强调客户最在意、最感兴趣的一两个购买利益点上，并不断强调客户最感兴趣的那一点。

5）宠物缔结法

含义：让客户实际地触摸或试用你所销售的产品，让他们在内心中感觉产品已经是属于他们的心态。

举例："没关系，你们不需要先急着购买，可以把产品带回去试用两三天，如果不喜欢再把它送回来。"

注意：让客户在试用时充分体会产品的优势，并引起其占有欲。

6）富兰克林缔结法

举例：拿出一张纸，在上面写出你的产品的好处和优点，越多越好。然后把笔交给客户，让他自己写下产品的缺点。

7）订单缔结法

举例：每当与客户交谈时不经意地问一句："这种产品您是喜欢红色的还是喜欢黑色的？"等问题，并据以填订单。填完后，再以假设成交法提问。

注意：刚拿出订单时，要尽力缓解客户的紧张心理。

8）隐喻缔结法

含义：准备一些与可能遇到的抗拒相关的故事。

举例：当影响顾客成交的原因只是价格问题时，这时销售员就可以说："前一段时间我的一个客户为了省钱，买了一辆安全系数较低的汽车，结果出了车祸，至今还躺在医院里，您说生命重要还是两万元重要呢？"

9）门把缔结法

举例：手放在门把上，回头问："在我离开前，请您帮我个忙，告诉我为什么您不购买我们产品的原因，以便我们以后改进。"客户往往会说出他真正的购买抗拒，这样，你就可以回过头来解除他的这一抗拒。

10) 强迫成交法

含义：当拖延型客户犹豫不决时，以外在的压力迫使其购买。

举例：遇到这种情况时，你可以拿出正式的合同，送到他面前："先生，这几次见面，您已经很了解我的产品，而且我也给您做了满意的解答，现在是您签单的时候了，不要再犹豫了。"说完，将合同递给他。

注意：讲完之后，保持沉默，以给对方施加压力。

11) 问题缔结法

含义：设计一系列相互关系的而且只能以"是"回答的问题询问客户，使客户产生一种惯性，当你问最后一个问题时，他会莫名其妙地觉得很好、有道理。

注意：避免说一些绝对性的词汇，如一定、绝对、百分之百等。

12) 对比缔结法：描述某一非常难以接受的产品或价位来改变原产品在客户心中的形象，让客户感觉原产品更易接受。

7.2.5 案例链接

☞ 学生商品展示创意活动策划案例分享（一）

以下是台州职业技术学院营销1221班学生在市府大道世纪联华超市所做的商品展示创意个案分享，内容完全来自学生对其作品活动过程的总结及说明。

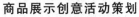

商品展示创意活动策划

我的团队：我之所以选择小蜜蜂当队名，是因为我觉得往往最渺小的东西越容易被人所忽视，而小蜜蜂是勤劳的代名词，它有不惧牺牲的勇气，蜜蜂内部机构精练，分工明确，协作高效，文明有序，非常具有团队精神，这样的精神足够我们学习。

（小蜜蜂团队成员表略；该团队商品展示创意活动日志见表7-6）。

干活咯！

表 7-6 商品展示创意活动日志

团队名称：__小蜜蜂__　　　队长：__俞慧敏__

日　期	活动内容	人　员	地　点	电　话
9月13日	确定产品的具体实施方案	冯慕霞、严娅妮、俞慧敏、吴嘉虹	教室	671793 671810
9月14日	寻找方案的相关资料	冯慕霞、俞慧敏	寝室	671799
9月16日	地点确定,踩点	李豪、沈文建、周韬	出去寻找	671807 681811
9月17日	方案的讨论与实施	全体成员	教室或寝室	671799

听我一一讲述吧。

9月13日我们先去踩点,当时确定是世纪联华,所以就直接找超市的经理谈,他说如果产品摆设有一定的创意性,可以考虑,没有直接拒绝。

9月16日我们确定的地点是台州市府店世纪联华。当天我们把找好的创意营销相关图片带过去,都是属于生活用品,有纸巾、舒肤佳、牙膏,然后确定商品是属于百货区域,就去找商品区的负责人,当时那个负责人说,要看仓库那些东西有没有货,只有牙膏货比较充足,所以当时选择做的是牙膏的创意营销。

接下来就开工了：我们做的牙膏品牌是云南白药,本来想摆风车造型的,后来超市阿姨说那个已经做过了。就临时决定做云南白药牙膏壳外面的牙齿,刚好结合9月20日的全国爱牙日。

这个是牙齿图案。

整个制作流程如下。
(1) 先把超市为我们提供的空牙膏壳全部叠好。
(2) 牙齿的下面部分用装有牙膏的牙膏壳作为底部,不容易被压变形。
(3) 最底部摆放7个空牙膏壳,用胶布连起来,第二层8个,第三层9个,第四层10个,然后中间部分11个,分别两层,然后接下来上面那层10个,再上面9个,再上面8个……

(4) 最顶层分为左右两边放2个,中间空一点。
(5) 最后把它的"脚"放上去,再把它的"身体"放上去,整个就完成了。

一个"牙齿"就这样收工了!
制作好之后,我们找那个负责人给我们开了一个证明并和她合影。

小结:我们这次的任务是在世纪联华完成的。总共也才去了两次,开始以为他们不

会答应的,但是没想到那么顺利,那个百货负责人很热情,她亲自带我们上去找牙膏的售货员,给我们拿材料,当时真的挺感动的,谢谢他们的帮助。这次的创意营销摆设不仅是发掘同学们的创新意识,更加锻炼了同学之间以及一个团队之间的合作能力。在这次活动中,我觉得大家的动手能力还有待提高。同时,我感觉到了大家的用心和团结协作的精神,也让我们懂得怎样更好地与人交谈和处理问题。可能我们的团队所做的不是最好的,但每个人的用心与勤恳足以证明,小小的团队拥有强大的凝聚力,我们是最棒的!

☞ 学生商品展示创意活动策划案例分享(二)

这一团队的学生以回答问题的形式完成了对他们活动的总结。

(1)你们为了完成任务去了哪些地方?去了几次?

答:去了欧尚、乐购、世纪联华。欧尚、乐购去了一次,世纪联华去了两次。

(2)有没有一开始就很感兴趣的地方,到最后有没有成功?

答:对于世纪联华凌乱的拖鞋比较感兴趣,还有世纪联华的纸巾看上去没有造型!最后我们选择了拖鞋作为我们摆造型的物品。

(3)遇到的哪些人和事印象比较深刻?

答:遇到俞慧敏组在做牙膏造型,我们深刻地感觉到了时间的紧迫,于是我们也迫不及待地开始做准备工作。

(4)你们找了哪些人帮助,原因何在?

答:我们选定好了造型以后去和超市人事科科长进行商谈,最后在我们诚恳的态度下达成了合作!

(5)通过这次任务的完成,哪些值得学习和改进?

答:我们在与他人进行商谈时要做好准备工作,内部分工要明确,而且应该适当和别人进行沟通。我们需要改进的地方就是不能怕失败,应该坚持。遇到困难不是放弃而是想办法解决!

该团队的商品展示创意活动日志见表7-7。

表7-7 商品展示创意活动日志

团队名称:V队 队长:应永锋

日 期	活动内容	人员	地 点	电 话	完成情况(次日填写)
9月13日	超市现场查看	应永锋 郭云强 张雨祥	欧尚、世纪联华、一些小型超市等	661943	我们分为三个组,三组都分别确定了一个目标点,完成了地点勘察
	查阅相关资料,制定创意	徐璐 陈科燕	寝室	671809	我们已经查阅了很多资料,创意生成
	创意构思讨论	王顺利 李依鹏	寝室	664942	我们确定了三个创意方案,以备不时之需
	最终确定产品摆放地点	应永锋	寝室	661943	我们最后把世纪联华超市作为我们的目标地
	带着产品创意策划书去协商	李依鹏 张雨祥	确定后的地点	664942	筹备中
	产品创意制作摆放	全体	确定后的地点	661943	筹备中

续表

日 期	活动内容	人员	地 点	电 话	完成情况（次日填写）
9月15日	带着创意去找商家商谈（一）	张雨祥 王顺利	欧尚	671800	分成三组，分别带着创意去和负责人协商
	带着创意去找商家商谈（二）	应永锋 陈科燕	世纪联华	661943	分成三组，分别带着创意去和负责人协商
	带着创意去找商家商谈（三）	李依鹏 郭云强 徐 璐	乐购	671809	分成三组，分别带着创意去和负责人协商
	产品创意制作摆放	全体成员	世纪联华	661943	最后我们在世纪联华经负责人同意，开始摆放

☞ **学生商品展示创意活动策划案例分享（三）（图片分享）**

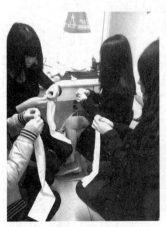  

☞ **学生商品展示创意活动策划案例分享（四）**
扫描学生布展作品汇报 Word 版。

☞ **学生商品展示创意活动策划案例分享（五）**
扫描学生布展作品汇报 PPT 版。

学生布展作品
汇报 Word 版

7.2.6 任务体验

体验1 练一练

小组总结经验，完成下面的问题。

（1）你们是通过何种办法找到顾客的？_____
A. 连锁介绍法　　　　B. 影响人物利用法　　　C. 广告开拓寻找法
D. 资料查阅寻找法　　E. 市场咨询法　　　　　F. 竞争寻找法
G. 地毯式访问寻找法　H. 个人观察寻找法

学生布展作品
汇报 PPT 版

I. 委托助手寻找法（也称"猎鹰"法）　　　　J. 其他_____

(2) 你们是如何接近顾客的？

A. 介绍接近　　　　B. 赞美接近　　　　C. 产品接近　　　　D. 利益接近
E. 好奇接近　　　　F. 震惊接近　　　　G. 表演接近　　　　H. 问题接近
I. 馈赠接近　　　　J. 调查接近　　　　K. 求教接近　　　　L. 聊天接近
M. 连续接近　　　　N. 其他_____

(3) 你们采用了哪些介绍产品的方法？

A. 介绍接近　　　　B. 赞美接近　　　　C. 产品接近　　　　D. 利益接近
E. 好奇接近　　　　F. 震惊接近　　　　G. 表演接近　　　　H. 问题接近
I. 馈赠接近　　　　J. 调查接近　　　　K. 求教接近　　　　L. 聊天接近
M. 连续接近　　　　N. 其他_____

(4) 面谈中顾客提出了哪些异议？你是如何解决的？

A. 转折处理法　　　B. 以优补劣法　　　C. 委婉处理法　　　D. 合并意见法
E. 反驳处理法　　　F. 冷处理法　　　　G. 转化处理法　　　H. 重新框示法
I. 提示引导法　　　J. 心锚建立法　　　K. 假设解除抗拒法　L. 其他_____

(5) 你们是否采用了缔结成交的某种方法？

A. 假设成交法　　　B. 不确定缔结法　　C. 总结成交法　　　D. 宠物缔结法
E. 富兰克林缔结法　F. 隐喻缔结法　　　G. 反败为胜法　　　H. 对比缔结法
I. 问题缔结法　　　J. 其他_____

(6) 你所接触的顾客属于哪种类型？

A. 理智型　　　　　B. 感性型　　　　　C. 一般型　　　　　D. 特殊型
E. 求同型　　　　　F. 求异型　　　　　G. 追求型　　　　　H. 逃避型
I. 成本型　　　　　J. 品质型　　　　　K. 其他_____

体验2　想一想

以下是有关3个销售顾问在推荐他们的招聘会时的情景描述，阅读后请回答问题。

情景一

顾问丙：张经理，您好！请问贵公司有招聘的需要吗？

张经理：有的。我们在招一个电工。

顾问丙：那要不要考虑来参加我们本周六的综合招聘会？200元钱，效果很好，很超值。

张经理：不好意思，这个职务不急，暂时不需要，谢谢。

顾问丙：哦！没关系，那您有需要时再给我打电话好吗？

张经理：好的。再见！

请思考这样做销售有什么问题。

情景二

顾问乙：张经理，您好！请问贵公司有招聘的需要吗？

张经理：有的。我们在招一个电工。

顾问乙：请问您这个职位缺了多久了？

张经理：有一段时间了！

顾问乙：大概多久呢？

张经理：哦！有半个多月了吧。

顾问乙：啊！这么久了？那您不着急吗？

张经理：不急，老板也没提这个事。

顾问乙：张经理，老板没提这个事可能是因为他事情太多没注意到这个问题。但是您想到没有？万一在这段时间电工没到位，工厂的电器或电路发生问题该怎么办呢？

张经理：（沉默）。

顾问乙：张经理，我知道您的工作一向做得很棒，老板非常认可。很多事情不怕一万，就怕万一。如果万一工厂发生了什么事情，而老板却发现电工还没有到位，那肯定会对您有影响。您为这家公司也付出了很多，如果因为一件小事情而受到影响，肯定得不偿失。建议您尽快把这个电工招到位。

张经理：你说得好像也有一点道理。

顾问乙：我本周六给您安排一场招聘会，您看怎么样呢？

张经理：好啊！那就安排一场吧。

顾问乙：好的，那麻烦您让人尽快把资料发给我，我好在报纸上帮您做点宣传，确保电工招聘到位。

张经理：好的。谢谢你了。再见。

请思考顾问乙比顾问丙做得好的地方在哪里。

情景三

顾问甲：张经理，您好！请问贵公司有招聘的需要吗？

张经理：有的，我们在招一个电工。

顾问甲：请问您这个职位缺了多久了？

张经理：有一段时间了！

顾问甲：大概多久呢？

张经理：哦！有半个多月了吧。

顾问甲：啊！这么久了？那您不着急吗？

张经理：不急，老板也没提这个事。

顾问甲：张经理，老板没提这个事可能是因为他事情太多没注意到这个问题。但是您想到没有？万一在这段时间电工没到位，工厂的电器或电路发生问题该怎么办呢？

张经理：（沉默）。

顾问甲：张经理，我知道您的工作一向做得很棒，老板非常认可。很多事情不怕一万，就怕万一。如果万一工厂发生了什么事情，而老板却发现电工还没有到位，那肯定会对您有影响。您为这家公司也付出了很多，如果因为一件小事情而受到影响，肯定得不偿失。建议您尽快把这个电工招到位。

张经理：你说得好像也有一点道理。

顾问甲：张经理，能不能再请教您一下？（有价值的销售人员沉得住气）

张经理：你说。

顾问甲：请问您要招的这个电工是一般的水电工呢，还是要懂一点设备维修维护？

张经理：嘿，你还挺专业。我们工厂机器比较多，电工一般都要懂一些日常维护维修。前面那个电工就是因为对设备一窍不通，所以老板把他解雇了。

顾问甲：谢谢！那这个人你可得认真找找。你们给的待遇怎么样呢？

张经理：1600元/月。

顾问甲：张经理，坦白讲这个待遇低了一点，现在一般的水电工大概是1200~1600元/月，如果要懂设备维修的话，一般在2000元/月以上。

张经理：是吗？难怪我们上次只招了一个半桶水的人。

顾问甲：是的，张经理，建议您跟老板提一下，把待遇提到2000元，一个好的电工可以为工厂节省很多钱，相信您老板会明白这个道理的。另外，好电工可能不是那么好招。我准备给您设计一个简单的招聘方案，您觉得好吗？

张经理：你都这么专业了，我不听你的听谁的，你说吧。

顾问甲：我的建议是给您安排两场招聘会，350元，我们还送您一格报纸。这个方案的好处是能够集中时间把职位招聘到位。您看怎么样呢？

张经理：一个电工要订两场，不用吧？

顾问甲：张经理，订两场可以送一格报纸，考虑您招的不是一般的电工，现场不一定能够找到，所以有必要增加报纸渠道。我们的报纸会在江门主要工业区派发，这对您的招聘效果是一个有力的保证。这个套餐比您一场一场地订要优惠超值得多。您说呢？

张经理：有道理，好吧。那就这样定了吧。跟你聊了一下，我还真想把这个电工招到。

顾问甲：谢谢！张经理，感谢您的信任，我会帮您安排好的，尽快帮您把电工招到位。再见。

请思考顾问甲比顾问乙哪些地方做得好。他在哪些地方体现了探寻客户需求的技巧？

体验3 考一考

国际著名推销专家戴富瑞博士在中国台湾地区给哈佛企业管理顾问公司培训推销员时，使用了下列测试使推销员了解自己的推销能力并改变自己的推销行为。请在3分钟内，从4个答案中选择1个最符合自己的选项。

测试规则

（1）准备好笔，在每题后填写答案，而且不要把它公开，以确保在做这些题时不受其他人的影响。

（2）清楚理解题目之后再作回答。

（3）发现自己难于完全赞同或反对某种观点、态度时，可以选择最接近的选项。同样，当有两个或更多的观点都与你的想法相符时，选择最接近的1个。

（4）诚实答题。别人不会看到你的答案或得分，所以不必怀着那种给人良好印象的心理答题。

（5）注意时间，尽快完成试题。把完成测试题目的时间记录下来，时间：_____。

测试内容

(1) 假如您的客户询问您有关产品的问题,您不知如何回答,您将:

　　A. 以你认为对的答案,用好像了解的样子回答

　　B. 承认你缺乏这方面的知识,然后去找正确答案

　　C. 答应将问题转呈给业务经理

　　D. 给他一个听起来很好的答案　　　　答案:_____,得分:_____

(2) 当客户正在谈论时,很明显,他所说的是错误的,您应该:

　　A. 打断他的话,并予以纠正

　　B. 聆听,然后改变话题

　　C. 聆听并指出其错误之处

　　D. 利用质问以使他自己发觉错误　　　答案:_____,得分:_____

(3) 假如您觉得有点泄气时,您应该:

　　A. 请一天假不想公事

　　B. 强迫自己更卖力去做

　　C. 尽量减少拜访

　　D. 请示业务经理和自己一起去　　　　答案:_____,得分:_____

(4) 当您拜访经常吃闭门羹的客户时,您应该:

　　A. 不必经常去拜访

　　B. 根本不去拜访他

　　C. 经常拜访并试图去改善关系

　　D. 请求业务经理换个人试试　　　　　答案:_____,得分:_____

(5) 当碰到对方说:"您的价格太贵了。"您应该:

　　A. 同意他的说法,然后改变

　　B. 先感谢他的看法,然后指出一分钱一分货

　　C. 不管顾客的说法

　　D. 运用你强有力的辩解说服其接受　　答案:_____,得分:_____

(6) 当您回答客户的相反意见之后,您应该:

　　A. 保持缄默并等待客户开口

　　B. 变换主题,并继续推销

　　C. 继续举证,以支持您的论点

　　D. 试行订约　　　　　　　　　　　　答案:_____,得分:_____

(7) 当您进入客户的办公室时,他正在阅读,他告诉您他一边阅读,一边听您说话,您应该:

　　A. 开始您的推销说明

　　B. 向他说您可以等他阅读完了才开始

　　C. 请求合适的时间再访

　　D. 请求对方全神聆听　　　　　　　　答案:_____,得分:_____

(8) 您正用电话去约一位客户以安排拜访时间,总机小姐把您的电话转给他的秘书

小姐,秘书问您有什么事,您应该:
  A. 告诉她您希望和他商谈
  B. 告诉她这是私事
  C. 向她解释您的拜访将带给他莫大的好处
  D. 告诉她您希望同他讨论您的产品 答案:_____,得分:_____

(9) 面对一个激进型的客户,您应该:
  A. 客气地
  B. 过分的客气
  C. 证明他错了
  D. 拍他马屁 答案:_____,得分:_____

(10) 对付一位悲观的客户,您应该:
  A. 说些乐观的事
  B. 对他的悲观思想一笑置之
  C. 向他解释他的悲观外表是错误的
  D. 引述事实并指出您的论点是完美的 答案:_____,得分:_____

(11) 在展示印刷的视觉辅助工具时,您应该:
  A. 在他阅读时,解释销售重点
  B. 先推销视觉辅助工具,然后按重点念给对方听
  C. 把辅助工具留下来,以待调查之后让他自己阅读
  D. 希望他把这些印刷物张贴起来 答案:_____,得分:_____

(12) 客户告诉您,他正在考虑竞争者的产品,他征求您对竞争者产品的意见,您应该:
  A. 指出竞争者产品的缺点
  B. 称赞竞争者产品的特征
  C. 表示知道他人的产品,然后继续推销您自己的产品
  D. 开个玩笑以引开他的注意力 答案:_____,得分:_____

(13) 当客户有购买的征兆,如"什么时候可以送货?"您应该:
  A. 说明送货时间,然后继续推销您的产品特点
  B. 告诉他送货时间,并请求签订单
  C. 告诉他送货时期,并试做销售促成
  D. 告诉他送货时间,并等候客户的下一步骤 答案:_____,得分:_____

(14) 当客户有怨言时,您应该:
  A. 打断他的话,并指责其错误之处
  B. 注意聆听,虽然您认为自己公司错了,但有责任予以否认
  C. 同意他的说法,并将错误归咎于业务经理
  D. 注意聆听,判断怨言是否正确,适时予以纠正
    答案:_____,得分:_____

(15) 假如客户要求打折,您应该:
  A. 答应回去后向业务经理要求

B. 告诉他没有任何折扣了

C. 解释贵公司的折扣情形,然后热心地推销产品特点

D. 不予理会   答案:_____,得分:_____

(16) 当零售店向您说"这种产品销路不好"时,您应该:

A. 告诉他其他零售店销售成功的实例

B. 告诉他产品没有按照陈列方法陈列

C. 很有技巧地建议他商品促销的方法

D. 向他询问销路不好的原因,必要时将货取回

答案:_____,得分:_____

(17) 在获得订单之后,您应该:

A. 高兴地多谢他后才离开

B. 略为交谈他的嗜好

C. 谢谢他,并恭喜他的决定,扼要的再强调产品的特征

D. 请他到附近去喝一杯   答案:_____,得分:_____

(18) 在开始做推销说明时,您应该:

A. 试图去发觉对方的嗜好并交换意见

B. 谈谈气候

C. 谈今早的新闻

D. 尽快地谈些您拜访他的理由,并说明他可获得的好处

答案:_____,得分:_____

(19) 下列哪种情况是推销员充分利用时间的做法?

A. 将客户资料更新

B. 当他和客户面对面的时候

C. 在销售会议讲座更好的推销方法

D. 和推销同事讨论时   答案:_____,得分:_____

(20) 当您的客户被第三者打扰时,您应该:

A. 继续推销不予理会

B. 停止推销并等候有利时刻

C. 建议他在其他时间再来拜访

D. 请客户去喝一杯咖啡   答案:_____,得分:_____

广告活动管理与鉴赏能力训练

项目 8

项目 8 说明

  广告主企业从经营管理的立场对出资委托广告代理公司所做的广告要进行管理。因此,营销部门广告活动负责人要从公司整体营销视角对广告活动进行全面控制。

  广告外部活动管理,就是广告主在有效地利用促进机构(如广告公司、媒介公司、市场研究机构等),适当地适应控制机构(如政府部门、竞争企业)的条件下,针对消费群体进行专门性劝说。因此了解与企业广告活动相关的组织机构是企业开展广告活动的前提。任务 8.1 主要是通过对现有各类媒体广告的合法、合规性识别来增强广告主企业对相关管理部门、竞争企业以及合作促进机构之间相互关系的系统认知。

  广告内部活动策划,是以分析为基础确定广告目标,然后通过若干步骤将广告目标一步步落实的决策和控制过程。广告活动首先要在市场、产品、消费者及竞争者等分析的基础上,确定广告目标,再根据广告目标确定广告战略和广告预算。在此基础上,确定广告文本的创作原则和媒介选择方案;同时在活动推出的过程中进行效果测试或评价,及时反馈信息。我们平时生活中所见到的广告,确切地说应该是广告文本,是这些广告活动的结晶。任务 8.2 运用倒推式技法,通过对成功或失败广告文本的鉴赏,寻找广告文本中所蕴含着的广告目标、广告战略、广告劝说重点与方式、不同媒体的文本表达特色等,进而培养学生养成用系统化的思维方式思考广告整体活动的意识与习惯。

任务 8.1 广告活动外部管理能力训练

8.1.1 实训目标

  企业的广告活动受制于许多外部因素。开展广告活动的企业一定要了解与企业广告活动相关的组织及与它们之间的关系。本实训任务就是让学生认知各类与企业广告活动相关的组织机构及相关法律、规章和制度，具体解决的问题如下。

◆ 企业的广告活动受哪些机构的管理与制约。
◆ 企业的广告活动要与哪些机构合作共同完成。

8.1.2 任务描述

资料一

燕之屋椒江加盟连锁店在开业前期，准备了一些彩旗，上面大书燕之屋3个字。在开业的当天，全部插在了店前马路的人行道两旁绿化带上的树旁边，有十多杆彩旗，长达千米。结果城管在巡视后以未向有关部门申请，破坏市容市貌为由全部没收……

资料二

2010年8月5日，经消费者举报，反映J县广告经营单位对外发布违法药品广告，损害消费者利益，接到案情后，执法人员立即向J县工商局领导汇报，并经批准，由工商部门三名同志于2010年8月6日对其进行立案调查。

经查明情况如下。

该广告经营单位自2010年7月以来，为广告主发布的"飞扬肠胃黄金组合""九味参七心疏胶囊"的药品广告中，广告内容含有利用医疗机构、专家、患者的名义和形象。广告经营单位在从事广告发布经营活动中，被工商部门执法人员查获违法广告费用2500元。广告经营单位的行为违反了《中华人民共和国广告法》第十四条第二款第（四）项之规定，属发布违法药品广告的行为。根据上述违法事实，依据《中华人民共和国广告法》第四十一条之规定，经工商部门研究决定，对广告经营单位作出没收违法广告费用2500元，并处罚款人民币2500元的处理……

资料三

被告浙江千岛湖养生堂饮用水有限公司于1999年6月至7月发布了"农夫山泉天然水"广告，在广告中称"水质已经发生根本性变化，就像一件白衬衫弄脏以后，再怎么洗也很难恢复到原来的样子"，并配以受到污染的水的画面，同时配以实验对象纯净水的特写镜头。该广告在电视台播出后，引发了一场颇有影响的水官司。原告北京市国信高科技发展总公司诉称被告采用比喻方法来说明纯净水的水源、水质有问题，以贬低纯净水商品质量，提升自己的商品农夫山泉天然水，显然是不恰当的，很容易使普通消费者误认为纯净水的水源、水质有问题，无论任何加工提纯，也不能恢复到原来的水质，违反了《中华人民共和国反不正当竞争法》第九条的规定。

原告还认为被告采用比较广告贬低竞争对手生产的饮用水商品的声誉，来说明自己的饮用水商品的优越，以达到提高自己饮用水商品市场占有率的目的，侵害了原告作为纯净水生产销售企业的合法权益。请求判令被告停止侵害，在全国性媒体公开赔礼道歉，消除影响，并在庭审过程中增加了要求赔偿经济损失10万元人民币的诉讼请求……

资料四

2000年4月，养生堂公司作出了一项石破天惊的决策：农夫山泉不再生产纯净水，全部生产天然水。

为强势推出天然水概念,农夫山泉这段时间先后在中央电视台播出一则"水仙花生长对比实验"的广告:两组水仙花,分别养在农夫山泉纯净水和农夫山泉天然水里,这两杯水看上去毫无差别。但一个星期后,养在天然水里的水仙花的根长到了3厘米,而养在纯净水里的仅有1厘米。"同学们,现在我们知道该喝什么水了吧!"老师说。同时,字幕上出现:养生堂宣布,停止生产纯净水,全部生产天然水。

一个"停止生产纯净水"的决定、一个水仙花对比广告,还有一个"争当小小科学家"活动,就这样点燃了中国纯净水行业里的一个烈性炸药包,引发了21世纪末的一场空前激烈的"水战"。

6月4日,娃哈哈向各地纯净水协会及生产厂家发出了100多封邀请函,即《关于共商反击农夫山泉恶意攻击纯净水、危害纯净水行业健康发展研讨会的邀请函》。6月7日、8日,来自18个省市的69家纯净水生产企业的代表云集娃哈哈与"农夫"两总部的城市杭州,全国上百家媒体的数百名记者也纷纷赶赴西子湖畔。某些媒体引进武侠小说的叫法,把娃哈哈称为"纯水联盟"的"盟主",把娃哈哈的邀请称为"遍撒英雄帖",把全国纯净水联盟的这次行动则称为"屠农大会"……

请学生以团队为单位结合上述资料学习《中华人民共和国广告法》,然后各团队抽签从户外/直邮/POP广告、电视广告、报纸广告3种媒体中确认一种(根据班级人数可以多个团队选择一种媒体),原则上以当地媒体为研究对象开展实地调查,列举9个以上可能涉及法律或行业自律方面问题的广告。调查的每则广告资料中至少应包含涉及法律或行业自律的广告调查任务表(见表8-1)中所要求的内容。最后由各团队从所调查的广告中选择一个最感兴趣的广告请教师进行专业剖析,共同研讨。

表8-1 涉及法律或行业自律的广告调查任务表

任务要求	媒体类型		
	户外/直邮/POP广告	报纸广告	电视广告
1	广告主	广告主	广告主
2	地点	日期版面	日期时段
3	照片或图片	照片或图片	录像或图片
4	文字分析	文字分析	文字分析
5	广告代理公司	广告代理公司	广告代理公司

8.1.3 任务步骤

1. 任务准备

1) 组建团队
可沿用前期项目中的分组情况,也可重新组建团队。

2) 任务布置
首先学习背景资料,其中两个是直接违法广告,另外两个涉及法律事件或行业自律但却化险为夷。与学生共同讨论广告活动与法律法规、行业自律之间的关系。

接下来各团队自学《中华人民共和国广告法》(2021年修正)。

组织广告法知识竞赛,并可适当予以优胜者物质奖励(教师需事先设计打印好竞赛试题,形式由教师自定,建议以团队为单位)。

知识竞赛结束后教师布置、讲解调查任务,各团队抽签决定调查广告的媒体类型。

《中华人民共和国广告法》
(2021年修正)

2. 调查实施

各团队在队长带领下,撰写调查的方案。征询指导教师意见后开始组织实施调查工作。团队成员需填写调查日志(见表8-2)(电子版),每日上报指导教师。指导教师通过电话随时与学生保持沟通,帮助学生解决可能遇到的各种困难。

表8-2 ＿＿＿＿＿＿(团队)调查日志

日　期　＿＿＿＿年＿＿＿＿月＿＿＿＿日　星期＿＿＿＿　天气＿＿＿＿

序号	成员姓名	时间(点)	调查项目名称	地点	电话
1					
2					
3					
4					
5					
6					
⋮					

3. 资料总结

各团队将收集的原始资料准备好,带到多媒体教室整理,教师现场指导,规定完成时间并上交。

4. 考核

本次考核由3部分构成:一是竞赛得分,占比25%;二是学习过程得分,占比25%,考核依据是团队调查日志及教师的实际沟通情况;三是整理完成的调查资料,占比50%。

需注意的事项:若有两组或两组以上内容完全一致,该项目成绩各组得分以该项目得分/组数来计算,即不鼓励团队之间的抄袭。

8.1.4 知识点拨

1. 企业广告活动管理的含义

广告管理是从广告主的经营立场出发,为配合整体的营销计划,对广告进行的分析、规划、决策、控制、执行和评估等一系列活动的总和。广告管理不是广告管制,即限制什么广告可以做，什么广告不可以做；它就如营销管理、财务管理、从事管理、推销管理一样，是为企业经营目的服务的一种具体管理内容。

企业的广告管理包括两部分内容，即外部管理（见图 8-1）和内部管理（见图 8-2）。

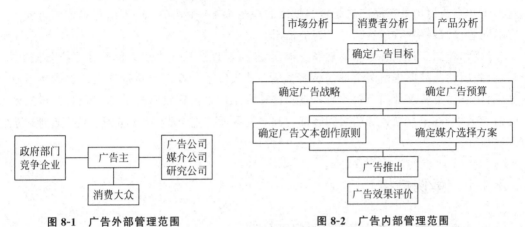

图 8-1　广告外部管理范围　　　　图 8-2　广告内部管理范围

广告的外部管理，就是广告主在有效地利用促进机构，适当地适应控制机构的条件下，对目标群体进行的专门性劝说。促进机构协助广告主进行广告工作，企业应尽力争取支持；控制机构如工商管理局则从法规法令的角度进行监督和控制；竞争企业从广告客户的自律去控制广告主的活动；消费大众是广告活动的针对群体，即广告的对象。

广告的内部管理是以分析为基础确定广告目标，然后通过若干步骤将广告目标一步一步落实的决策和控制过程。广告活动首先要进行市场、产品和消费者 3 个方面的分析，找出广告所要针对的对象、确定如何突出产品的特点以吸引消费者、分析确定现有及潜在消费者的消费动机和消费决策过程；然后确定广告目标，这是广告管理的一个核心步骤，是广告主对广告活动进行控制的出发点；确定广告战略和广告预算则是落实广告目标的具体体现；确定广告创作原则解决的是以怎样的具体形式去劝说；确定媒介选择方案解决的是如何送达广告信息，以同广告所希望的那部分消费者进行沟通。广告主还应对广告活动的推出过程进行控制和监督，并及时进行评价。

2. 违法药品广告存在的法律原因

首先，违法广告主体的法律责任过轻，违法成本较低。《中华人民共和国广告法》明确规定了违法广告主体的民事责任、行政责任和刑事责任。但在实际操作中，这 3 项责任都很难对违法广告主体形成真正的威慑。例如，其中行政责任中对规定的"广告费用一倍到五倍的罚款"相对于违法广告主体因违法广告而带来的巨额利润相比实在是"冰山一角"，而且在实践中，违法药品广告播出后，药商往往会与相应的广告媒介通过伪造低价广告费用来应付工商部门的处罚，这在一定程度上导致部分媒体更加肆无忌惮地发布虚假广告。

其次，广告审查制度存在缺陷。我国的广告审查制度分为强制性行政审查和广告经营单位自我审查两种形式。根据《中华人民共和国广告法》第三十四条和《药品管理法》第六十条的规定，在广播、电影电视及报纸期刊等媒体上发布药品广告的，需在发布前经由企业所在地省、自治区、直辖市人民政府药品监督管理部门进行审批，并发给药品广告批准文号。但在实践中，药商往往会在广告审批前准备多个方案，不法药商提交规范版本以取得广告批文，但在发布时套用取得的广审号，播出别的与规范版本不符的违法广告以赚取暴利。而同时作为广告经营单位的媒介往往会考虑到自身的经济利益，而放弃严格审查即将刊登或播出的药品广告是否与批准的规范版本一致，使得广告经营单位的自我审查形同虚设，最终导致违法药品广告的播出。

最后，药品广告监管体制不顺畅。根据《药品管理法》和《中华人民共和国广告法》的规定，我国的药品广告由两个部门负责监管：县级以上工商部门负责违法广告的事后查处，而药品监督管理部门负责广告审批。这种由不同部门审批管理的体制很难形成有效的监管效果，甚至会导致部门之间因部门利益问题而产生矛盾，导致违法药品广告难以被彻底清除。

8.1.5 案例链接

☞ 康师傅与农夫山泉"水源门事件"

水行业这一历来就硝烟弥漫的"战场"，在 2009 年销售旺季到来之际，一股浓郁的火药味正在扩散。

6 月初，《中国新闻周刊》一篇信息来源为"康师傅前高管"的报道，又揭示了 2008 年"康师傅水源门"的痕迹。该文章引用大量资料，佐证了农夫山泉策划并主导了 2008 年"康师傅水源门"事件，同时，在文章的最后引用中国环境监测总站公布的最新一期《中国地表水水质月报》中"千岛湖的水质在 2009 年 1 月已被列入Ⅳ类"，将农夫山泉也引入了"水源门"旋涡当中。

我国水质评价标准执行《地表水环境质量标准(GB 3838—2002)》，按Ⅰ类～劣Ⅴ类 6 个类别进行评价。Ⅳ类水质被描述为"轻度污染"，指一般工业用水和人体非直接接触的娱乐用水。

虽然农夫山泉和康师傅均公开表示未策划攻击对手，但是从 2008 年 6 月到 2009 年 6 月长达一年的时间中，可以看到双方在多层面博弈的身影。为什么是农夫山泉和康师傅？

"这反映出了瓶装水行业竞争的残酷性和激烈程度。"一位水行业的资深人士表示，实际上，从 2004 年开始随着娃哈哈战略的调整，农夫山泉与娃哈哈的竞争关系趋于缓和，已经转为农夫山泉对康师傅的直接竞争。"水种之争"正式进入下半场，从原来的"山泉水对纯净水"变为"山泉水对矿物质水"。

正如上述行业资深人士分析，康师傅与农夫山泉的竞争始于 2004 年。彼时，整个水行业在经过前几年的高度整合后，基本形成了娃哈哈、乐百氏、农夫山泉作为全国品牌与怡宝、蓝剑等区域品牌对峙的局面。

但是随着乐百氏被达能收购后不断走弱，娃哈哈也逐渐从瓶装水转型为综合性的饮料企业，农夫山泉迎来了最佳的扩张时机。

"基本从那时候开始，由于瓶装水项目盈利能力较弱，甚至在某些区域出现亏损，娃哈哈这块业务基本上属于维持，而把精力主要用在了营养快线等新品的推广上。"一位娃哈哈的内部人士对本报记者表示。

所以,作为"水种之争"主要对手的娃哈哈,尚未对农夫山泉构成直接的威胁,在甩开乐百氏、避开娃哈哈后,农夫山泉开始大举布局全国。

然而好景不长,就在2004年,康师傅携巨资杀入瓶装水行业。

"开始大家对康师傅的进入有着诸多不理解,因为康师傅在茶饮料和果汁饮料都属于领导品牌,完全没有必要进入一个娃哈哈都并不看好的微利领域",上述水行业人士表示。

而一位康师傅的内部人士则表示,瓶装水虽然销售额不高,"但因为量相当的大,是一个超级的流动性广告,通过瓶装水的品牌传播,可以很好地带动康师傅其他高盈利能力产品的销售"。

在将瓶装水定义为战略性项目后,康师傅开始了扩张,也将与农夫山泉的竞争推向了前台。

康师傅凭借多年在饮料和方便面上的积累,再加上有香港上市公司作为后盾,短短4年时间在瓶装水项目上投入近10亿美元,在全国建立了51个生产基地,127条生产线,这种规模效应一下将市场价格降到竞争对手难以跟进的地步。

然而,以水源作为核心竞争力的农夫山泉,由于水源地的限制,在全国仅有万绿湖等四大生产基地;再加上远距离的物流成本,面对康师傅挑起的"价格战",农夫山泉面临的行业局势大变。

据了解,从2004年开始,康师傅每到销售旺季均挑起了降价、促销狂潮,率先将500mL瓶装水的零售价降到了1元以下,并且在促销期间曾将500mL瓶装水的零售价降到0.6元。

透过方便面和饮料领先地位积累下的优质渠道,再加上价格优势,到了2008年"水源门"事件当月(2008年7月),根据AC尼尔森数据显示,康师傅的市场份额达到了25%,大大领先于娃哈哈和农夫山泉。

而原本一直高歌猛进的农夫山泉,在市场占有率上却徘徊不前。2008年9月,农夫山泉相关人士在深圳水峰会上对记者表示,其市场占有率一直保持在11%~13%。

面对康师傅的竞争,农夫山泉开始布局反扑。

关于水行业的竞争手段,据上述水行业的资深人士透露,渠道强的企业往往通过渠道的优势去影响消费者从而提升品牌;而一些企业则是通过品牌塑造、舆论的引导,去影响消费者认知和渠道的负责人,然后推动渠道的建立。

早在2000年,农夫山泉通过与娃哈哈在媒体之间的"口水战",获得了品牌力的极大提升。时过境迁,娃哈哈早已不是其核心竞争对手。

继而2008年,康师傅在新一轮的矿物质水的广告宣传中加入了"优质水源"的宣传。而这一广告宣传随即被天涯上的一篇帖子所引爆,该帖因指认康师傅"优质水源"为"自来水"而广泛流传。《中国新闻周刊》的上述报道认为,这一系列事件背后均是农夫山泉的身影。

"其实2006年的时候,农夫山泉就在内部论证过是否对康师傅矿物质水'多一点更健康'的宣传展开质疑,但是当时被认为这个话题难以对康师傅造成太大的影响",一位熟悉

农夫山泉的人士对本报记者表示。

此后,全国的媒体纷纷对康师傅展开了报道。各地竞争对手也开始抓住这一机会进行反扑,进一步加速了"康师傅水源门"事件的升级。

而康师傅年报显示,康师傅从 2008 年 8 月销量开始一路下滑,9 月开始从盈利变为亏损,本来盈利的康师傅矿物质水项目,在 2008 年全年亏损 3000 万元。

AC 尼尔森 2008 年 12 月公布数据显示,如果按销售量计算,康师傅矿物质水 2008 年市场占有率为 19.9%,虽然仍占全国包装水第一,但距最高峰已经下跌了超过 5 个百分点;若按销售额计算,康师傅矿物质水的市场占有率则从 2007 年的 18.1% 跌至 17.7%,成为行业第二,娃哈哈以 18.0% 跃居第一。

与此同时,娃哈哈与农夫山泉的市场份额均得到了一定的提升,其中农夫山泉相比"水源门"之前上升了 0.7%,而娃哈哈因为销售网络更为广泛的原因,市场份额上升幅度达到 1.1%。

由此,康师傅原先的竞争优势被瓦解,整个水市场在短短的一年内,似乎又回到了娃哈哈、康师傅、农夫山泉三足鼎立的局面。

然而,"水源门"事件似乎并没有就此结束。

8.1.6 任务体验

体验 1 想一想

请根据提供的背景材料,分别说出应对措施。

体验 2 练一练

请各团队同学寻找 2 个或 3 个广告引起的法律问题的案例。

体验 3 赛一赛

请教师根据《中华人民共和国广告法》设计一套知识竞赛题。

任务8.2 广告活动策划能力训练

8.2.1 实训目标

随着激烈的竞争,企业早已由传统的以卖方为中心的经营思想转为以买方为中心的营销观念。广告作为营销活动的重要组成部分,必须同营销的其他手段、方法、环节相配合才能发挥效力,在这种形势下广告的管理权回归企业是必然的。企业的营销管理者,更应该关注的是如何在整体营销目标及战略的指导下开展企业的广告活动。营销者们不是自己来设计制作广告,而是要善于高效地选择、管理与广告公司的合作,使得投入的广告费用能产生符合整体营销目标的预期效果。因此,本实训任务是从企业角度而非广告公司的视角来组织实训内容,具体要求学生掌握以下知识和技术。

◆ 企业广告活动管理涉及的内容。
◆ 如何使广告策划活动与企业营销活动相配合。
◆ 一个较为完整的广告计划是如何完成的。

8.2.2 任务描述

☞ **大家一起为广告"做手术"**

请学生关注电视上、报纸、广播及户外媒体中的各种企业广告,自己去收集一些。研读这些广告,看它们在说些什么,又是怎样表达的。并按以下思路完成对广告的分析。

首先,站在广告视听众的立场来看,他们的需求是什么。

其次,从广告主的角度来看,必须要找到某个人,这个人的需求正好可以被广告主所提供的条件满足。

最后,这个寻找过程的"成本"——刊登广告的钱。

由此引申出一个广告管理者的职责所在:尽可能辨认"需要",找出"需要的人"和将寻找的成本降至最低。

选出一些不满意的广告,再根据能够获得的公司资料的难易情况,最终选定一家公司,重新为该企业实施新的广告策划。如果有可能,尽可能选择当地的企业,这样便于实地考察与收集一手资料。

8.2.3 任务步骤

1. 任务准备

(1) 召集学生于教室,由老师讲解与本次任务相关的广告活动管理知识(可参照 8.2.4 小节中的内容)并剖析 8.2.5 小节中的中国台湾三阳工业公司企业广告策划。

案例剖析要注意两个问题,一是要尽可能体现营销管理者应具备的思维习惯,如强调本案例的广告活动策划思路源于市场调查的营销分析,分析中要明确存在的营销问题;在营销分析基础上确立营销与广告目标;根据目标设计解决存在问题的广告战略;使广告战略顺利落实的具体战术方案实施及实施效果的信息反馈。二是要强调案例的特色或"画龙点睛"之笔,如本案例中在产品上市前一周的广告手法属于拖拉需求广告战略,对于这个知识点教师应补充讲解,使学生掌握这种战略的精髓(约 90 分钟)。

(2) 任务下达与团队组建,可沿用之前的分组情况,也可重新组建团队。

2. 任务实施

(1) 各团队在队长领导下,组织观看各类广告,在充分讨论、协调的基础上,选定一家自己团队要为其广告进行"手术"的公司;然后,对所要"手术"的公司进行资料查找,需要查找的内容见广告计划所需信息资料表(见表 8-3),在两天内完成填写并上报。

表 8-3　广告计划所需信息资料表

团队名称			广告被"手术"公司名称	
被"手术"广告描述与存在问题分析			（可附页）	
状况分析		企业背景	主要指与企业产品品牌宣传有关的历史资料（可附页）	
		市场分析	（可附页）	
		产品分析	（可附页）	
		竞争分析	（可附页）	
营销目标			销售、利润、市场占有率、顾客满意率等方面	

（2）召集学生于教室，由教师将审核修改后的广告计划所需信息资料表发还给学生，并进行必要的讲解。

（3）学生可在教室或认为合适的地方进行广告方案策划，并于当天上交广告策划书。注意在策划书中详细写明团队队员的分工情况；教师应对各团队巡视，及时给予学生各种问题的解答。

3. 任务汇报

（1）各团队在队长带领下完成上台讲解前的资料准备工作，完成 PPT 的制作。（约 45 分钟，也可在课后完成）

（2）上台讲解任务成果并答辩。（约 90 分钟）

（3）教师点评，内容涉及报告、PPT、答辩等方面。（视具体情况由教师灵活掌握安排）

4. 考核

根据表 8-3 和广告策划书中的分工、答辩情况给学生以综合考核。表 8-4 和表 8-5 仅供参考使用，任课教师完全可视具体情况确定自己的考核标准。

表 8-4　广告策划任务完成情况团队自评表

团队名称	姓 名	分 工	得 分
	队 长		
	丁 一		
	……		
团队综合评价	模拟公司确定情况		
	分工合作情况		
	其他自认为可加分项		
	是否按时上交资料		

注：每个标准可采用 5 分制打分，总分计各标准的总和。

表 8-5　广告策划书评分标准表

项目	能 力 点	等级 5	4	3	2	1	权重	总分
文书结构	结构完整性						0.3	
	内容的全面细致性						0.3	
	逻辑思路清楚、层次分明						0.3	
	措辞准确表达清楚						0.1	
状况分析	调研内容全面完整						0.2	
	调研数据的准确性						0.2	
	分析合理、结论可靠						0.3	
	方法科学恰当						0.3	
广告目标	广告所要解决的问题确认						0.3	
	主要的营销问题确认						0.4	
	广告目标符合要求						0.3	
广告创意策略	策略符合目标市场特征						0.2	
	策略有助于品牌优势树立						0.2	
	承诺清晰有效						0.3	
	策略理由会使目标顾客信服						0.3	
	加分项目							
	加分理由简述							

8.2.4　知识点拨

1. 广告的含义及基本构成要素

企业所要研究和探讨的广告是商业广告（以下简称广告），它由 6 个基本要素构成。

1）可以控制的形式

广告的传播形式是可以控制的，这是广告区别于公共关系、宣传报道的重要标准。广告的这种可控制的形式是通过付费的方式取得的。

2）非个体性传播形式

这排除了广告与人员推销相混淆的可能。所谓个体性传播，它是指一个人同另一个人，一个人同另几个人或更多的人之间的口头或书信交流，它可以是面对面的，也可以是非面对面的，其最大缺陷是信息在传播过程中容易失真。而广告的传播过程有明显区别于个体传播的特点：①广告信息在传递过程中几乎不失真；②广告传播速度快、范围广；③人均广告费用低。

3）劝说

广告发挥作用的方法是劝说。劝说具有一定的诱导性，它不等于宣传。在劝说过程中可以有一定的夸张，但不得进行欺骗。认定是否为欺骗的原则是目标视听众对广告内容的理解。

4）推销产品、服务和观念

这是广告的目的，也是广告发挥作用的 3 个层次。推销产品时，企业往往只着重于把产品卖出去。而推销服务考虑的则是产品出售前对性能以及使用方法、维修保养知识的介绍，出售过程中让消费者充分选择、试用，以及出售后为消费者提供的维修服务等。推销观念是广告发挥作用的最高层次，它是指通过广告劝说消费者接受一种观念，改变一种态度；通过观念的"推销"，可以令消费者喜爱、信任企业，偏爱一种牌号的产品或服务，并在消费者心目中建立起良好的形象。

5）目标市场

广告是借助大众传播媒介进行信息传递的商业活动，它必须符合以尽可能少的代价，取得尽可能多的利益这一经济活动的基本原则。因此，企业在进行广告活动时必须考虑目标市场，即企业拟为其服务的具有相似需求的顾客群。另一个值得重视的问题是，由于消费者的购买行为常常会受到他人的影响，因此所有可能影响目标顾客购买行为的人都应该是广告的目标视听众。

6）广告主

广告主即广告的主人，指出资做广告的企业。广告主必须是可以识别的，这是广告区别于其他宣传的一个标志。因为：①只有可识别的广告主，才能让消费者了解广告的真实动机，理解广告的内容；②广告主可以识别，能使消费者明确广告中推销的产品或服务是由哪家企业生产或提供的，便于消费者选择；③可识别的广告主，有利于公开承担广告责任。

在以上分析的基础上，将广告的定义总结为广告是广告主通过付费取得可控形式的非个体性传播，用劝说的方法向目标市场推销产品、服务或观念。

2. 广告的劝说重点

这是解决广告要说什么的问题。

1）确定广告劝说重点的重要性

20 世纪 70 年代末 80 年代初，著名的营销及广告调查研究者波立志（Alfred Politz）博士想确定广告标题的不同效果，做了一项分版刊印研究。广告的产品是一个电视设备操作的自修科目。波立志博士设计了两个大小、提供内容及细节完全相同的广告。在这两个广告中唯一不同的只是标题——也就是关于产品说些"什么"。

其中一个广告标题用：电视台提供新职业。

另一个广告标题用：电视科目每周 11 元 9 角 7 分。

第一则广告是基于提供职业机会的策略，而第二则广告则是建立于经济或科目价格低廉的策略。然后波立志博士将这两则广告刊登在一家杂志分版广告上。

你能猜到哪一则广告得到更多反应吗？是第一则广告，它比第二则多得到 5 倍的询问信。

结论：在广告劝说活动中，对你的产品或劳务而言，你"说什么"是成功的关键。

2) 劝说重点的确定

劝说的重点是如何确立的呢？下面介绍一个发展模式。

(1) 重要事实(key fact)：即从消费者的角度来考虑，谈其对产品、价格、竞争或用途等的意见或看法。

(2) 营销的主要问题(primary marketing problem)：这是从重要事实衍生出来的，它是根据重要事实从企业营销的角度来陈述问题。这一问题可以是有关产品认知方面的、市场方面的、竞争方面的或者是形象方面的，但它一定是广告能够影响的。

(3) 传播目的(communication objective)：即广告传达给潜在顾客的信息将是什么。潜在顾客在看到、听到信息后应产生怎样的反应。

(4) 创意策略(message strategy)：通过目标市场分析、竞争分析确定本次广告将要作出的承诺及明确承诺的理由。

(5) 公司/部门所要求的事项(corporate/divisional requirements)：将整个广告活动中的任何必须事项，在这里一一列出。

3. 广告劝说的几种基本方式

1) 使用初级语言或使用次级语言

初级语言是指客观、准确，可以具体测量的词语。其缺点是缺乏吸引力，不具诱导性。这种语言通常用于工业用品、医疗器械、科学研究用品等。

次级语言是指那些可能让人产生丰富联想的词汇，它往往从商品本身派生出来的特点进行描述，直接对商品的感想进行描述。缺点是不够准确、客观。这种语言适用于日用品，尤其是化妆品、香水、首饰、时装、手表等商品。

有些商品，如介于工业用品和日用品之间的商品，常常同时使用初级语言和次级语言。

2) 使用理性诱导和使用情感诱导

使用理性诱导的方法，往往是通过向消费者说明购买广告所推销的商品会给消费者带来怎样的好处，让消费者用理智去权衡利弊，听从劝说采取购买行动。所以，理性诱导式的广告文本当中，主要向消费者介绍商品的优异质量，使用本产品将会给消费者带来的方便之处，商品性能的特点，和同类商品比较其价格便宜，马上购买可能享受到的种种优惠条件等，使消费者可以判断购买此商品能得到的种种好处。

使用情感诱导的方法,则是通过向消费者展示本商品的漂亮外形、优雅情调,本商品的时髦程度,使用或拥有本商品的身份地位感觉,使用者的风格等,让消费者体会购买这一商品后自己所能有的形象是怎样的。所以,情感诱导式的广告文本都富有人情味,让人从异性的喜爱、亲友的情谊、大众的赞赏、同美丽景色协调等角度去看一件商品。消费者如果正好需要满足其中某一方面的心理需要,就会听从广告劝说采取行动。

3) 正向劝说或反向劝说

正向劝说是一种鼓励的形式,诉说商品的好处,说明消费者选择正确;反向劝说是说如果不使用某商品将会给消费者带来哪些坏处,暗示消费者应该购买。

4) 一面提示或两面提示

一面提示是指只介绍企业产品的优点,有时还暗示竞争对手的缺点,这是广告中普遍采取的自吹自擂式;两面提示是指同时介绍自己产品的优缺点,在广告劝说中既说优点又说缺点,但注意的是一定要使所诉说的优点是消费者所最关心的,而缺点是消费者所不太在意的。

4. 广告战略决策的内容

广告战略决策是根据市场分析、产品分析、消费者分析得到的资料,在广告目标的指导下,对广告活动的开展方法、劝说侧重方式、媒介选择总体原则等作出决策。

企业通常要作出以下几方面的选择。

1) 面向总体市场的战略还是面向分隔市场的战略

这一战略选择基本上确定了广告运动的针对对象以及广告运动应如何选用媒介的趋向。

面向总体市场的广告战略是配合企业的无差异市场营销。采用这种战略应注意的问题:①广告的文辞、形象等必须是大众化的;②广告必须在大众可以接受的媒介上传播;③广告必须保持长期稳定的广告形象、广告口号、劝说重点等,使广告宣传可以给人留下连续、统一性的印象。采用面向总体广告战略的企业适用于以下情况:①消费者选择性不大、需求弹性小的产品,如生活必需品等;②经营该产品的企业不多,竞争不太激烈;③实力雄厚,竞争力较强的企业。

面向分隔市场的广告战略是配合企业的差异性或集中性市场营销。差别式广告战略是指企业针对选定的不同目标市场,采用不同的宣传内容与主题,运用不同的传媒手段,来迎合各种类型的消费者,以多种劝说方式推销多元化产品。这种战略对于小批量、多品种生产的企业,显然有很大的优越性;但同时这种战略会使成本上升。此战略多用于成长期与成熟期、市场竞争激烈的产品。集中式广告战略是指企业只针对一个或少数几个市场部分,调动各种广告宣传方式与手段,以提高市场占有率为重点。此战略的优点是既省钱又利于控制。通常此战略较适宜以下两种情况:①生产周期较短,产品波动较大的产品;②本身资源能力有限,活动范围不大的中小企业。

面向整体市场战略和面向分隔市场战略的广告特点比较如下。

(1) 两者的目标是不同的,它们是为了配合不同的营销战略而采取的广告战略,所以两者不可随意调换。

(2) 面向整体市场的广告战略简单些，可以不过多考虑广告的针对性，只需要保持基本形象的稳固，同时顺应社会发展对形象略加调整即可。但是，此种广告战略需要的广告经费庞大，而且很可能不能及时适应消费者需求的变化。

(3) 面向分隔市场的广告战略较为复杂，需要对不同类型的消费者以不同的劝说方式、推销不同的产品，如果广告的针对性没有把握好，广告运动就会失败。但是，这种策略是为了适应市场变化而发展起来的，只要其针对性好，广告的推销效果就会更加明显。

(4) 随着消费水平的提高，消费者需求中个性化趋向将越来越明显，这就会对企业生产的产品提出多样化的要求。因此，面向分隔市场的广告战略将被越来越多的企业所采用。

2) 满足基本需求的广告战略还是满足选择需求的广告战略

这一战略的选择，基本上决定了广告活动中应采取的总的劝说方式和重点。

满足基本需求的广告劝说方式应注意以下几点。

(1) 尽量采用大众化的语言。

(2) 以实例、比较、产品使用者代表、明星及其他权威人士等前来加强劝说效果。

(3) 突出产品的物美价廉、经久耐用。

(4) 劝说方式中可有一定的夸张与幽默，以满足消费者心理期望。

(5) 对产品的销售数量、售后服务方式等进行宣传。

(6) 塑造产品形象应注重其大众化、实惠的特征。

满足选择需求的战略在劝说时应注意以下几点。

(1) 强调产品的独特性，如使用该产品后，要么豪华名贵、要么古朴典雅、要么庄重美丽、要么朴素大方等。

(2) 在劝说中加重感情成分，培养消费者对产品形象、商标形象的羡仰之情，突出拥有这一产品后消费者会有的风度，可以请明星来进行劝说。

(3) 通过广告中的气氛渲染，显示本产品的高档、高价。

(4) 对销售方式、地点做若干限定，加强消费者购买此产品时所能获得的心理满足。

(5) 语言、画面、音乐等要美好动人，格调优雅。

3) 推出需求广告战略还是拖拉需求广告战略

这一战略的选择，基本上决定了广告活动应如何同其他推销活动相配合。

推出需求广告战略是指产品已经在市场上销售，消费者可以看到和买到这些产品，使广告和直接销售同步进行，紧密联系配合起来。这种策略是企业一般情况下采用的，十分普遍。

拖拉需求广告战略与推出需求广告战略刚好相反，是指企业在准备把一种新产品推出之前，或者企业准备把一种产品在一个新的市场推出之前，就开始对此产品做广告宣传，让消费者未见产品先见广告，当这些广告带动消费者的需求后，再让产品正式上市销售。采用拖拉需求广告战略具有一定的风险：一是如果宣传不当，给消费者的"第一印象"不好，会影响产品以后的销售，使企业的广告支出浪费，且极可能破坏整个营销计划的实施；二是在广告推出和产品上市期间，有一定的弛豫时间，这有可能使竞争对手抢先推出产品，使竞争对手坐享渔翁之利。

企业必须具备以下条件时才能采用拖拉需求广告战略。

(1) 广告主企业财力雄厚,经营状况好,有竞争和承担风险的能力。

(2) 新产品市场广泛,潜在市场大。

(3) 产品十分先进,属高科技产品,一定时期内他人无法仿效。

(4) 广告文本创作水平极高,能在消费者心中刻下商品品牌或企业名称的深刻印象,却不透露任何有关产品科技方面的信息。

(5) 广告主企业对推出的产品有十足的把握,能在必要的时候提前让产品上市。

4) 产品广告战略还是形象广告战略

这一战略的选择,基本决定了广告活动为整体营销发挥作用的层次和发挥作用的长短。

产品广告战略也称为独具的销售说辞(unique selling proposition,USP)。此战略流行于20世纪50年代的美国,它包括3方面的内容:①每一广告都要对消费者提出一个说辞,让消费者明确购买本品牌所得到的利益,即利益性;②此一说辞一定是别人尚未提出过的,与众不同的,即独特性;③此说辞要有销售力,能强大到可以招来千百万的消费者,即销售性。因此实施产品广告战略必须以商品功能的明显差异性为前提。

形象广告战略这一概念是美国著名的广告人大卫·奥格威于20世纪60年代中期提出。他认为,每一品牌都应发展出一个形象,常见的形象是人和动物。使消费者在购买该产品时,不仅能够获得物质上的利益,也能获得心理上的满足。因此,每一则广告都应该是对该产品的品牌形象的"长程投资",消费者在购买产品的同时,也购买了该产品或产品的承诺送达的物质上及心理上的各种利益。在广告中,诉求产品或品牌的形象,要比诉求产品的实际物质属性更为重要。

5. 大卫·奥格威的广告文本鉴赏指导方针

广告大师大卫·奥格威在其自传《一个广告人的自白》中对广告文本的鉴别提出了主张,为企业在审定广告公司的文本时提供了有价值的参考。

1) 鉴别广告文本的总的指导方针

(1) 广告文本创作与营销策略相吻合吗?

(2) 广告文本表现会吸引目标视听众吗?

(3) 将广告文本设计的内容转换成上门销售的话,你会对潜在顾客这样讲吗?

(4) 广告文本创作是从营销的观点还是从消费者的观点?(这一广告是帮助我的潜在顾客购买或是只是帮助我做成买卖?)

(5) 广告文本是清楚、简明、完整与使人信服的吗?(如果这些潜在顾客从来未见过广告中的产品或劳务的其他广告或电视广告,他们会足以知晓怎样买、在何处买,以至可发生销售吗?)

(6) 广告文本的表现形式掩盖了产品利益的信息了吗?

(7) 有要求行动吗?

(8) 你在出示广告给亲密的人时感到足以自傲吗?

2）鉴别印刷媒体广告文本的指导方针

（1）信息看一眼就清楚吗？你能快速地说出广告究竟在说什么吗？

（2）利益写在标题中了吗？

（3）插画支持标题吗？

（4）文字的第一行字支持或解释标题与插画了吗？

（5）广告易于阅读与易于理解吗？

（6）所用字体足够大并易于阅读吗？

（7）广告出资者的身份清楚吗？

（8）有任何多余的文字、词语或构想吗？

（9）如果广告中有一张折价券或一张需要剪下的东西，它易于取下或易于得到吗？

3）鉴别广播媒体广告文本的指导方针

（1）这个广告扰人吗？

（2）广告是为耳朵与心智而写的吗？

（3）广告与听众有关系吗？

（4）只有一个销售信息吗？

（5）品牌清楚地确认了吗？

（6）广告是与目标市场说话的方式吗？

4）鉴别电视媒体广告文本的指导方针

（1）广告影片妨碍观众了吗？

（2）这一广告影片是视觉构想吗？

（3）这一广告影片展示了产品或劳务的利益了吗？

（4）有很清楚的品牌认定吗？

（5）只有一个清楚的销售信息吗？

（6）电视广告影片适合代表某产品吗？

8.2.5 案例链接

☞ 中国台湾三阳工业公司企业广告策划

1973年年底，中国台湾市场中销售的摩托车，共有12家厂商的产品。其中有一家无论在生产规模方面、机器设备方面、员工技术方面、售后服务方面，均强于任何一个同业，基本条件良好。但其销售情况，却始终落后，难以取得胜过别人的市场地位。

这家公司计划在1974年，出产一种新型摩托车。为求新产品上市能一举成功，该公司想到借助广告公司的力量。这家公司是三阳工业公司，所选定的广告公司是台湾广告公司。

双访会谈的第一次，即获得了共同的观点，1974年的台湾摩托车市场，将是125CC的天下。台广先提出观点，三阳公司即表示同意。接着，就说明了他们在1974年度准备推出的一种新产品，就是125CC的新型摩托车，并提出了新产品上市后的销售目标。

台广在接受委托后，先从市场调查研究做起，调查摩托车市场各种同类商品的销售状况及消费者对摩托车工业各厂商的印象。所选择的样本,半数是已拥有摩托车的车主,半数是未来的可能购买者。根据调查的结果,发现了下列各种问题。

(1) 自 1964 年起,重型摩托车(90CC 以上者)的市场占有率,即不断提高。至 1970 年度,已提高到占摩托车总销售量的 77%。增进的速度颇快。预计在 1974 年,125CC 机车的销售总量可达 7 万~8 万辆。广告主所提出的销售目标虽较高,但仍有希望可达成。

(2) 和市场中其他牌子的同类商品比较,广告主的商品,售价偏低,甚至低达二成至三成。由于广告主采取低价格的销售政策,反造成消费者对其产品的品质有颇多怀疑。

(3) 当时市场中,已有 5 种牌子的 125CC 摩托车,每一家均有相当的市场占有率。所以广告主的新产品,只能列为市场中的"后发"厂牌,要设法争取后来居上。

(4) 广告主的新产品,具有四冲程的优点。在当时的市场中,能出产四冲程摩托车者,只有两家厂商。凭这一优点,可胜过其他多家厂商的产品。

(5) 当时的消费者,对广告主有不少误会。根据调查统计的结果,认为三阳在 6 家主要的同类厂商中,规模与另一家同居第二位。设备、员工技术均低居第四位。购用的人数,虽被列居第二位,但是只及第一位的 1/3。品质及售后服务居第四位。研究改进的表现,也被列居第四位。综合这些看法,广告主在当时 6 家主要厂商中的地位,只低居第四位或第三位,颇受委屈。

(6) 广告主在各县市所分布的销售网偏少。给经销商的利润也偏低,形成经销商不热心推销其产品的情况。

(7) 市场中的假机油颇多,广告主在这方面未注意防范。而四冲程的摩托车,如果消费者不小心购用了假机油,就会影响到车的功能与寿命。广告主商品的市场地位落后,和这点有密切关系。

(8) 嘉云地区的消费者,对广告主的商品印象不佳,是急需加以注意的一点。应努力改善这一地区消费者的印象。

其他在消费者的需求趋向方面、市场的重点方面等,均求得了所需答案。同时,又做了知名度调查。统计在当时的 12 种厂牌中,广告主的知名度只居第五位,平均的知名度只有 50%。而居第一位及第二位的厂牌知名度高达 800%。列居第三位的知名度,也有 73%。相比之下,广告主的知名度显然偏低。

再研究比较 1972—1973 年 12 种厂牌在大众传播媒介报纸与电视两方面的广告量,也看出广告主的数字偏低。1972 年,列居第四位,数量几乎只有第一位、第二位的半数;与第五位至第九位比较,则相差不多。1973 年,更低居第十一位,广告量只有第一位至第三位的 1/15。也足以显示广告主对于广告的运用,不及其他的厂商,缺少正常的策略。

针对上述问题,制定了以广告为主的营销战略。

(1) 教育消费者,应以正确方法使用摩托车,维护摩托车的使用寿命。

(2) 参照市场中同类商品的售价,制定广告主新产品的合理售价。并将所增加的收益,分享给经销商,提高经销商的推销兴趣。

(3) 重整经销网,鼓励原有的经销商,扩充范围,增设经销分处,争取各地良好的摩托车修理店为经销分处。使经销商由原有的 140 个单位,扩充为 500 个单位左右。在台北国宾大饭店,举办大规模的新产品发表会,招待全体经销商,说明革新的决心,以增进大家的信赖。

(4) 强有力的广告创新战术,促使新产品上市一鸣惊人。

(5) 以企业广告改变消费者过去的误会看法。说明广告主是拥有制造机车及汽车设备的大型工业厂家。不但规模最大,品质、技术、服务等均属一流。

(6) 在嘉云地区,再拟订地方性的广告战术,展开反攻。

战略实施过程:

首先为新产品进行命名,经过数次会商,广告代理商的企划与设计专案小组,想出了近700个名称。然后进行淘汰。淘汰成15个时,再进行投票决选。投票时,还邀请了多位消费者参加票选结果,"野狼"这个名称,胜过了其他科学性、动物性等名称。由于这次"命名"做得非常慎重,广告主从中获得不少有关广告的深刻印象。

接着编印摩托车正确使用方法手册,供消费者索阅及做适当的分发。并编印四冲程摩托车挂图,悬挂在各地经销店,通过经销店的推销人员,与受过广告主方面技术训练的修护人员,告知消费者在这方面的常识。特别强调了不能购用假机油,以免损伤车子。

同时编印大型海报一套,共3张(均为全开的),分送各地经销店张贴。这3张海报,足以布满每一家经销店的墙壁,且具有售点广告的作用。一时形成这500家左右的经销店,均变为三阳摩托车的专卖店,声势甚强。海报上那位美丽的外国模特儿,是通过台北的美国学校邀请来的,她表现出了很诱人欣赏的效果(若干消费者怀疑,海报上的这位模特儿是从国外的印刷品上翻印而成的。这种看法是错的。)

最重要的战术,是在新产品正式上市前,造成全省消费者停止购买6天。

1974年3月26日,台湾两家主要的日报上,刊出一则没有注明厂牌的摩托车广告,面积是八批50行,四周是宽阔的网线边,中间保留成一块空白。空白的上端,有一则漫画式的摩托车插图。图的下面,有几行字。内容是"今天不要买摩托车。请您稍候6天。买摩托车您必须慎重地考虑,有一部意想不到的好车,就要来了"。

次日继续刊出这则广告,内容只换了一个字"请您稍候5天"。这天的广告引起了反应。同行们打听知道是三阳的广告,纷纷向三阳公司发牢骚,询问"为什么这两天叫消费者不要买摩托车?"

第三天,继续刊出这则广告,内容重点仍只换了一个字"请您稍候4天"。这天的广告又引起了反应,使广告主本身的各地经销店,都抱怨生意减少了。

第四天,内容取消了"今天不要买摩托车"这句话,改为"请再稍候3天。要买摩托车,您必须考虑到外形、耗油量、马力、耐用度等。有一部意想不到的好车就要来了"。这天的广告,又引起了反应,使广告主所属的推销员们大叫"受不了"。这几天的广告影响了他们的推销数量。这3天中,里里外外的反应使广告主自己也有挡不住的感觉。几乎想中止这套预告性广告。

第五天的广告,内容稍改为"让您久候的这部无论在外形、冲力、耐用度、省油等都能令您满意的野狼125摩托车,就要来了。烦您再稍候两天"。

第六天的广告,内容又稍改为"对不起,让您久候的三阳野狼125摩托车,明天就要来了"。

第七天,这种新产品正式上市,刊出全页面积的大幅广告,果然造成大轰动。广告主发送各地的第一批货几百部,立即全部卖完。接下来依然畅销,导致若干地区的经销商自己派人到工厂去争取车,以应付买主的需要。"野狼"成为市场中的热门货。经销商的销售信心大增。广告主在市场中的声誉,也随之大大改观。广告主以往所出产的其他型号的摩托车,销路也连带趋好。这一套广告策划得非常成功。

当时,广告代理的专案小组,调查得出台湾全省每天约有200辆摩托车的成交量。让消费者停止购买6天,至少可积存700～800部的成交量。广告主的新产品上市后,一定可从中争取到不少的成交,自然造成了难得的畅销局面。

负责核发摩托车牌照的各地公路局监理所,也证明在那几天中,申请牌照的新摩托车确实少了许多,过了几天又突然增加了许多。

新产品被打响了以后,广告代理继续为广告主推出了三则报纸媒介的企业性广告,以配合销售广告,加强消费者的购买信心。

☞ **变静为动的路牌广告创新**

路牌是户外媒体的主要形式之一,主要设置在露天的公共场所,一般以平面、静态的广告牌为主。随着技术的发展,立体、动态的广告牌在国内外出现并时兴起来。它形象突出,能长时间保存,画面面积大,视读障碍小。它的不足之处是接触时间短,收看范围受位置局限,效果难以测定。以下的几则案例把路牌这种户外媒介运用到了出人意料的程度,取得了很好的传播效果。

某个星期一早晨,正当人们驱车去上班的时候,突然发现路边竖立了一块新的路牌。红色的底板上,白色的标语极富人情味地写道:"穿红衣服的安琪尔:加西亚爱尔兰酒吧一见。希望见到你——威廉。"此后的连续五个星期,上下班的人们都可以在每个星期一早上看到一则新的户外广告,"穿红衣服的安琪尔:我仍在等,加西亚酒吧,星期五,好吗?——威廉。""穿红衣服的安琪尔:为了这些路牌,我快一个子儿都没有了。加西亚……求你啦!"

于是人们开始涌向加西亚酒吧,看自己能否发现安琪尔或者威廉。很快,又出现了另一块路牌,署名是弗兰克,警告威廉不要对他的安琪尔有越轨行为,而威廉则还以一块路牌,声称:"穿红衣服的安琪尔:去他的弗兰克!我要不惜一切代价在加西亚见你。"妇女们纷纷打电话到当地的路牌公司,询问如何才能见到浪漫的威廉。

这件事很快成为当地街头巷尾的热门话题。整整九个星期,没有人猜透到底发生了什么事,连加西亚的员工都不明白。后来,又出现了一块路牌:"亲爱的威廉:我肯定是疯啦。加西亚见,星期五,8:30——安琪尔。"那天晚上,加西亚酒吧爆满,酒吧不得不雇请了两名模特来饰演威廉和安琪尔。大家伴着乐曲一起欢快起舞。最后的一块路牌写道:"安琪尔:谢谢周五加西亚一见,我高兴死了——爱你的,威廉。"

这一广告活动出自克劳利·韦伯广告公司,当加西亚酒吧的老板对再开连锁店的计划没有把握时,便找到该公司为之出谋划策。加西亚委托广告公司提供一次不寻常的活动,费用不超过20000美元。克劳利·韦伯公司向全世界的广告同人们证明,只要有想象力,户外广告完全可以在预算非常有限的情况下实现理想的到达率、暴露频次、持续性。

另一则太平洋科学中心的"鲨鱼"广告也是变静为动的典范。

太平洋科学中心推出以鲨鱼为内容的新电影,系列路牌广告放置在离高速公路不远的地方。每隔一小段放一块。第一块路牌上有四个游泳者,第二块路牌上一个人不见了,既是为了引起人们的注意,又是提醒人们这一块路牌不是刚才经过的那一块。最后一块路牌上,四个人全都失踪了。

广告表现形式幽默,以每次减少一个游泳者来体现人们对鲨鱼的恐惧,也激发了消费者由于变化所带来的好奇心理。广告克服了内容单调、千篇一律的静态表现手法,静中有动,让消费者通过情节式记忆取代重复式记忆,选择性记忆效果加强。

☞ **媒体创新集锦**

1)歪打正着的广告效应

1997年年末的98中央电视台广告媒体招标会中,黄金时段的标王成为众多媒体关注追逐的焦点。但在当时除了标王以外,最具轰动效应的就该数美的公司了。原因是美的公司在央视某一节目时段的暗标投标书中误将投标金额的"万元"单位掉了一个"万"字,则几千万元的投标费用就成了区区几千元。美的公司虽然当年与央视媒体无缘,但在招标期间的轰动效果却与标王不相上下,引来众多媒体的关注与报道,也着实做了一把不花一分钱的"焦点广告"。

2)五角钱的广告

台湾地区一家成立不久的人寿保险公司苦于资金缺乏,无法为公司做广告。公司的负责人A先生冥思苦想,终于有了一个不错的主意。

在当时的台湾电影院,电影放映前经常会播放一些寻人的广播,并在字幕上打上相关信息,每则寻人启事收费5角钱。于是,A先生就设计了一个寻人启事,并在启示中多次提到该保险公司的名称。又假借寻人为名,在台湾地区的各大电影院播放。逐渐地,该公司在当时也小有名气了。

8.2.6 任务体验

体验1 练一练

(1)下面是3则幽默故事,请学生根据每一则故事运用想象将其发展成为一则产品或服务的广告。

故事一

在国际举重比重场上,当一名举重队员成功地举起重物时他开心极了。但就在他等待裁判的计时器确认时,意外发生了:计时器的按键出现机械故障。裁判员两手一摊,轻描淡写地说了一句:"请等一会儿。"当镜头再次转向运动员时,运动员正一脸无奈艰难地举着杠铃在等待,他的全身已经开始在颤抖⋯⋯裁判员却打着哈欠,悠然地吹着口哨⋯⋯

故事二

一名西装革履的绅士走进了宽敞的洗手间,站在宽大的玻璃镜前急急地用手解开领带,解开上衣的领扣,拿出了香水向自己的腋下喷洒⋯⋯突然他从镜中发现身后的厕所门开了,走出了一位老妇人;正当他木讷地站在那里不知所措时,其他两个门里又分别走出了两位年轻的少女、少妇。原来,这位先生走进了女洗手间,多么尴尬、无奈……

故事三

有一对年轻夫妇吵了一个晚上的架,临睡前,两人仍然气呼呼的,谁都不理谁。关灯睡觉前,丈夫用笔写了一张纸条,递给他身边的太太,上面写着:"明天早上六点半把我叫醒!"丈夫于是开始呼呼大睡。第二天早上,丈夫猛然醒来,惊慌地发现已经七点半了!正当他急急忙忙穿衣服,打领带,发现自己的床头上留有一张纸条,上面写着:"六点半了,赶快起床!"

(2)通过查阅相关资料,对力士香皂与舒肤佳香皂这两个品牌的广告战略进行对比性的分析。

(3)请以牛奶(或面巾纸)这一商品为例发展出一个独具的销售说辞(USP学说),可以对牛奶(或面巾纸)的品质做合乎常理的假定。

体验2 想一想

阅读2006年周杰伦代言品牌列表所提供的数据(见表8-6),谈谈对明星广告代言的看法。

表8-6 2006年周杰伦代言品牌列表

编号	代表品牌	代言产品	代言费预估/万元
1	美特斯邦威	服装	200
2	仁和闪亮	药品	150
3	动感地带	通讯	200
4	百事可乐	饮料	200
5	德尔惠	运动用品	100
6	MOTO	手机	200
7	高露洁	牙膏	200
8	Panasonic	手机	200
9	可比克	食品	100
10	统一	方便面	150
合计			1700

体验3 考一考

20世纪八九十年代有一则白丽香皂的广告语"今年二十,明年十八"。这则广告是否属于欺骗?请说明理由。

营业推广能力训练

项目 9

项目 9 说明

项目说明

营业推广是指除广告、人员推销、公共关系以外的其他能够在短期内促成企业销售的各种促销形式。从概念可知，其内涵的宽泛界定包容了这种促销形式的丰富多彩与不断创新。

营业推广现有形式的丰富多彩，给了学生借鉴他人经验的可行性。任务 9.1 就是以实地认识各种营业推广手段为内容而设计的。

营业推广形式的不断创新，昭示着公司营销制胜的法宝抢占先机效应。学生不仅要了解、掌握现有的各种营业推广手段，还要培养开发营业推广新形式的创新意识。任务 9.2 就是让学生去发现各种与众不同的营业推广活动，并用竞赛的形式予以学习激励。

任务 9.3 是在对各种营业推广形式熟悉的基础上，以校内外实训基地为主体，实际进行一次营业推广策划，通过活动策划使学生具备撰写营业推广策划方案及组织实施的能力。

任务 9.1　形象化学习——常见营业推广活动记录

9.1.1　实训目标

在专业设计与引导下，通过自主学习，高效率地从实际生活中学习知识，储备知识，具体分解如下。

◆ 将从课本中学到的营业推广知识转化为实践应用的能力。

◆ 从生活中寻找营业推广活动以巩固理论知识，即感性认识理性化的能力。

◆ 重点培养学生熟悉具体推广活动的运作程序。

9.1.2 任务描述

请同学们根据专业学习中对营业推广各种具体类型工具的理论知识掌握,由教师列表确定各种形式,由各团队同学到本地的大型超市或百货商场(或网上商品经营者)用录像(视频)、照片或其他图片形式并配备文字说明来完成实训目标。

9.1.3 任务步骤

(1) 组建团队。可沿用前期项目的分组方式,也可以重新组队。

(2) 布置任务。①各种营业推广形式及相关要点回顾,可参照知识点拨中的内容。②讲解要求学生完成的营业推广手段实例采集任务表(见表9-1)。

(3) 各团队分头完成任务,于约定时间上交任务表。教师布置任务时,可以由各团队完成所有项目,也可以根据课时、学生能力等实践情况将整个项目用随机抽样式由各团队抽取某一项目来完成。

(4) 任务表上交后教师将其做匿名处理,再召集学生于多媒体教室投票评选出优秀项目,适当给予物质奖励并上传至互联网上知识共享。

(5) 考核。①教师根据表 9-1 的完成情况给分,占 50%。②各团队评分,即其他团队为该团队打分的平均分,占 50%。③汇总教师和团队打分情况得出成绩。

表9-1 营业推广手段实例采集

项目编号	营业推广类型	具体形式及图片	优缺点	活动运作	资料来源
9001	赠送样品	9001-1 直接邮寄			
		9001-2 逐户分送			
		9001-3 定点分送及展示			
		9001-4 联合或选择分类			
		9001-5 媒体分送			
		9001-6 凭优待券兑换			
		9001-7 包装分送			
9002	赠送优待券	9002-1 直接折价			
		9002-2 免费送赠品			
		9002-3 积分点券			
		9002-4 直接送予消费者的优待券			
		9002-5 通过媒体散发的优待券			
		9002-6 随商品发放的优待券			
		9002-7 特殊渠道发送的优待券			
9003	折价优待	9003-1 标签上的运用			
		9003-2 软质包装上的运用			
		9003-3 套袋式包装的运用			
		9003-4 买一赠一的运用			

续表

项目编号	营业推广类型	具体形式及图片	优缺点	活动运作	资料来源
9004	集点优待	9004-1 零售商赠品式集点优待			
		9004-2 零售商积分券优待			
		9004-3 零售商积点卡式优待			
		9004-4 点券式集点优待			
		9004-5 厂商赠品式售点优待			
9005	退费优待	9005-1 单一商品购买优待			
		9005-2 同一商品重复购买优待			
		9005-3 同一厂商多种产品的购买优待			
		9005-4 相关性商品的购买优待			
9006	付费赠送	9006-1 与时尚相联系			
		9006-2 扩大商品或包装的用途			
		9006-3 运用品牌或公司名称			
		9006-4 与促销商品相联系			
		9006-5 同时提供数种赠品			
9007	包装促销	9007-1 包装内赠送			
		9007-2 包装上赠送			
		9007-3 包装外赠送			
		9007-4 可利用包装赠送			
9008	竞赛与抽奖				
9009	零售补贴	9009-1 购买补贴			
		9009-2 凭发票扣抵补贴			
		9009-3 免费附赠补贴			
		9009-4 延期付款			
		9009-5 现金折让			
		9009-6 广告补贴			
		9009-7 大批展示补贴			
		9009-8 点存货补贴			
		9009-9 恢复库存补贴			

9.1.4 知识点拨

1. 赠送样品

赠送样品是将产品的样品免费送达消费者手中的一种营销推广方法。多数情况下，消费者须完成某些事情或符合某些条件，才可取得商品样品或获得馈赠。免费赠送样品则不同，消费者无须具备什么条件即可得到商品。实践证明，免费样品是吸引消费者试用其产品的好方法，特别是当新产品进入市场时运用较为有效。但并非所有的商品均适合使用免费样品的方法。对于高度特殊性商品或诉求的市场小又有选择限制时，运用免费样品效果不佳。而当产品差异性或特点优越于竞争品牌，并值得向消费者进行披露时，运用样品赠送效果较好。据经验得知,大众化消费品最适合运用此方法。因为,当广告难以详尽表达产品的利益,通过馈赠样品即可获得消费者的认可。

经验证明,在新产品上市进行广告宣传之前4～6周,先举办免费样品促销活动,不仅能有效地激发消费者的兴趣,同时又可提高其尝试购买的意愿。但有一点必须注意,那就是要保证货源充足,渠道顺畅,以避免出现消费者正式使用产品时却寻找不到的情况,这会挫伤购买者的积极性。

2. 赠送优待券

优待券可分为零售商型优待券和厂商型优待券两大类。

零售商型优待券只能在某一特定的商店或连锁店使用。通常,此类型优待券由总经销者或零售店策划,并在平面媒体广告或店内小传单运用此类优待券,绝大部分是以吸引消费者光临某一特定商店为主要目的,而不是为了吸引顾客购买某一特别品牌的商品。另外,它也被广泛用来协助刺激对店内各种商品的购买欲望。零售商型优待券主要有3种类型:①直接折价式优待券;②免费送赠品优待券;③积分点券优待券。

厂商型优待券是由产品制造商的营销人员所规划和散发的,通常可在各零售点兑换,并获得购买该品牌商品的折价或特别优待。对厂商型优待券而言,零售店如同厂商的活动代理,负责回收优待券,统一整理后退回厂商。之后,厂商再依据优待券面额外加处理费用,一并支付。此种优待券对于经销各种品牌或商品的零售店均适用。其主要目的是增加消费者对厂商生产的同一品牌系列产品的购买欲望;同时起到吸引顾客的目的。厂商型优待券因散发方式的不同又可分为以下几类:①直接送予消费者的优待券;②通过媒体散发优待券;③随商品发放的优待券。此为吸引消费者再次购买进一步享受优惠的一种形式;④特殊渠道发放的优待券。

3. 折价优待

折价优待是指企业在一定时期内调低一定数量商品售价,即适当地减少自己的利润以回馈消费者的销售促进活动。目的是与竞争品牌的价格相抗衡;同时可积极地用来增加销售,扩大市场份额;从长远来讲,可增加企业利润。

大部分厂商惯用折价优待来掌握已有消费者群,或利用这一促销方式来抵制竞争者的活动。通常折价优待在销售点上能强烈地吸引消费者的注意,并能促进购买欲望,提高销售点的销售,甚至可刺激消费者购买一些单价较高的商品。

4. 集点优待

集点优待又称商业贴花,是指顾客每购买单位商品就可以获得一张贴花,若筹集到一定数量的贴花就可以换取这种商品或奖品,最终目的是让顾客再次购买某种商品或再度光顾某家商场。

集点优待与其他方式最大的差异在于时间上的延续。消费者必须先购买商品,再收集点券、优待券或购物凭证,在一定的时间后达到了符合的数量,才可获得赠品。

通常,如果消费者参加了某一集点优待活动,他就会积极地去收集点券、标签或购买凭证,以兑换赠品,此时,自然不愿意转而购买其他品牌的商品。可见,集点优待对解决促销问题深具效力,尤其是对建立再次购买及保护现有使用者免受竞争品牌的干扰等更具成效。

5. 退费优待

退费优待是指企业根据顾客提供的购买某种商品的购物凭证给予一定金额的退费,以吸引顾客,促进销售。

退费优待适用于各行各业,而且效果明显。同时,退费优待也适用于绝大部分的商品,只是其中有些商品及商品类别较其他商品的反应更好一些。

经验证明,销售速度缓慢、产品差异化小、冲动式购买的商品,虽不常购买,但只要一买,再购率也高,这种类型的商品运用退费优待效果最好。而对于高度个性化的商品、经久耐用的商品,则不宜采用此方式。

有些厂商运用全额退费优待,但事实上该方式只适用于较低价格的商品。而目前更多的营销人员还是喜欢采用退还某一固定金额作为退费优待的方式。

6. 付费赠送

付费赠送是指企业为吸引消费者而采取的一种销售方式,即只要消费者在购买某种特定商品的同时付出赠品的部分费用即可得到赠品。成功的付费赠送促销活动,关键在于所提供的赠品是只能从此次赠送中获得,而很难从别处寻找。因此,越来越多的营销人员极力挖掘独特的赠品,特别是流行又时髦的商品,因这类商品特别受欢迎,促销效果也好。

7. 包装促销

举办包装促销主要的目的,是通过提供特殊的包装,在零售店的货架上显示出独特的一面,以吸引消费者。特别是当商品差异性不大时,更具有突出的效果。通过包装内、包装上、包装外等来进行促销,在激励消费者尝试购买方面特别见效。

8. 竞赛与抽奖

竞赛与抽奖能使消费者产生极大兴趣,奖品结构有吸引力时尤其有此效果。然而,主要问题是举办竞赛或抽奖是否能有助于产品销售。大多数顾客支持一项抽奖或竞赛的推广,都只针对竞赛而非某品牌。因此需要企业精心地策划,以避免品牌的销售信息在推广的兴奋中被忽略。很多时候,竞赛或抽奖可能会成功,但企业却不能达成所预期的销售目标。

1) 竞赛与抽奖的区别

竞赛营业推广中,其参加者是基于某种技术或能力来竞争而获得奖赏。通常这类竞赛由回答有关产品或产品的优点,或以完成语句,或书写知名或一段词句的方式来竞赛,这些方式都需要有某方面的才干,才能取胜。

抽奖则不同,参加者只需指导他们将姓名填好,或者以其他方式来审查后赠奖等即可。由于参加竞赛者需要另外的努力才能得奖,所以抽奖的推广通常会比竞赛的参加者多出十倍左右。

2)两者的共同优点

(1)竞赛与抽奖在为对等产品或一种没有特别推广优点的产品上显得最能产生兴趣。这两种活动也可用于帮助某产品在零售层次恢复信心,或者帮助复苏广告活动主题。

(2)抽奖与竞赛也能增加其所推广的广告阅读率。对某项推广活动有兴趣的消费者,通常对该项广告都比他们读一般广告要更加仔细。竞赛或抽奖的另外一个优点,是有把推广与用于正常广告的创意方法相结合的机会。

(3)企业常能以相对较小数额的金钱制作一个大规模的抽奖或竞赛的奖额表。许多制造商只是为了获得对其产品得到广告以外的暴露机会这一目的,他们也极愿意把其产品以较零售成本低的价格销售给抽奖或竞赛的赞助者。

3)使用时的注意事项

在竞赛或抽奖活动中,重要的考虑问题是活动是否违法。开展此类活动策划时,应该首先咨询合格的营销推广专家及法律专家,以保证符合法律、法规的要求。

虽然竞赛与抽奖的推广,在广告主的使用上起伏不定,但某些因素则稳定不变。例如,抽奖通常都比竞赛更受参加者欢迎,现金及商品作为奖赏似乎更能产生热情。

9. 零售补贴

厂商激励零售商积极促销的惯用手段是零售补贴,又称零售折让,其运作方式一般是短期销售激励。通常,厂商为鼓励大量进货并积极配合商品促销活动,特别给予降低进货价的优待。此种降价折扣,也促使零售商的售价能跟着降低从而给消费者提供实质性的优惠。

据消费行为调查显示,有25%以上的消费者属于"折价购买型",即在商品打折时才会购买,或是非等到大降价时才会采取购买行动。由此可见,为数众多的消费者,无不期待着"大减价"的到来。所以说,零售补贴对于厂商和零售商而言,均是备受重视的重要级促销手段。

10. 销售会议

销售会议是由广告主的销售代表或销售经纪人对零售商所举办的会议。理论上,全部零售店的人员都应参加会议。然而,许多较大的连锁店是无法参加的。因此,销售会议常为零售总部人员或商品规划经理们举行,然后再由这些参加会议的人回去与零售人员在自己的会议室中讨论。用这种方法,很明显,在传递信息时可能丢失重要的事物。尽管如此,销售会议仍然是对中间商销售商品与推广的重要方法,特别在新产品、新推广或新广告上场时,更为重要。

销售会议可以许多方式举行,有在宾馆会议室举行的、只有少数人到会的小型简单会议,也有大型正式的、旅行的、专业的展示会议。

11. 销售竞赛

销售竞赛的重要性与日俱增。零售商会面对许多赢得企业资助的、有非常昂贵奖品的竞赛。竞赛通常受到零售商所达到特定成绩之约束，如购买量、总销售量、基于配额的销售、胜过前期的销售额、对新产品线或既存产品线的销售等。按一般原则，为使竞赛发生效果，一定要给零售商一个合理赢得的机会。

竞赛对独立零售商常比对连锁店更有效果。许多连锁店的管理，对其经理是否可以取得竞赛的赠品以及礼物作为酬劳均有严格规定。在这些情况下，必须事先与连锁店总部澄清其职员能否做此类竞赛。当竞赛进行时，经销商能产生极大兴趣，但一般没有长期持续效果。虽然经由竞赛极可能改善同行之间的关系，然而一时竞赛完毕，零售商易又恢复其正常推广活动。

9.1.5 案例链接

☞ **竞赛促销案例集锦**

任一竞赛活动，皆须要求参加者具备某些技巧和天分，这是评选的基本条件。

1）法国芥末征集食谱的促销活动

以法国调味品为例，该牌举办"让生活更有滋味"征求食谱活动。参加者必须提供一份使用"法国芥末"烹调的创作食谱参选。本活动的大奖是美金 2500 元。此外，每一参加者均可获赠运用法国调味品创造各种烹调美食的食谱一本。

2）白马牌威士忌酒的促销活动

要求参加者必须回答数个有关商品的问题，其出处印在瓶子背面的标签上，这属计划式学习型竞赛。此类竞赛促销直接与产品紧紧结合在一起，势必激励消费者奔赴商店，购买商品，研读标签，促销的目的当然圆满达成。本活动期间信件如雪片飞来，总计超过 26 万元，销售量因而大幅激升，算是个极为成功的促销范例。

3）雪士达饮料运用的则是猜奖活动

猜猜看一部丰田可乐娜轿车可装多少罐雪士达？此活动方式，使雪士达零售商有机会通过与丰田经销商的合作，在各地卖场缔造突出的展示效果。此外，又加上山叶机车与蒙雷自行车为奖品，更扩大了本活动对清凉饮料主消费市场十几岁青少年族群的吸引力。当然最大的诱因，仍以丰田可乐娜为最，不论成年人或年轻人均对它心驰神往。尤其在猜奖之外，雪士达更于 6 罐装的包装上附折价券，显然又进一步加强了促销的诱惑力。

4）沙拉特佳香烟的竞赛式促销

活动方式要求参加者必须根据该产品广告主题"待我抽完沙拉特佳再说"画出卡通漫画来参赛。无疑，绘画技巧是必备要素。因此，本活动自然属才艺竞赛，而非幸运抽奖。

☞ **抽奖促销案例集锦**

以下 4 种不同类型的抽奖活动，充分披露了其对销售提高的助益。请密切注意，绝大部分的例证均显示与商品在某些方面有所联结，以借此加强正常广告或促销活动时的品牌强化。

（1）专利公司举办庆四十周年抽奖活动——赢得专利比赛，钞票满载而归。这是将活动名称和品牌名称联结得最为出色的绝佳范例，既简单、直接，又具爆发性吸引力及妙不可言的创意，因此，轻而易举地加强了产品和品牌知名度。最重要的是，它达到了促销的成效。本活动的参加率,比刊登全页广告的两本女性杂志的发行量总和还多 5%,而销售量也增加了 5%。当然,参加者无任何特殊条件要求,纯粹凭运气抽出中奖者。总计本活动的奖品花费仅 3 万元而已,确是一个小投资、大收获的成功促销活动。

(2) 金牌奖公司举办黄金良机大抽奖活动,也同样将奖品组合与产品相联结以吸引消费者参与的兴趣。如此,在规划一个抽奖活动时,可将花费相对地减至最低限度。本促销活动的奖品包括全套菲吉尔厨房用具、砂锅组、拉沙那餐盘组、比利时蛋饼烤盘。总经费共计约 55000 元,而参加稿件则高达 100 万封。这个实例说明,一个出色的抽奖活动,不仅能制造激烈的反应,对处于淡季销售剧降的商品更具效果。

(3) 宝尚公司举办的"奖一百大抽奖"是一个空前绝后、非比寻常的奖品组合创意,吸引了消费者的广泛注意。本活动由 100 种不同类别的奖品组成,从送一百把芦笋到 10 万元 100 天的利息,甚至到送一部新车,琳琅满目,无奇不有。消费者可以分别择一或全部都参加,而且无须任何技巧,只要填妥参加表格,连同购物凭证(或有效购物证明影本)寄至该公司即可。宝尚公司的 100 种奖项促销活动,相当成功,至今虽已连续举办了 10 年,仍历久不衰。

(4) 迪蒙地公司在美国境内选择前 50 名高消费影响力地区,举办"美金 1000 元优待券"抽奖大赠送,保证每区均抽出 100 个幸运者。本活动同样对零售商充满吸引力,因为此奖金必须到他们店内消费,可以说,这是一个兼顾最周详的杰出促销范例。本活动的广告选择报纸的星期天副刊和电视周刊刊出。幸运中奖的参加卡上注明的零售商可获赠美金 50 元的额外奖金。此信息在销售点的宣传印刷品上均详细附记。成果如何呢?简直令人难以置信,总计参加来件超过 80 万份,季销售目标超过 9%。

关于竞赛与抽奖活动,务必切记的重要事项,是此活动为提供增加广告阅读率的最佳途径。这种特性对一个平凡、没什么新鲜特色好谈,或是在竞争的同类品中极为单纯、毫不起眼的产品而言,更为重要。

☞ **集点优待促销案例集锦**

关于集点优待这类连续性促销活动,其涵盖的范围相当辽阔,下面特举数个过去极为成功的案例加以说明。

1) 康培尔浓汤的集标签为教育活动

此一连续性促销活动拥有极大的吸引力,而且更被视为一个"典雅"的杰作。许多学校均期望能参与集标签为教育活动,纷纷填写参加表格,挑出它们需要的学校设备(如体育馆、视听教室、运动器材等的必需用品),连同某一需要量的标签,寄至康培尔公司即可兑换赠品。由于本促销活动系针对公共设施的需要而举办,无疑让康培尔公司在销售和商誉双方面均大有收获。

2) 邮件麦片的集盒盖送康乐活动

亲师协会、校董会、教育协会及个人教学者均对此活动充满兴趣,并着手收集邮件麦片的盒盖,好免费兑换运动器材。本活动的奖品项目涵盖得相当广,从球棒到健身用弹簧垫,应有尽有,因而吸引了超过 3 万名学生的热烈响应。这又是一个不仅提高销售,又兼具建立商誉的杰出促销活动。

3）邮件麦片的集凭证送万花筒联合式促销活动

为了建立邮件速食麦片系列的销售业绩,通用食品特别将5种品牌组合在一起举办连续性的积点优待促销活动,提供价值30元的GAF万花筒,外加一套"超级巨星"的彩色照片,这些赠品,只要凭参加促销的任何品牌的罐内凭证9个,即可免费获得。这期间,如果消费者不愿等太久,则可寄两个凭证和现金18元,也可同样获赠。不论用什么方式兑领,本活动的赢家非"邮件"莫属。为了更稳操胜券,"邮件"更提供折价1.8元的优待券,只要一次买两罐邮件麦片,即可享此优待。

4）舒洁面纸多变式集点赠送

舒洁公司利用连续性的促销创意,发展出一套"多变式"的促销活动,以集舒洁面纸的品质保证卡达某个数量为赠送条件。消费者自行决定何时及如何利用优惠办法来换取免费的舒洁面纸。此活动的赠送方式为集两个凭证免费获赠1盒,4个凭证换2盒,6个凭证换3盒。这种赠送方式脱胎于陈旧的格式而赋予新意,自然对销售大有帮助。

☞ **免费样品促销案例集锦**

下面列举不同分送方式的杰出免费样品促销实例,各个招式不同,目的却是一致,其成效之绝妙,值得你细细领略。

1）直接邮寄样品

通用制粉公司新推出脆麦片加葡萄干食品,以直接邮寄方式分送免费样品,一个50g装的样品内附0.5元优待券,分别依地址寄给消费者。由于样品是实售产品的迷你包装,消费者试吃后极易在零售店内辨别选购,效果反应甚好。

由某些选择性的实例得知,样品依地址分别寄到消费者手中,虽然有效,却耗资不少。因此又研拟出另一种简单而直接的邮寄方式,即随邮局的递送路线逐户寄送样品,比汉公司的新家护三色牙膏曾利用此方式分送样品。其样品箱内置样品及产品资料夹,通过邮政通路散发全地区。

2）逐户分送样品

直接登堂入室,直捣消费者宅递,是逐户分送的最大优点,对其他分送方式而言,想如法炮制,常难以通行,不堪一比。其中运用得最出色的范例即是汤玛士英式小饼,特选芝加哥举办免费样品赠送,将4个样品小饼装在透明塑胶袋内,然后按址逐户挂在门把上。运用此种分送方式,汤玛士公司既可直接递送讲究保鲜的食品,且能快速、有效地掌握样品已确实送至消费者家中,的确令人赞赏。该公司为强化促销效果,更在样品袋内附赠了1元的优待券,让消费者于下次购买时享受折价优待,吸引力当然更上一层。

3）定点分送及展示

定点分送样品的方式相当多,其中以站在街角或人潮多的公共场所散发样品最普遍,一般香烟或糖果公司推出新产品、新品牌时常运用此方式促销。此外,另一种较具选择性的做法,是挑选某商圈内的一家零售店,在其附近进行免费赠送样品活动,如在商店旁或购物中心内设点分送样品,以吸引消费者的兴趣。

曼士迪狗粮在商店旁设置定点分送免费样品的实例,是由专业的样品处理公司为其狗粮所策划的全国性样品赠送活动的一部分。此活动为推广新产品而举办,送出的样品超过4509万份。

此种定点分送的成本花费非常高,以在芝加哥举办为例推估,分送费每千人约 40 美元,样品费另计。而零售店的展示员则依时间长短和工作内容计酬,当然还要加上交通费和展示品的费用。

4) 联合式寄送样品

数家公司采用联合举办方式将各自的样品集中在一起放在样品袋内,再分送给消费者,如包括了壮臣公司的雅姬润丝精,金百利公司的靠得住卫生棉垫,及壮臣公司的 Edge 刮胡膏 3 种优待券一起寄给顾客。此种联合寄送样品的方式,其费用自然由参与的 3 种品牌均摊。

5) 包装分送样品

Alka Seltzer Plus 药品公司想将一种感冒药做免费样品促销,但限于经费,只够支付样品费,而无力应付分送费,因此寻求专业的交叉取胜促销处理公司,在它们的协助下,选择了 Bic 刮胡刀配合推动,将 Alka 公司的感冒药样品装入 Bic 刮胡刀包装内,分送总数多达 500 万份。借着 Bic 刮胡刀的售卖流通,Alka 感冒药样品得以顺利进入家庭,面对消费者。此卓越逼人的促销声势,让 Bic 及 Alka 非竞争性的双方相得益彰,各蒙其利。

6) 媒体分送样品

Ziploc 超强冷冻袋将免费样品及折价优待券装成一袋,当作广告物附于报纸中,选择特别节日分送给各订户。此种方式既可充作媒体的促销,厂商又可确保样品确实送到消费者手中,可谓一举两得。

7) 试用品售卖

全新改良的卡乐 2 漂白剂在零售店售卖迷你型的试用品,试用品包装设计与正品完全一样,容量只够一次使用,售价只要 1 元。卡乐 2 借此方式直接在零售点推广,以吸引消费者花小钱试用改良品。

8) 凭优待券换样品

最有效单纯的免费样品分送方式,就是让消费者到零售店即可兑领。桂格公司推出的小熊奶煎饼上市活动就是一个范例。其运用的方式为:消费者只要剪下报纸上的优待券,凭券至任何有贩卖桂格商品的零售店即可兑换 10 元的小熊奶煎饼样品包。此方式虽然花费高,但却是足以诱引立即行动的良策。其中必须留意的是,在运用凭券兑换样品活动之前,请务必全面铺货,以免造成换不到样品的困扰。

由上述列举的各种实例获悉,免费样品对促销经理而言,的确是投资极高的一种活动,但换个角度来看,却又是一个卓越的促销,既能鼓舞业务人员的士气,全力投入推动新产品或改良品,以激励消费者提升尝试购买的意愿,更可因而增加销售业绩,打开通路,扩大铺货面,效率神速,成果立见。

☞ **零售补贴促销案例集锦**

这一家批发商所推行的第一种活动是与 Y 公司所进行的"味精"商品组合销售活动互相配合的。以零售商为对象,在 2—3 月和 9—10 月一年两次,推销罐装与盒装两式的味精,并且附精美奖品。奖品是味精产地信州的名产坚果杏仁,获得零售商普遍的欢迎。在宣传期间,商品的价格减价 10%~15%。该批发商除了积极协助零售店的推销外,同时也统计成绩，向公司汇报，并请公司提供折扣或奖金。

第二种活动也是与Y厂商联合举办的，即通过零售商向消费者宣传。不过，大家都知道，味精、酱油、酒等日用食品的广告，都在政府的严格管制之中，虽然对于电视广告还稍微宽松，但对于店铺的赠送品，则采用严厉的限制。不过，这家批发商却仍实施购买味精一公斤，便赠送小碟一只的活动。这种活动当然是很受消费者欢迎的，但是，也有人认为一次购买一公斤，分量稍多了些。

第三种活动是向零售商推销味精的桶装制品，以五桶为一口，凡一次购买一口者，赠送店面招牌。这个活动是由批发商首先企划，然后征得厂商同意，编列预算，才付诸实行的。此外，在实施此一办法时，业务员以口头承认方式，邀请绩优客户在该厂商成立三周年时，参加工厂所在的长野县的温泉之旅。参加者只需象征性地缴纳会费，其余花费则一概由公司承担。

第四种活动是选定数家主要店铺，以赠送小型龙舟来配合陈列的商品，并且再做店头广告以广泛宣传。这个办法的成绩也相当优异。

第五种活动则是举办大规模陈列比赛，每次为期15天。该公司有5个分部，每一个分部负责30家零售店，总计共150家店参加活动。实施办法是由批发商派员援助，在零售店店头、店面搭制店头广告，然后由摄影人员随时拍摄实况，经过审查，向成绩优异者赠送奖品。奖品的项目分为特奖、一、二、三等奖。而且将以往大奖总是赠送电视机的惯例，改为赠送小型机动车等较为实用的东西，此法也受到客户相当大的欢迎。

像这一类的陈列比赛，几乎每一家批发商都经常在实施、举办，其方法也一再沿用，并无多大的变化。同时，该公司也都事先制作好附有照片的手册，来对零售商宣传。通常，只要店面高度超过1.8米以上，就能装饰得极为富丽美观。再派业务员去分发这些附有店面照片的手册，让所有零售店参阅，就能使成绩愈趋优良。

第六种活动是在其连锁店中，选定几家来开办"晨间市场"。方法是早晨7:00前后，在零售店店铺内，以批发价再打9折的价钱零售味精，并且当场赠送味精汤或饭团来招待顾客。这个办法自实施后一直广受好评，而且味精的销量也直线上升。可是，这种零售店极欲继续推行的活动，却碍于超级市场的防火规定（不能使用火炉等）而必须缩减范围。另外，又由于一般零售店场地太狭窄不便实施，因此，应另外设计附有电气炉的简易展示台，来补其不足。

以上所列6种活动，是该公司一年之中，对零售商所进行的促销活动。不过，在推行这些活动时必须具有充分的热忱，并应广泛收集资料，开发各种全新创意，这一点是极为重要的。

9.1.6 任务体验

各团队选取本团队最精彩的内容上台讲给其他团队听。其他团队评分，优胜者可获得物质奖励。

任务 9.2 思维求创新——特色营业推广活动发现

9.2.1 实训目标

营业推广形式的不断创新,昭示着公司营销制胜的法宝抢占先机效应。因此学生不仅要能了解、掌握现有的各种营业推广手段,而且要培养开发营业推广新形式的创新意识。本次实训的目标就是培养学生在司空见惯的事物中发现美的能力,开展求异思维能力训练。

9.2.2 任务描述

营业推广活动是 4 种促销手段中内涵最丰富、形式最易创新的一种。本次任务是在对现在营业推广手段认知的基础上,从涉猎的领域开始拓展,由有形的实体商品向无形的服务型商品领域(如金融、保险、餐饮、酒店、电影院、旅游服务、房地产等领域)延伸,发现服务性产品在营业推广手段的运用上更加丰富多彩的形式。

9.2.3 任务步骤

1. 组建团队

可沿用前期项目的分组方式,也可以重新组队。填报团队成员及分工表上报教师备案(见表 9-2)。本次活动是以团队为单位,通过团队成员间的分工合作共同体验学习营业推广的各种形式。

表 9-2　　　　　　　团队成员及分工

序号	姓名	电话	预分工	实际完成情况	备注
1					
2					
3					
⋮					

2. 布置任务

(1)营业推广的含义及优缺点分析,可参照知识点拨中的内容。

(2) 研读页边二维码为了招揽游客来自己这里玩,瑞士人的脑洞也是蛮拼的案例和 9.2.5 小节中的案例并布置任务。

(3) 各团队自主从金融、保险、餐饮、酒店、电影院、旅游服务、房地产 7 个领域中选择两个,寻找营业推广的真实事例。要求:提供图文并茂的信息资料,可运用摄像等手段。

为了招揽游客来自己这里玩,瑞士人的脑洞也是蛮拼的

3. 分头完成任务

各团队分头完成任务,于约定时间上交资料。

4. 评选优秀项目

资料上交后教师将其作匿名处理,再召集学生于多媒体教室投票评选出优秀项目,适当给予物质奖励并上传至互联网上知识共享。

5. 考核

(1) 教师根据各团队对任务的完成情况给分,占比 50%。
(2) 各团队评分,即其他团队为该团队打分的平均分,占比 50%。
(3) 汇总教师和团队打分情况得出成绩。

9.2.4 知识点拨

1. 营业推广的作用与特点

营业推广(sales promotion,SP)是对同业或消费者提供短期激励的一种活动,以诱使其购买某一特定产品。一般来说,SP 能为品牌达成以下 5 个基本作用。

(1) 获得试用产品。
(2) 以之说服初步试用者现购,建立购买形态。
(3) 增加产品的消费。
(4) 消除竞争的推广。
(5) 影响姐妹产品。

但其也有以下局限性。

(1) SP 不能建立忠诚度。
(2) SP 不能挽回衰退的销售趋势。
(3) SP 不能改变"不被接受"的产品。

2. 广告与营业推广之间的差异

(1) 广告试图传播一项销售信息;SP 则是在某一特定时间提供给购买者的一个激励。
(2) 广告通常都是作长期的考虑,即广告可能不在寻求消费者立即的反应;SP 则是为了反应而设计,并且通常都有限定的时间。

(3) 广告通常用于为某产品创造一种形象,或赋予那些使用此一品牌的人士一种情调、气氛或认同;SP 则是行动导向,其目标为立即的销售。

(4) 广告可用以帮助有关产品通过某种比较去竞争;SP 则试图使本品牌在特定的时间和地点与商场中的其他一切品牌都有差别。

(5) 广告通常对品牌都会增加某些知觉上的价值;SP 则企图在创造销售上增加实质的价值。

(6) 通常 SP 在刺激消费者试用产品上较广告效果强而有力;在为一个品牌改善分销上,以及帮助消费者购买相当数量的某品牌上,SP 远比广告有效。

9.2.5 案例链接

☞ 兴隆,制造疯狂——沈阳兴隆大家庭店庆促销纪实

"金九银十"是商家公认的黄金季节,为了能在这场消费盛宴中获得一块更大的蛋糕,众商家往往是竭尽所能,在促销活动上更是无所不用其极。

沈阳,东北的商业中心,一进入 8 月,空气中就弥漫着浓重的商战硝烟。8 月 28 日,兴隆大家庭——沈阳市第二大购物中心,将迎来自己的 4 周年店庆。对兴隆而言,一次成功的店庆活动无疑是最好的生日礼物。然而,置身于店庆和促销的浪潮之中,如何才能脱颖而出?兴隆的企划部门正在酝酿着一次近乎疯狂的促销计划。

1) 1 分钟送 1 台液晶电视

8 月 10 日,离兴隆的店庆日 8 月 28 日只有不到 20 天的时间了。晚上 8:00,虽然已经是下班时间,兴隆策划部的会议室里仍然是灯火通明、座无虚席,大家纷纷为即将到来的店庆促销活动献计献策。

"既然是店庆,就要有别于一般的促销活动,要给消费者带来意外的惊喜,因此,打折和抽奖活动必不可少。凭借我们兴隆的影响力,只要我们的折扣比别人低一些,礼品比别人丰厚一些,就一定能够成功。"平日里快人快语的小陈第一个发言了。

小陈的话音刚落,市场部业务处李江月马上表示反对:"我不赞成采用打折和抽奖活动,'折扣战'是一柄双刃剑,沈阳的商家已经为此深陷价格战泥淖。更何况消费理念日渐成熟的消费者也未必会为此埋单。""我也认为抽奖活动并不可取,现在沈阳的好多消费者对赠品并不是特别感兴趣,原因就是不少商家举行此类活动时缺乏诚信,伤了消费者的心。"企划部的石磊表示赞同。

"另外,如果举行抽奖活动的话,奖品必须有冲击力,能够让消费者感到震撼,吊起他们的胃口。"石磊补充道。

会议陷入了短暂的沉默之中,大家纷纷思考着对策。

楼层负责人郑明打破了短暂的沉寂:"店庆,应该营造一种节日般的氛围,使消费者的购物过程变成一种轻松愉悦的享受。因此,必须通过各种手段营造购物狂欢的场面。"

"抽奖活动不是不能搞,但是必须用有震撼力的奖品才能达到效果。抽奖活动首先要有一个好的主题,主题必须抓住消费者的眼球。营销活动既要着眼全局,同时还要突出个性,强调实惠性和真实性,真正通过特色的营销活动做到知名度与美誉度兼收,轰动效应

与轰动效益共享。"兴隆企划负责人张总一贯坚持营销要出奇制胜。

"我非常同意张总的观点。"兴隆大家庭常务副总裁刘总开始做总结性发言,"我们要以此次店庆活动为契机,不仅要实现销售额的大丰收,更要使兴隆的品牌知名度和美誉度再上一个台阶。这次我们的赠品液晶电视绝对是大手笔,而且是全天 828 台,1 分钟 1 台。"刘总的话掷地有声。

店庆就以"8·28 金色店庆,4 周年大庆 7 天,全场名品大折让,液晶电视疯狂送,每天 828 台,1 分钟 1 台"为主题,在大家的惊叹声中刘总拍板了。

2) 内部试水

方案出台后,为了确保方案万无一失,同时出于保密考虑,兴隆先在员工家属中做了一个调查:家属以普通消费者的身份来回答"对在一天之内送 828 台液晶电视的抽奖活动是否感兴趣"。

结果显示:32%的人认为可信度不高;50%的人表示愿意购买价值 200 元的商品看个究竟;10%的人确信是真的;8%的人认为活动与自己无关。

从调查结果看,似乎不太乐观,只有 60%的人对活动表示认同。问题的关键在于还有 32%的人持观望态度,他们目前对活动的真实性存在质疑。如果活动真实可靠,口碑传扬出去,自然能争取到那 32%中的大部分。

3) 洛阳纸贵

8 月 15 日,活动的各项前期工作已经准备就绪,接下来的工作是通过传播手段将活动告知消费者。因为此次店庆活动非同一般,如果仍然采用常规的传播手段,活动效果难免大打折扣。因此,必须采用创新性的传播手段,然而,这又谈何容易。

恰在此时,在东北地区极具影响力的《辽沈晚报》联合 10 位画家,以老中街 100 多年的变迁为蓝本,创作了一幅现代版的《清明上河图》,来纪念这个东北第一商业街的悠久历史。

得知这一消息后,兴隆大家庭的企划部门敏锐地察觉到了其中蕴藏的商机,在第一时间与《辽沈晚报》取得联系。兴隆方面建议对方出一期增刊,内容就是这幅《清明上河图》长卷,兴隆提供赞助并把店庆活动的广告印在画的背面。

双方一接洽,《辽沈晚报》就对兴隆方面的想法表现出极大的兴趣,双方一拍即合。

在执行过程中,兴隆考虑到该幅长卷包含着浓厚的文化底蕴,对店庆广告进行了精心设计,广告在形式上模仿了《清明上河图》,画面上是一个圣诞老人逛商场的情景,整个画面设计成卡通效果,广告由目前东北最火的广播节目《娱乐二人转》的主持人大兵主持。

兴隆这一极具创意的平面广告发行后,引起了读者的极大兴趣,大家纷纷购买收藏。

兴隆大家庭还组织这 10 位主创画家签名售报,很多读者蜂拥而至,市面上 0.5 元/份的《辽沈晚报》被炒到了 10 元/份,一时间"洛阳纸贵"。

借助现代版《清明上河图》的发布,兴隆大家庭的活动得到了非常好的宣传效果……

有专家认为兴隆此举开创了"创新型平面媒体广告发布形式"的先河。

4) 液晶风暴

店庆活动公开后,在沈阳的百姓当中引起了强烈的反响,因为大家从未听说过买熟食、买酒还能送液晶电视的。一时间,大街小巷都在议论这则促销广告,其火爆程度远远超过预料。

许多人心中都打了大大的问号:液晶电视1分钟送1台,到底怎么送?买点熟食也能参加活动是不是商家的故意炒作?广告中声称的"此次活动让利额度在全国百货中首屈一指"有没有吹嘘的成分?5800台液晶电视的总价值已经超过了2000万元,如此大力度的促销,是商家的噱头,还是真情回馈?以经济效益最大化为终极目标的商家,用2000万元的费用来炒作一次店庆,可信度究竟有多大?

当市民的议论达到沸点的同时,兴隆借鉴商品堆头陈列的做法,将作为赠品的5800台液晶电视全部摆放在临街的商场门口。这些电视一字排开,延伸近百米,外包装上是一个巨大的"奖"字,气势恢宏。兴隆这样做就是要告诉沈阳的消费者,本次斥资2000万元的促销是货真价实的,能够看得见摸得着的。

活动当天,兴隆在其4个入口分别搭建一个舞台,舞台上是奖品和抽奖箱,每个舞台都配备1名主持人,主持抽奖活动。

同时,为了给抽奖活动营造一种喜庆气氛并突出活动的高中奖率,兴隆在每个舞台旁边放置四面大鼓,每产生一个大奖,鼓手便擂鼓助威。震耳欲聋的鼓声既烘托了气氛,对那些心存犹豫的潜在顾客也起到了刺激作用。

另外,在每一台液晶电视的外包装上贴上"奖"字,也是为了"二次宣传"。试想,当中奖的顾客兴高采烈地穿行在繁华的商业街上,怀里抱着一台贴着"奖"字的液晶电视,其效果足以超过任何形式的广告。

同时,由于本次活动中奖比例较高,有的顾客只花了200元就中了一台价值3399元的长虹液晶电视,内心的喜悦之情可想而知,这种情感也会传递给他身边的人群,从而形成口碑效应。

同时,本次活动当天共准备了828台液晶电视,按商场早9:30—晚9:30的营业时间计算,相当于平均1分钟送出1~2台电视,比率不可谓不高,但中奖的人毕竟是少数。如何安抚没有中奖的消费者?兴隆特意为他们准备了特别印制的店庆纸抽礼品。

也许有人会说,纸抽才值几个钱?纸抽虽然价值不高,但却是每个家庭的生活必需品,而且质量也很好,是很好的赠品。

5)效果不同凡响

7天席卷1.2亿元;

店庆当日客流量达到30万人次;

小时最高销售额429万元,日销售额突破3000万元;

306台收款机日成交笔数11万次……

店庆结束后,沈阳的街头巷尾都在谈论兴隆的这次促销。尤其是一些家电连锁商,更是反响强烈:"5000多台液晶电视,就是让整个沈阳市场来消化,也要卖到年底,现在兴隆竟然一下都赠送给消费者了,肯定会引起沈阳家电市场的一系列连锁反应……"

许多营销专家也对兴隆这次店庆给予了高度评价,认为兴隆此举将为沈阳零售业带来巨大的推动作用。目前,消费者已经对千篇一律的打折、送券等促销方式产生了视觉疲劳,零售业正需要像兴隆大家庭店庆这样的大手笔、大气魄的营销活动,让消费者为之疯狂。

无论如何,兴隆大家庭演奏的"8·28 金色店庆,4 周年大庆 7 天"店庆交响曲,以其大力度、不同凡响的营销手段注定要在沈阳的商业营销史上写下自己浓墨重彩的一笔。

6) 兴隆卡 PK 现金券

当兴隆的店庆活动进行得如火如荼之际,一些竞争对手也用打折促销或是返现金券等手段跟进。兴隆大家庭没有举起众商家惯用的现金券大旗进行反击,而是利用自己信息建设的优势,开发出一套兴隆卡支付系统,提出"一卡在手,走遍兴隆"的口号,用兴隆卡 PK 现金券。兴隆卡与现金券相比,拥有 7 大优势(见表 9-3)。

表 9-3 兴隆卡比现金券的优势

优缺点比较	兴 隆 卡	现 金 券
时效性	可长期使用,不受活动时间限制	活动期间使用,过期作废
经济性	每分钱都能有效利用,余额不浪费	小额尾数不找零,只能浪费
使用范围	吃喝玩购一卡通行,真正的全场使用无障碍	使用范围受限,食品、电器、特价品等不能使用
实惠程度	能积分,可循环参加促销活动	不可积分,不能循环参加促销活动
便捷程度	面值多样,任选择,携带方便、安全,随时支付	面值单一,使用不便,手续麻烦,纸质印刷,携带不便
使用地域	辽宁兴隆百货集团麾下八大连锁商场均可使用	只能在活动商场使用
品位	可作为礼品送给亲朋好友,时尚象征	无明显特征

从表 9-3 中可以看出,兴隆大家庭的兴隆卡与现金券相比,有很多的优势,它既是商家运用信息技术打造的一种营销工具,也是商家对消费者更直接、更透明、更人性化的回馈。

7) 盘点得失,百密一疏

兴隆大家庭本次店庆活动取得了圆满成功。但是,在辉煌过后,仍有些不完善的细节值得我们在今后的活动中借鉴。

(1) 兴隆卡写磁问题:部分磁卡质量差,多次使用后可能会被消磁,给顾客使用造成一定的不便。今后应与那些有信誉度、实力强的厂家合作,一切为消费者着想。

(2) 活动期间人满为患,兴隆未能对客流及时进行疏导,造成了一部分潜在顾客的流失。

☞ **每逢佳节倍思亲,您的爱心我传递**

"活动期间,凡是在我店消费满 300 元的客户,我店将赠送您一盒月饼、一张贺卡,并免费为您邮递到您指定的任意地点,来传递您对家人、朋友的'爱心与思念'。"这是某著名鞋业专卖店,针对其消费人群外地人口居多的特征而设计出的中秋促销活动。该活动最终大获成功,创造出当地最高的当天销售纪录。

其实当地在中秋期间买东西送月饼的商家并不少,但是能加贺卡并替客户免费送到指定地点的却只此一家。事后统计,每盒月饼加邮递的成本是 90 元,平均每销售 350 元送出一套,实际上就是在打 7.5 折销售。这个活动成功的关键在于,商家发现随着人们生活水平的提高,买月饼自己吃的人已经非常少了,几乎都是作为礼品送朋友和家人的,月饼更多的含义已经不再是食品,而是一种代表"爱心和思念"的礼品,其实每个人都有"爱心和思念"的情感,尤其是那些常年在外打工的游子,但有时候是因为传递这种情感的方式太麻烦、太复杂而被淡化,当商家制造出这种轻松的传递方式的时候,多数人愿意参与进来,表达这种"思念和爱心"。

☞ 年龄＝折扣,你的折扣你做主

"活动期间,只要出示能证明你生日的有效证件,您哪一年出生的就可以打几折,比如1986年出生的,打86折,1951年出生的,就打51折。"这是某时尚女装品牌2012年三八节的促销方案,该活动由于事前宣传到位,在当地引起了众多的议论,事中货品准备又充足,也同样取得了巨大的成功。这个促销方式充分利用了人们爱占便宜的心理,用自己可以定价的策略大大地调动了客人参与的热情,从而达到了倾销库存、加大正品销售的目的。事后证明,最终销售的产品大部分集中在6～7.5折,几单5折,没有出现4折,原因很简单,因为40年左右出生的人已经70多岁了,很难出来凑这个热闹。

9.2.6 任务体验

练一练

各团队分别口头讲述搜集到的营业推广案例,根据各团队投票结果,选出最优予以物质奖励。

任务9.3 实践来体验——一次营业推广活动策划

9.3.1 实训目标

本任务是在对各种营业推广形式熟悉的基础上,由学生实际进行一次营业推广策划。通过活动策划使学生具备撰写营业推广策划方案及组织实施的能力,具体分解如下。

- 养成全面、系统思考问题的习惯。
- 能够撰写一份完整的营业推广方案。
- 能够较为成功地组织实施一次营业推广活动。

9.3.2 任务描述

以即将来临的节日为契机,由各团队自行联系一家校园周边实体店与其合作,为其开展一次营业推广活动策划。策划方案被实体店采纳的团队为本次方案的优胜队,给予一定的物质奖励。

9.3.3 任务步骤

1. 组建团队

可沿用前期项目的分组方式,也可重新组队。

填报团队成员及分工表上报教师备案(见表9-2)。本次活动是以团队为单位,通过团队成员间的分工合作共同体验学习营业推广的各种形式。

2. 布置任务

(1)以案例链接中的一次失败的促销策划为例,结合知识点拨,使学生意识到系统、全面的思维习惯是营业推广活动能够成功实施的前提。

(2)布置任务,教师现场指导各团队撰写营业推广方案的思路与框架。

(3)各团队分头行动,一周内撰写营业推广方案初稿。上交初稿后由教师安排指导的时间与地点并实施指导。

(4)各团队将修改后的方案以书面形式3天内上交,最终被实体店采纳的需提交相关活动证明(如活动现场照片、摄像、与实体店的协议或证明等)。

3. 考核

(1)方案初稿得分占比50%。

(2)各组修改后的方案占比50%。

(3)初稿与修改方案总和为团队得分。个人得分由团队队长赋予每位队员的权重来决定。

9.3.4 知识点拨

营业推广的方案通常包括以下一些部分。

1. 背景分析

主要是就企业历史情况、市场情况、产品情况、竞争情况、消费者等进行描述与分析。

2. 营业推广的目标

营业推广的对象有消费者、中间商和推销员三大类,不同类别目标也不尽相同。

(1)消费者营业推广的目标主要有大量购买、重复购买、吸引新的消费者试用、吸引竞争者的顾客。

(2)对于中间商的目标主要有购买新的产品项目、鼓励非季节购买、对抗竞争者的促销活动、建立零售商的品牌忠诚、获得进入新的零售网点的机会。

(3)对于推销员的目标主要有鼓励其对新的产品或型号的支持、刺激非季节性销售、鼓励更高的销售水平等。

上述只是目标的趋向性,任何完整目标的构成都应该包括以下4个方面:时间、空间范围、趋向性及数量(或定性,能定量则定量)。

3. 营业推广工具的选择

根据各种SP工具的特点及市场类型、销售促进目标、竞争情况、SP预算及每种SP工具的成本效益等因素,确定一种或几种工具,如针对消费者的折价优待、退费优待等。

在策划书中,先写出所确定的工具,再说明理由。

4. 实施方案

实施方案中需要包括以下几个方面的内容:①激励规模;②激励对象;③送达方式——此处最好与广告配合;④活动期限;⑤时机选择;⑥预算及其分配。

预算涉及的成本主要有管理成本(如印刷费、邮寄费和促销活动费);激励成本(如赠奖或减价等成本)。两种成本相加后乘以拟定的预期单位数量就是总的预算。

5. 试验、实施和控制SP方案

实施前的试验可以有效地发现方案设想可能存在的严重漏洞,企业可以根据实际情况决定方案是否有必要进行;若进行则注意方案的保密。

在计划实施的过程中,为提高效率,营销管理部门应记录所花掉的费用与促销效果,同时还要注意收集下列数据资料:①因优惠而引起顾客购买的百分比;②每百元销售额的营业推广费用;③赠券回收百分比;④因现场推销表演而引起的顾客询问次数。分析各种营业推广活动的效果,从中找出成本一效益的最佳方法。

6. 评估SP效果

评估营业推广效果的方法主要有:①销售绩效;②消费者固定样本数据分析;③消费者调查;④实验研究等。

运用其中一种或两种方法即可,简要说明选择的理由即可。

9.3.5 案例链接

☞ **一次失败的营业推广(以下简称SP活动)案例**

炎炎夏日,酷暑难耐,是很多商品的销售淡季。为维护稳定的销售,一些商家希望通过SP活动来实现淡季不淡、反季节销售以增加销量的目的。总之,各个厂家在市场淡季的时候,谁也不敢偷懒。

福盈门品牌食用油是国内某集团旗下的高端品牌,虽然在国内排不上第一名,但凭借集团的雄厚实力和不差的质量,在食用油市场一直也有稳定的表现。郑州市场是公司的重点市场,进入淡季以来,销售一直不畅。一入6月,公司经理蔡杰便考虑在大的卖场进行一次统一的SP活动,以便提升销量。经过客户走访,特别是促销主管张丽极力建议,大家普遍认为福盈门是名牌不错,但美誉度一直比不上第一品牌年有余,因此在商超直接面对消费者SP活动时,关键是真正的让利和实惠,这样销量肯定会大幅增长。

通过走访市场,活动方案正式形成。

活动时间:6月27—28日,周六、周日两天。

活动地点:郑州市所有大型卖场。

活动内容:现场对消费者进行SP活动,针对销售最好的品种花生油5升进行让利推广。

(1) 5升花生油进行特价销售,价钱从原来的每桶109.9元优惠到每桶99.9元。

(2) 每购买5升花生油1桶,赠送900毫升花生油1瓶。

(3) 现场进行抽奖活动,每购买1桶花生油,均有1次抽奖机会,奖品从手提电脑到900毫升小瓶油不等,中奖率在47%。

同期的年有余品牌5升花生油116.9元1桶,而福盈门这么大的力度,不信没人买!蔡杰似乎看到了人员排着长队在等着购买福盈门,而公司的货已经供不应求的热烈场面!

促销主管张丽也非常的敬业,早上8:30就早早赶到了平日销售较好的家乐福超市,毕竟这次活动效果怎么样,和自己的直接建议相关。

周六上午,家乐福北环店,9点正式营业后,顾客陆陆续续到来,但是能走到最后靠里的福盈门展架的人稀稀疏疏,尽管促销员大声招揽,临时促销员也很尽力地吆喝,但展架前的人一直很少,直到上午10:30,共销售20桶,和往常周六销售15桶相比,几乎没有多大效果。没多久,蔡杰收到张丽的电话,活动效果不好,不一会儿,其他超市的促销员陆续反馈,原来期望的活动效果并没有出现。

这次活动已经基本宣告失败。蔡杰跌在沙发里,不知该怎样写这份SP活动报告。

从头到尾来审视这次SP活动,教训异常深刻,它让人们意识到活动规划的重要性。SP活动是个系统的组织活动,不管SP活动规模大小,都要进行周密的组织和策划。任何1个SP活动都强调独特的主张和利益,但是仅有这一利益点是根本支撑不了活动的成功的。上述活动过多重视了让利与优惠,同时也考虑了让消费者参与的互动。但是,这些优惠的实现是依靠消费者知道信息为前提的。一般来讲,要进行以下几个方面的考虑。

1) 活动前期的预热

活动前期的预热,即SP活动信息送达。实体店SP活动的重点是吸引人流过来,让利和优惠再多,没有人来,一切都是空谈。所以,在SP活动正式开始之前,要有效地借助媒体将活动信息送达潜在目标顾客。因此,SP活动需要与广告联合。

预热的一种方式,是通过广告借助大众媒体(传统四大媒体及网络新媒体)提前向目标群体发布SP活动的告知或邀请信息,告知SP活动时间、地点及参与条件等信息。另一种广告是借助自筹式小众媒体进行告知,比如,单页散发,在活动前1日,在活动进行的商圈内的居民区散发活动内容单页,告知消费者SP活动时间、地点及参与条件等信息;在活动进行时,也要在商超周边散发单页,吸引人流。上述活动,如果进行活动前预热,效果肯定要好很多。

2）SP活动所推广商品的优势陈列

优惠虽多，但在活动的商超中不能让人很醒目、很便利地看到，造成消费者和商品永远有"最后一公里"的距离，在销售的基础工作中，无论多么强调陈列都不过分。一般做推广的商品要有专门的陈列，如地堆端架、堆头，而且要在商超的收银台旁或入口处。如果在商超的死角做陈列，效果不好是注定的。福盈门活动中的陈列就摆在了极为"隐蔽"的靠墙处，没有人能看到，这是活动失败的原因之一。

3）SP活动人员的专业化

专业化的SP活动不管从内容上还是推销技巧上，都让人感觉有一种愉快的购买的冲动，至少SP活动人员的服装统一起来，让人感觉到大企业的形象。任何一次的终端SP活动都是企业形象在消费者面前的一次巡礼，绝对不可有一丝的疏忽。我们几乎都能记起来雀巢咖啡红彤彤的推广服加上别致的帽子的形象，也都记得康师傅企业的淡绿的饮料营业推广服装，这就是形象。上述SP活动中，福盈门的促销主管穿着便服，临时营业推广人员穿着工装，而营业推广人员穿着一般的T恤衫，3个人3种服装，3个形象，怎会让人有对企业美好形象的联想呢！

4）SP活动的周密策划

凡事预则立，不预则废。有没有事前策划，从活动结果上就可以看得清楚。上述活动中，重让利，轻策划，最后彻底失败。

☞ **解读雀巢咖啡节日促销案例**

1）促销场景

中秋节前夕，潇潇秋雨的一个周末下午，在济南的某一大型超市门前，雀巢咖啡举行免费的促销活动。促销人员穿着鲜明、个性、统一的公司服装，面带微笑，热情地为每一位路过的客人递上一杯热咖啡；另一边的电视播放着公司的简介和"味道好极了！"的广告语。

2）促销巧妙之处

（1）促销时间的选择（when）。中秋节前夕的周末，人们开始高度关注节日的到来，并大量购物过节，此时搞促销，容易引起人们的关注，这体现了注意力促销。

中秋节虽然月饼是主角，但咖啡可以与月饼互补，进行互补营销，在吃月饼的同时喝上一杯芳香的咖啡，感觉一定很不错。消费者在买月饼时会顺便买咖啡，因为广告语告诉你"味道好极了！"。

（2）地点（where）。人们在超市购完物以后，一般都比较累、比较渴，再加上秋后的小雨给人一丝凉意。此时热情的促销小姐为你送上一杯热咖啡，以解你的劳累和口渴，消费者心存感激，这一杯咖啡是一杯温情和芳香。消费者会从心理上大大增加对雀巢咖啡的美好印象，为以后的消费打好基础。这体现了亲情促销。

（3）促销对象（who）。这一大型超市属于档次较高的超市，进超市者绝大部分都是年轻人和中年人，他们年轻并且有购买力，正是雀巢咖啡的目标消费者，在这里做促销针对性强、有效性高。

（4）促销内容（what）。在促销中，服装统一、热情礼貌漂亮的促销员体现了雀巢公司的良好企业形象；"味道好极了！"体现了公司品牌形象的宣传；品尝咖啡宣传了雀巢咖啡所具有的良好品质。

(5) 如何促销(how)。在超市门口促销,体现了决战终端的促销策略。消费者可以近距离感受到雀巢咖啡所具有的品质和魅力。

既采用了人员推销,又采用了电视推销,体现了整合传播促销。

免费品尝,体现了整时营销、晚赢利的策略。现在的免费让不知道雀巢咖啡的人知道它,让潜在的消费者变成现实的消费者,让现在的消费者增加对雀巢咖啡的满意度和品牌忠诚度。

9.3.6 任务体验

体验1 想一想

减肥品经销商在浙江绍兴下属的×××市举办了主题为"减肥效果万人大公证"的促销活动。希望通过这次活动,扩大产品的尝试人群,从而形成回头购买及口碑传播。据经销商说,其为达到预期目的做了充足准备,促销结果却不尽如人意,这使他大惑不解,垂头丧气。

1) 活动简述

时间:"3·15"消费者权益日。

地点:仁寿堂大药店门口。

内容:在3月15日只需花18元就可以购买价值49元的××减肥胶囊。

2) 活动前媒体宣传

(1) 3月12日、14日分别在当地《×××日报》做促销活动宣传。

(2) 在当地人民广播电台,3月10—15日发布促销活动广告。时间从早8:00到晚9:00每天25次滚动播放。

(3) 在仁寿堂门口挂跨街横幅一条,内容为活动通知:时间为3月8—15日(一周)。

3) 活动经过

(1) 现场促销员6名,由于报酬高,加上临时做了培训,积极性很高,一开始就进入了状态。

(2) 为了增加活动气氛,让咨询顾客对活动及产品能快速地清晰了解,现场高大展板两块,一块介绍产品,一块介绍活动内容。顾客来咨询时,促销员一边发宣传单,一边介绍活动及产品。

4) 活动结果

现场只来了50名咨询的顾客,其中32人当场购买了产品。

问题:分析活动策划失败的原因,分团队重新设计一个新的方案。

体验2 练一练

以下是刚毕业的大学生在某农副产品经销连锁店任职所做的端午节促销方案的草稿,全文未经过任何修改,请学生对此进行专业点评。

端午节促销方案

端午节作为深受大家喜爱的传统节日,吃粽子已经成为端午节的必要活动,粽子已经是端午节的形象代表了。

我们公司经营的五芳斋粽子因其糯而不烂、肥而不腻、肉嫩味香、咸甜适中而驰名全国,又因为五芳斋粽子在台州各地以及各大超市均有销售,所以对于粽子本身的宣传推广已经不再是重点。

如何让人知道我们店面里也有五芳斋粽子销售才是宣传重点。通过网上宣传(信息发布、论坛发帖)、手机短信、团购部宣传推广、LED宣传,以及店内促销手段来整合宣传。以端午节活动为契机,通过整合自身产品组合优势,推出买赠促销活动,带动其他商品的销售和西瓜的宣传推广以及解决库存压力。

一、关于门店

1. 商品组合分档促销

(1)店内消费98元及以上,赠送五芳斋真空鲜肉粽+豆沙粽。

(2)店内消费168元及以上,赠送密童西瓜一个。

(3)店内消费288元及以上,赠送天山良品有机仙枣一罐。

(4)店内消费368元及以上,赠送阿克苏冰糖心苹果1箱/5斤。

特赠活动:凡在活动期间购买老丞相甲鱼,赠送端午节组合大礼包。

2. 以LED宣传、手机短信宣传为主,台州主要网站发布信息为辅,以店内氛围布置来烘托气氛,营造氛围销售产品

(1)LED内容:情系端午,特推出买赠活动98元起!赠赠赠……

发布时间:5月20日—6月10日。

(2)手机短信内容:亲爱的会员朋友,山海一品感谢您长期以来的支持,端午节来临之际,提前祝您端午节快乐!截至6月8日,凡在山海一品购物满98元赠五芳斋粽子;满168元赠密童西瓜;满288元赠有机仙枣;满368元赠阿克苏苹果。购买老丞相甲鱼,赠送端午节礼包一份!欢迎您前来选购!

发送时间:6月3日端午节前3天。

(3)网站软文内容。

山海一品粽是情,情系传统端午节
(放"粽"一"夏"——口味传统端午节,低价尽享六月天)

山海一品为回馈新老顾客对我们的长期支持,特推出端午节购物满赠活动。在5月25日—6月28日期间,凡购物消费满98元及以上,赠送五芳斋真空鲜肉粽+豆沙粽一个;购物消费满168元及以上,赠送密童西瓜一个;购物消费满288元及以上,赠送天山良品有机仙枣一罐;购物消费满368元及以上,赠送阿克苏冰糖心苹果1箱/5斤!另老丞相深情回馈:凡在活动期间购买老丞相甲鱼,赠送端午节礼包一份!!!欢迎您前来选购!

直此端午来临之际，山海一品提前祝你端午节快乐。

发布时间：5月25日，活动开始时间即可发布。

（4）店内氛围营造：写真，关于活动促销内容的简介！赠送的东西要特地搞一个展位区域，不可买了去原来商品处拿！活动氛围要布置好！

（现场氛围，包括气氛海报、POP张贴、装饰物品的布置、恰到好处的播音与音乐，这些将会在很大程度上刺激顾客的购买欲望。做好主题广告宣传，从色彩、标题到方案、活动等均突出节日氛围。另外，还要充分调动员工的积极性。）

二、关于团购

根据商品组合分档促销方案，根据已有名单进行分步拜访、回访，维系顾客关系，提高顾客忠诚度。

通过手机短信或电话发布信息，让他们知道我们的促销方案和促销力度，来公司购买商品。

还可以以组合礼包的形式去送礼，来维系老顾客，维持顾客关系，保持顾客忠诚度。

三、关于网上

以软文的形式发布信息，让人们知道我们的促销组合以及促销力度。知道我们山海一品可以通过买赠方式获得五芳斋粽子。

主网站因为软件或因技术原因不参加本次活动，主要是淘宝上进行本次促销组合宣传。

参考文献

[1] 菲利普·科特勒,何麻温·卡塔加雅,伊万·塞蒂亚万.营销革命4.0:从传统到数字[M].王赛,译.北京:机械工业出版社,2018.

[2] 马克·舍费尔.热点:引爆内容营销的6个密码[M].曲秋晨,译.北京:中国人民大学出版社,2017.

[3] 艾·里斯,杰克·特劳特.22条商规[M].寿雯,译.北京:机械工业出版社,2018.

[4] 简·博克,莱诺拉·袁.拖延心理学[M].蒋永强,陆正芳,译.杭州:浙江教育出版社,2021.

[5] 罗杰·J.贝斯特.营销管理:提升顾客价值和利润增长的战略[M].权小妍,徐丽娟,译.6版.北京:北京大学出版社,2017.

[6] 奥格·曼狄诺.世界上最伟大的推销员[M].安辽,译.北京:世界知识出版社,2018.

[7] 杰克·韦尔奇,约翰·拜恩.杰克·韦尔奇自传[M].曹彦博,孙立明,丁浩,译.北京:中信出版社,2017.

[8] 菲利普·科特勒,凯文·莱恩·凯勒.营销管理[M].何佳讯,于洪彦,等译.15版.上海:格致出版社,2019.

[9] 戴维·迈尔斯.社会心理学[M].侯玉波,乐国安,张智勇,等译.11版.北京:人民邮电出版社,2016.

[10] 华山.犹太商战幽默[M].北京:地震出版社,2005.

[11] 广通.经典培训故事全集[M].北京:地震出版社,2006.

[12] 汤姆·费尔腾斯坦.营销就这么简单:10分钟提升销售业绩的方法[M].郝文杰,译.哈尔滨:哈尔滨出版社,2006.

[13] 圣丁.哈佛商学院MBA案例教程[M].北京:经济日报出版社,1997.

[14] 尚致胜.超级影响力:NLP致胜行销学[M].北京:企业管理出版社,2001.

[15] 吴健安,聂元昆,郭国庆,等.市场营销学[M].6版.北京:高等教育出版社,2017.

[16] 郭国庆,陈凯.市场营销学[M].6版.北京:中国人民大学出版社,2019.

[17] 阿拉斯泰尔·赖兰特,凯文·洛汉.创造培训奇迹[M].刘薄林,等译.北京:经济管理出版社,2005.

[18] 颜伯勤.成功广告80例[M].北京:中国友谊出版公司,1991.

[19] 丹·E.舒尔茨.广告运动策略新论[M].刘毅志,译.北京:中国友谊出版公司,1991.